高等职业教育建筑工程技术专业(技能型)系列教材

建筑工程质检·安全·资料整理

主编 宋 健
参编 周 平 王 辉 张智勇

东南大学出版社

内 容 提 要

本书共分三篇，包括建筑工程质量验收、建筑工程安全管理、建筑工程资料管理。其中建筑工程质量验收篇包括九章，分别为绪论、建筑地基基础工程施工质量验收、砌体工程施工质量验收、混凝土结构工程施工质量验收、钢结构工程施工质量验收、屋面工程质量验收、地下防水工程质量验收、建筑地面工程施工质量验收、建筑装饰装修工程质量验收等。建筑工程安全管理篇包括四章，分别为施工安全概论、建筑施工项目安全管理、建筑工程分部分项安全技术、建筑机械施工安全技术等。建筑工程资料管理包括五章，分别为施工图纸与施工组织设计、建筑工程材料质量检验报告、施工技术与工程质量管理、施工试验记录、单位工程竣工验收等。

本书既可作为高等职业教育建筑工程技术专业教材，亦可作为相关专业人员的岗位培训教材。

图书在版编目(CIP)数据

建筑工程质检·安全·资料整理/宋健，周平，王辉等编著. —南京：东南大学出版社，2006.3(2018.12重印)
(高等职业教育建筑工程技术专业(技能型)系列教材)
ISBN 978-7-5641-0295-1

Ⅰ. 建… Ⅱ. ①宋… ②周… ③王… Ⅲ. ①建筑工程-质量检验-高等学校：技术学校-教材 ②建筑工程-技术档案-档案管理-高等学校：技术学校-教材 Ⅳ. ①TU712 ②G275.3

中国版本图书馆 CIP 数据核字(2006)第 019993 号

出版发行：东南大学出版社
社　　址：江苏省南京市四牌楼 2 号(210096)
出 版 人：江建中
经　　销：江苏省新华书店
印　　刷：南京京新印刷厂
版　　次：2006 年 3 月第 1 版　2018 年12月第 8 次印刷
书　　号：ISBN 978-7-5641-0295-1/TU·55
开　　本：787 mm×1 092 mm　1/16
印　　张：19.5
字　　数：487 千
印　　数：17 001～18 000 册
定　　价：29.00 元
(若有印装质量问题，请同读者服务部联系。电话：025-83792328)

高等职业教育建筑工程技术专业(技能型)系列教材编委会名单

序

改革开放二十余年，我国职业教育获得了长足发展。当前，我国经济建设突飞猛进，许多行业紧缺大量的技能型职业人才，而高水平的职业教育是新时期我国实现新型工业化和建设小康社会宏伟目标的重要前提，作为国民经济主要产业的建设行业更是如此。2004年教育部、建设部颁发了《关于实施职业院校建设行业技能型紧缺人才培养培训工程的通知》，《通知》明确提出了建设行业的四个紧缺专业，同时，提出高等职业教育的基本学制将由现行的三年逐步调整为两年。

笼统地讲，职业教育是以行业和职业需求为主要价值取向的教育，而高等职业教育则是把面向生产一线的高技能专门人才作为培养目标。因此，职业学校的学生不仅需要具备一定的知识结构，更应具有一定的职业技能水平。要落实我国现阶段"职业教育以服务为宗旨、以就业为导向"的方针，就要求职业学校在人才培养目标、知识技能结构、教学课程设置等方面下工夫，克服传统的重知识轻技能、重理论轻实训、重动脑轻动手、重结果轻过程的教学模式，要把学生职业技能的培养放在教与学的突出位置上，从而实现毕业生的"零距离"上岗。

本套教材正是按照《通知》精神，依据教育部、建设部关于《高等职业教育建设行业技能型紧缺人才培养培训指导方案》的要求，从调整课程设置和教学内容入手而做的有益尝试。教材以工程"实用"、"够用"为度，同时适应建筑业相应工种职业资格的岗位要求；以工程实例为主线，通过实训、实习和现场教学，将学生实践能力的培养贯穿于每个教学过程的始终。打破传统的学科体系，按照建筑企业实际的工作任务、工作过程和工作情境组织教学，从而形成围绕企业工作过程的新型教学模式。

鉴于建设行业技能型紧缺人才培养培训工程刚刚起步，其课程设置又是一个全新的体系，教材的编写者对于教学指导方案的理解需要不断加深，加之水平有限，错误之处敬请批评指正。

丛书编委会

2005.4

前　言

建筑工程质量验收、安全管理和资料管理是施工企业施工过程中必不可少的三个环节，质量验收关系到建筑工程的质量优劣，安全管理关系到施工人员及相关人员的人身安全，资料管理则涉及施工的依据、施工过程的记录、施工完成的确认等重要方面。笔者从事多年高等职业教育及施工现场管理工作，为适应现阶段我国高等职业教育改革发展的需要，编写了这本适合高等职业教育建筑工程技术专业的教材。本书还可供建筑施工企业的质检员、安全员、资料员，建设单位的项目管理人员、监理单位的监理人员作参考用书。

本书由宋健主编，全书共分三篇18章。其中第一篇第1、2、3、4、5章，第二篇第1、2章及第三篇第1章由宋健编写；第一篇第6、7、8、9章由周平编写；第二篇第3、4章由王辉编写；第三篇第2、3、4、5章由张智勇编写。

由于编者自身水平的限制，本书难免存在一些缺点和不足之处，衷心希望读者提出宝贵意见。

本书编写过程中参考了有关建筑工程质量验收、安全管理、资料管理等方面的资料，特此向这些作者表示诚挚的感谢。

编者

2006.1

目录

CONTENTS

第一篇　建筑工程质量验收

第二篇 建筑工程安全管理

第一篇 建筑工程质量验收

1 绪 论

1.1 概述

1.1.1 建筑工程施工质量验收统一标准、规范体系的构成

建筑工程施工质量验收统一标准、规范体系由《建筑工程施工质量验收统一标准》(GB 50300—2001)和各专业验收规范共同组成,在使用过程中它们必须配套使用。各专业验收规范具体包括:《建筑地基基础工程施工质量验收规范》(GB 50202—2002);《砌体工程施工质量验收规范》(GB 50203—2002);《混凝土结构工程施工质量验收规范》(GB 50204—2002);《钢结构工程施工质量验收规范》(GB 50205—2001);《木结构工程施工质量验收规范》(GB 50206—2002);《屋面工程质量验收规范》(GB 50207—2002);《地下防水工程质量验收规范》(GB 50208—2002);《建筑地面工程施工质量验收规范》(GB 50209—2002);《建筑装饰装修工程质量验收规范》(GB 50210—2001);《建筑给水排水及采暖工程施工质量验收规范》(GB 50242—2002);《通风与空调工程施工质量验收规范》(GB 50243—2002);《建筑电气工程施工质量验收规范》(GB 50303—2002);《电梯工程施工质量验收规范》(GB 50310—2002)等。

1.1.2 施工质量验收统一标准、规范体系的编制依据

建筑工程施工质量验收统一标准的编制依据,主要是《中华人民共和国建筑法》、《建设工程质量管理条例》、《建筑结构可靠度设计统一标准》及其他有关设计规范等。

1.2 建筑工程施工质量验收术语和基本规定

1.2.1 施工质量验收的有关术语

1) 建筑工程

为新建、改建或扩建房屋建筑物和附属构筑物设施所进行的规划、勘察、设计和施工、竣工等各项技术工作和完成的工程实体。

2) 建筑工程质量

反映建筑工程满足相关标准规定或合同约定的要求,包括其在安全、使用功能及其在耐

久性能、环境保护等方面所有明显和隐含能力的特性总和。

3）验收

建筑工程在施工单位自行质量检查评定的基础上，参与建设活动的有关单位共同对检验批、分项、分部、单位工程的质量进行抽样复验，根据相关标准以书面形式对工程质量达到合格与否做出确认。

4）进场验收

对进入施工现场的材料、构配件、设备等按相关标准规定要求进行检验，对产品达到合格与否做出确认。

5）检验批

按同一的生产条件或按规定的方式汇总起来供检验用的，由一定数量样本组成的检验体。

6）检验

对检验项目中的性能进行量测、检查、试验等，并将结果与标准规定要求进行比较，以确定每项性能是否合格所进行的活动。

7）见证取样检测

在监理单位或建设单位监督下，由施工单位有关人员现场取样，并送至具备相应资质的检测单位所进行的检测。

8）交接检验

由施工的承接方与完成方经双方检查并对可否继续施工做出确认的活动。

9）主控项目

建筑工程中的对安全、卫生、环境保护和公众利益起决定性作用的检验项目。

10）一般项目

除主控项目以外的检验项目。

11）抽样检验

按照规定的抽样方案，随机地从进场的材料、构配件、设备或建筑工程检验项目中，按检验批抽取一定数量的样本所进行的检验。

12）抽样方案

根据检验项目的特性所确定的抽样数量和方法。

13）计数检验

在抽样的样本中，记录每一个体有某种属性或计算每一个体中的缺陷数目的检查方法。

14）计量检验

在抽样检验的样本中，对每一个体测量其某个定量特性的检查方法。

15）观感质量

通过观察和必要的量测所反映的工程外在质量。

16）返修

对工程不符合标准规定的部位采取整修等措施。

17）返工

对不合格的工程部位采取的重新制作、重新施工等措施。

1.2.2 施工质量验收的基本规定

(1) 建筑工程施工质量应按下列要求进行验收：

① 建筑工程施工质量应符合《建筑工程施工质量验收统一标准》和相关专业验收规范的规定。

② 建筑工程施工应符合工程勘察、设计文件的要求。

③ 参加工程施工质量验收的各方人员应具备规定的资格。

④ 工程质量的验收均应在施工单位自行检查评定的基础上进行。

⑤ 隐蔽工程在隐蔽前应由施工单位通知有关单位进行验收，并应形成验收文件。

⑥ 涉及结构安全的试块、试件以及有关材料，应按规定进行见证取样检测。

⑦ 检验批的质量应按主控项目和一般项目验收。

⑧ 对涉及结构安全和使用功能的重要分部工程应进行抽样检测。

⑨ 承担见证取样检测及有关结构安全检测的单位应具有相应资质。

⑩ 工程的观感质量应由验收人员通过现场检查，并应共同确认。

(2) 检验批的质量检验，应根据检验项目的特点在下列抽样方案中进行选择：

① 计量、计数或计量-计数等抽样方案。

② 一次、二次或多次抽样方案。

③ 根据生产连续性和生产控制稳定性情况，尚可采用调整型抽样方案。

④ 对重要的检验项目当可采用简易快速的检验方法时，可选用全数检验方案。

⑤ 经实践检验有效的抽样方案。

1.3 建筑工程质量验收的划分

1.3.1 施工质量验收划分的层次

随着社会经济的发展和施工技术的进步，现代工程建设呈现出建设规模不断扩大、技术复杂程度高等特点。近年来，出现了大量建筑规模较大的单体工程和具有综合使用功能的综合性建筑物，几万平方米的建筑比比皆是，十万平方米以上的建筑也不少。由于这些工程的建设周期较长，工程建设中可能会出现建设资金不足，部分工程停缓建，已建成部分提前投入使用或先将其中部分提前建成使用等情况，再加之对规模特别大的工程一次验收也不方便等等。因此标准规定，可将此类工程划分为若干个子单位工程进行验收。同时为了更加科学地评价工程质量和验收，考虑到建筑物内部设施也越来越多样化，按建筑物的主要部位和专业来划分分部工程已不适应当前的要求。因此在分部工程中，按相近工作内容和系统划分为若干个子分部工程。每个子分部工程中包括若干个分项工程。每个分项工程中包含若干个检验批，检验批是工程施工质量验收的最小单位。

1.3.2 建筑工程质量验收的划分

(1) 单位工程的划分应按下列原则确定：

① 具备独立施工条件并能形成独立使用功能的建筑物及构筑物为一个单位工程。

② 建筑规模较大的单位工程，可将其能形成独立使用功能的部分作为一个子单位工程。

（2）分部工程的划分应按下列原则确定：

① 分部工程的划分应按专业性质、建筑部位确定。

② 当分部工程较大或较复杂时，可按材料种类、施工特点、施工程序、专业系统及类别等划分为若干子分部工程。

（3）分项工程应按主要工种、材料、施工工艺、设备类别等进行划分。

（4）分项工程可由一个或若干检验批组成，检验批可根据施工及质量控制和专业验收需要按楼层、施工段、变形缝等进行划分。

（5）室外工程可根据专业类别和工程规模划分单位（子单位）工程。

室外单位（子单位）工程、分部工程可按表 1－1 采用。

表 1－1　室外工程划分

单位工程	子单位工程	分部（子分部）工程
室外建筑环境	附属建筑	车棚，围墙，大门，挡土墙，垃圾收集站
	室外环境	建筑小品，道路，亭台，连廊，花坛，场地绿化
室外安装	给排水与采暖	室外给水系统，室外排水系统，室外供热系统
	电　　气	室外供电系统，室外照明系统

1.4　建筑工程质量验收

1.4.1　检验批的质量验收

检验批合格质量应符合下列规定：

（1）主控项目和一般项目的质量经抽样检验合格。

（2）具有完整的施工操作依据、质量检查记录。

1.4.2　分项工程质量验收

分项工程质量验收合格应符合下列规定：

（1）分项工程所含的检验批均应符合合格质量的规定。

（2）分项工程所含的检验批的质量验收记录应完整。

1.4.3　分部（子分部）工程质量验收

分部（子分部）工程质量验收合格应符合下列规定：

（1）分部（子分部）工程所含分项工程的质量均应验收合格。

（2）质量控制资料应完整。

（3）地基与基础、主体结构和设备安装等分部工程有关安全及功能的检验和抽样检测结果应符合有关规定。

（4）观感质量验收应符合要求。

1.4.4 单位(子单位)工程质量验收

单位(子单位)工程质量验收合格应符合下列规定:

(1) 单位(子单位)工程所含分部(子分部)工程的质量均应验收合格。

(2) 质量控制资料应完整。

(3) 单位(子单位)工程所含分部工程有关安全和功能的检测资料应完整。

(4) 主要功能项目的抽查结果应符合相关专业质量验收规范的规定。

(5) 观感质量验收应符合要求。

1.4.5 建筑工程质量不符合要求时的处理

当建筑工程质量不符合要求时,应按下列规定进行处理:

(1) 经返工重做或更换器具、设备的检验批,应重新进行验收。

(2) 经有资质的检测单位检测鉴定能够达到设计要求的检验批,应予以验收。

(3) 经有资质的检测单位检测鉴定达不到设计要求,但经原设计单位核算认可能够满足结构安全和使用功能的检验批,可予以验收。

(4) 经返修或加固处理的分项、分部工程,虽然改变外形尺寸但仍能满足安全使用要求,可按技术处理方案和协商文件进行验收。

(5) 通过返修或加固处理仍不能满足安全使用要求的分部工程、单位(子单位)工程,严禁验收。

1.4.6 建筑工程质量验收程序和组织

(1) 检验批及分项工程应由监理工程师(建设单位项目技术负责人)组织施工单位项目专业质量(技术)负责人等进行验收。

(2) 分部工程应由总监理工程师(建设单位项目负责人)组织施工单位项目负责人和技术、质量负责人等进行验收;地基与基础、主体结构分部工程的勘察、设计单位工程项目负责人和施工单位技术、质量部门负责人也应参加相关分部工程验收。

(3) 单位工程完工后,施工单位应自行组织有关人员进行检查评定,并向建设单位提交工程验收报告。

(4) 建设单位收到工程验收报告后,应由建设单位(项目)负责人组织施工(含分包单位)、设计、监理等单位(项目)负责人进行单位(子单位)工程验收。

(5) 单位工程有分包单位施工时,分包单位对所承包的工程项目应按《建筑工程施工质量验收统一标准》规定的程序检查评定,总包单位应派人参加。分包工程完成后,应将工程有关资料交总包单位。

(6) 当参加验收各方对工程质量验收意见不一致时,可请当地建设行政主管部门或工程质量监督机构协调处理。

(7) 单位工程质量验收合格后,建设单位应在规定时间内将工程竣工验收报告和有关文件,报建设行政管理部门备案。

2 建筑地基基础工程施工质量验收

2.1 术语

1) 土工合成材料地基

在土工合成材料上填以土(砂土料)构成建筑物的地基,土工合成材料可以是单层,也可以是多层。一般为浅层地基。

2) 重锤夯实地基

利用重锤自由下落时的冲击能来夯实浅层填土地基,使表面形成一层较为均匀的硬层来承受上部荷载。

3) 强夯地基

施工工艺与重锤夯实地基类同,但锤重与落距要远大于重锤夯实地基。

4) 注浆地基

将配置好的化学浆液或水泥浆液,通过导管注入土体空隙中,与土体结合,发生物化反应,从而提高土体强度,减少其压缩性和渗透性。

5) 预压地基

在原状土上加载,使土中水淅出,以实现土的预先固结,减少建筑物地基后期沉降,提高地基承载力。按加载方法的不同,分为堆载预压、真空预压、降水预压三种不同方法的预压地基。

6) 高压喷射注浆地基

利用钻机把带有喷嘴的注浆管钻至土层的预定位置或先钻孔后将注浆管放至预定位置,以高压使浆液或水从喷嘴中射出,边旋转边喷射的浆液,使土体与浆液搅拌混合形成一固结体。施工采用单独喷出水泥浆的工艺,称为单管法;施工采用同时喷出高压空气与水泥浆的工艺,称为二管法;施工采用同时喷出高压水、高压空气及水泥浆的工艺,称为三管法。

7) 水泥土搅拌桩地基

利用水泥作为固化剂,通过搅拌机械将其与地基土强制搅拌,硬化后构成的地基。

8) 土与灰土挤密桩地基

在原土中成孔后分层填以素土或灰土,并夯实,使填土压密,同时挤压周围土体,构成坚实的地基。

9) 水泥粉煤灰、碎石桩

用长螺旋钻机钻孔或沉管桩机成孔后,将水泥、粉煤灰及碎石混合搅拌后,泵压或经下料斗投入孔内，构成密实的桩体。

10）锚杆静压桩

利用锚杆将桩分节压入土层中的沉桩工艺。锚杆可用垂直土锚或临时锚在混凝土底板、承台中的地锚。

2.2 地基

2.2.1 灰土地基

灰土地基的质量检验标准应符合表 2－1 的规定。

表 2－1 灰土地基质量检验标准

项	序	检查项目	检查偏差或允许值		检查方法
			单位	数值	
主控项目	1	地基承载力	设计要求		按规定方法
主控项目	2	配合比	设计要求		按拌和时的体积比
主控项目	3	压实系数	设计要求		现场实测
一般项目	1	石灰粒径	mm	≤5	筛分法
一般项目	2	土料有机质含量	%	≤5	试验室焙烧法
一般项目	3	土颗粒粒径	mm	≤15	筛分法
一般项目	4	含水量(与要求的最优含水量比较)	%	±2	烘干法
一般项目	5	分层厚度偏差(与设计要求比较)	mm	±50	水准仪

2.2.2 砂和砂石地基

砂及砂石地基的质量检验标准应符合表 2－2 的规定。

表 2－2 砂及砂石地基质量检验标准

项	序	检查项目	检查偏差或允许值		检查方法
			单位	数值	
主控项目	1	地基承载力	设计要求		按规定方法
主控项目	2	配合比	设计要求		检查拌和时的体积比或重量比
主控项目	3	压实系数	设计要求		现场实测
一般项目	1	砂石料有机质含量	%	≤5	焙烧法
一般项目	2	砂石料含泥量	%	≤5	水洗法
一般项目	3	石料粒径	mm	≤100	筛分法
一般项目	4	含水量(与要求的最优含水量比较)	%	±2	烘干法
一般项目	5	分层厚度(与设计要求比较)	mm	±50	水准仪

2.2.3 土工合成材料地基

土工合成材料地基质量检验标准应符合表2-3的规定。

表2-3 土工合成材料地基质量检验标准

项	序	检查项目	允许偏差或允许值		检查方法
			单位	数值	
主控项目	1	土工合成材料强度	%	≤5	置于夹具上做拉伸试验（结果与设计标准相比）
	2	土工合成材料延伸率	%	≤3	置于夹具上做拉伸试验（结果与设计标准相比）
	3	地基承载力	设计要求		按规定方法
一般项目	1	地基合成材料搭接长度	mm	≥300	用钢尺量
	2	土石料有机质含量	%	≤5	焙烧法
	3	层面平整度	mm	≤20	用2m靠尺
	4	每层铺设厚度	mm	±25	水准仪

2.2.4 粉煤灰地基

粉煤灰地基质量检验标准应符合表2-4的规定。

表2-4 粉煤灰地基质量检验标准

项	序	检查项目	允许偏差或允许值		检查方法
			单位	数值	
主控项目	1	压实系数	设计要求		现场实测
	2	地基承载力	设计要求		按规定方法
一般项目	1	粉煤灰粒径	mm	0.001～2.000	过筛
	2	氧化铝及二氧化硅含量	%	≥70	试验室化学分析
	3	烧失量	%	≤12	试验室烧结法
	4	每层铺筑厚度	mm	±50	水准仪
	5	含水量（与最优含水量比较）	%	±2	取样后试验室确定

2.2.5 强夯地基

强夯地基质量检验标准应符合表2-5的规定。

表 2-5　强夯地基质量检验标准

项	序	检查项目	允许偏差或允许值 单位	允许偏差或允许值 数值	检查方法
主控项目	1	地基强度	设计要求		按规定方法
主控项目	2	地基承载力	设计要求		按规定方法
一般项目	1	夯锤落距	mm	±300	钢索设标志
一般项目	2	锤重	kg	±100	称重
一般项目	3	夯击遍数及顺序	设计要求		计数法
一般项目	4	夯点间距	mm	±500	用钢尺量
一般项目	5	夯击范围(超出基础范围距离)	设计要求		用钢尺量
一般项目	6	前后两遍间歇时间	设计要求		

2.2.6　注浆地基

注浆地基质量检验标准应符合表 2-6 的规定。

表 2-6　注浆地基质量检验标准

项	序	检查项目		允许偏差或允许值 单位	允许偏差或允许值 数值	检查方法
主控项目	1	原材料检验	水泥	设计要求		查产品合格证书或抽样送检
主控项目	1	原材料检验	注浆用砂：粒径 细度模数 含泥量及有机物含量	mm mm %	<2.5 <2.0 <3	试验室试验
主控项目	1	原材料检验	注浆用粘土：塑性指数 粘粒含量 含砂量 有机物含量	 % % %	>14 >25 <5 <3	试验室试验
主控项目	1	原材料检验	粉煤灰：细度 烧失量	不粗于同时使用的水泥 %	 <3	试验室试验
主控项目	1	原材料检验	水玻璃：模数	2.5～3.3		抽样送检
主控项目	1	原材料检验	其他化学浆液	设计要求		查产品合格证书或抽样送检
主控项目	2	注浆体强度		设计要求		取样检验
主控项目	3	地基承载力		设计要求		按规定方法
一般项目	1	各种注浆材料称量误差		%	<3	抽查
一般项目	2	注浆孔位		mm	±20	用钢尺量
一般项目	3	注浆孔深		mm	±100	量测注浆管长度
一般项目	4	注浆压力(与设计参数比)		%	±10	检查压力表读数

2.2.7 预压地基

预压地基和塑料排水带质量检验标准应符合表 2-7 的规定。

表 2-7 预压地基和塑料排水带质量检验标准

项	序	检查项目	允许偏差或允许值		检查方法
			单位	数值	
主控项目	1	预压载荷	%	≤2	水准仪
	2	固结度(与设计要求比)	%	≤2	根据设计要求采用不同的方法
	3	承载力或其他性能指标	设计要求		按规定方法
一般项目	1	沉降速率(与控制值比)	%	±10	水准仪
	2	砂井或塑料排水带位置	mm	±100	用钢尺量
	3	砂井或塑料排水带插入深度	mm	±200	插入时用经纬仪检查
	4	插入塑料排水带时的回带长度	mm	≤500	用钢尺量
	5	塑料排水带或砂井高出砂垫层距离	mm	≥200	用钢尺量
	6	插入塑料排水带的回带根数	%	<5	目测

注:如真空预压,主控项目中预压载荷的检查为真空度降低值<2%。

2.2.8 振冲地基

振冲地基质量检验标准应符合表 2-8 的规定。

表 2-8 振冲地基质量检验标准

项	序	检查项目	允许偏差或允许值		检查方法
			单位	数值	
主控项目	1	填料粒径	设计要求		抽样检查
	2	密实电流(粘性土) 密实电流(砂性土或粉土) (以上为功率 30 kW 振冲器) 密实电流(其他类型振冲器)	A A A_0	50~55 40~50 1.5~2.0	电流表读数 电流表读数,A_0 为空振电流
	3	地基承载力	设计要求		按规定方法
一般项目	1	填料含泥量	%	<5	抽样检查
	2	振冲器喷水中心与孔径中心偏差	mm	≤50	用钢尺量
	3	成孔中心与设计孔位中心偏差	mm	≤100	用钢尺量
	4	桩体直径	mm	<50	用钢尺量
	5	孔深	mm	±200	量钻杆或重锤测

2.2.9 高压喷射注浆地基

高压喷射注浆地基质量检验标准应符合表 2-9 的规定。

表 2-9 高压喷射注浆地基质量检验标准

项	序	检查项目	允许偏差或允许值		检查方法
			单位	数值	
主控项目	1	水泥及外掺剂质量	符合出厂要求		查产品合格证书或抽样送检
	2	水泥用量	设计要求		查看流量表及水泥浆水灰比
	3	桩体强度或完整性检验	设计要求		按规定方法
	4	地基承载力	设计要求		按规定方法
一般项目	1	钻孔位置	mm	≤50	用钢尺量
	2	钻孔垂直度	%	≤1.5	经纬仪测钻杆或实测
	3	孔深	mm	±200	用钢尺量
	4	注浆压力	按设定参数指标		查看压力表
	5	桩体搭接	mm	>200	用钢尺量
	6	桩体直径	mm	≤50	开挖后用钢尺量
	7	桩身中心允许偏差		≤0.2*D*	开挖后桩顶下 500 mm 处用钢尺量，*D* 为桩径

2.2.10 水泥土搅拌桩地基

水泥土搅拌桩地基质量检验标准应符合表 2-10 的规定。

表 2-10 水泥土搅拌桩地基质量检验标准

项	序	检查项目	允许偏差或允许值		检查方法
			单位	数值	
主控项目	1	水泥及外掺剂质量	设计要求		查产品合格证书或抽样送检
	2	水泥用量	参数指标		查看流量计
	3	桩体强度	设计要求		按规定办法
	4	地基承载力	设计要求		按规定办法
一般项目	1	机头提升速度	m/min	≤0.5	测量机头上升距离及时间
	2	桩底标高	mm	±200	测机头深度
	3	桩顶标高	mm	+100 -50	水准仪(最上部 500 mm 不计入)
	4	桩位偏差	mm	<50	用钢尺量
	5	桩径		<0.04*D*	用钢尺量，*D* 为桩径
	6	垂直度	%	≤1.5	经纬仪
	7	搭接	mm	>200	用钢尺量

2.2.11 土和灰土挤密桩复合地基

土和灰土挤密桩地基质量检验标准应符合表 2－11 的规定。

表 2－11 土和灰土挤密桩地基质量检验标准

项	序	检查项目	允许偏差或允许值		检查方法
			单位	数值	
主控项目	1	桩体及桩间土干密度	设计要求		现场取样检查
	2	桩长	mm	＋500	测桩管长度或垂球测孔深
	3	地基承载力	设计要求		按规定的方法
	4	桩径	mm	－20	用钢尺量
一般项目	1	土料有机质含量	%	≤5	试验室焙烧法
	2	石灰粒径	mm	≤5	筛分法
	3	桩位偏差		满堂布桩≤0.40 D 条基布桩≤0.25 D	用钢尺量，D 为桩径
	4	垂直度	%	≤1.5	用经纬仪测桩管
	5	桩径	mm	－20	用钢尺量

注：桩径允许偏差负值是指个别断面。

2.2.12 水泥粉煤灰碎石桩复合地基

水泥粉煤灰碎石桩复合地基的质量检验标准应符合表 2－12 的规定。

表 2－12 水泥粉煤灰碎石桩复合地基的质量检验标准

项	序	检查项目	允许偏差或允许值		检查方法
			单位	数值	
主控项目	1	原材料	设计要求		查产品合格证书或抽样送检
	2	桩径	mm	－20	用钢尺量或计算填料量
	3	桩身强度	设计要求		查 28 d 试块强度
	4	地基承载力	设计要求		按规定的办法
一般项目	1	桩身完整性	按桩基检测技术规范		按桩基检测技术规范
	2	桩位偏差		满堂布桩≤0. 40 D 条基布桩≤0. 25 D	用钢尺量，D 为桩径
	3	桩垂直度	%	≤1.5	用经纬仪测桩管
	4	桩长	mm	＋100	测桩管长度或垂球测孔深
	5	褥垫层夯填度	≤0.9		用钢尺量

注：① 夯填度指夯实后的褥垫层厚度与虚体厚度的比值。
② 桩径允许偏差负值是指个别断面。

2.2.13 夯实水泥土桩复合地基

夯实水泥土桩的质量检验标准应符合表 2-13 的规定。

表 2-13 夯实水泥土桩的质量检验标准

项	序	检查项目	允许偏差或允许值		检查方法
			单位	数值	
主控项目	1	桩径	mm	−20	用钢尺量
主控项目	2	桩长	mm	+500	测桩孔深度
主控项目	3	桩体干密度	设计要求		现场取样检查
主控项目	4	地基承载力	设计要求		按规定的方法
一般项目	1	土料有机质含量	%	≤5	焙烧法
一般项目	2	含水量(与最优含水量比)	%	±2	烘干法
一般项目	3	土料粒径	mm	≤20	筛分法
一般项目	4	水泥质量	设计要求		查产品质量合格证书或抽样送检
一般项目	5	桩位偏差		满堂布桩≤0.40 D 条基布桩≤0.25 D	用钢尺量,D 为桩径
一般项目	6	桩孔垂直度	%	≤1.5	用经纬仪测桩管
一般项目	7	褥垫层夯填度	≤0.9		用钢尺量

2.2.14 砂桩地基

砂桩地基的质量检验标准应符合表 2-14 的规定。

表 2-14 砂桩地基的质量检验标准

项	序	检查项目	允许偏差或允许值		检查方法
			单位	数值	
主控项目	1	灌砂量	%	≥95	实际用砂量与计算体积比
主控项目	2	地基强度	设计要求		按规定方法
主控项目	3	地基承载力	设计要求		按规定方法
一般项目	1	砂料的含泥量	%	≤3	试验室测定
一般项目	2	砂料的有机质含量	%	≤5	焙烧法
一般项目	3	桩位	mm	≤50	用钢尺量
一般项目	4	砂桩标高	mm	±150	水准仪
一般项目	5	垂直度	%	≤1.5	经纬仪检查桩管垂直度

2.3 桩基础

打(压)入桩(预制混凝土方桩、先张法预应力管桩、钢桩)的桩位偏差,必须符合表2－15的规定。斜桩倾斜度的偏差不得大于倾斜角正切值的15%(倾斜角系桩的纵向中心线与铅垂线间夹角)。

表2－15 预制桩(钢桩)桩位的允许偏差

项	项目	允许偏差/mm
1	盖有基础梁的桩: (1) 垂直基础梁的中心线 (2) 沿基础梁的中心线	 100＋0.01H 150＋0.01H
2	桩数为1～3根桩基中的桩	100
3	桩数为4～16根桩基中的桩	1/2桩径或边长
4	桩数大于16根桩基中的桩: (1) 最外边的桩 (2) 中间桩	 1/3桩径或边长 1/2桩径或边长

注:H为施工现场地面标高与桩顶设计标高的距离。

灌注桩的桩位偏差必须符合表2－16的规定,桩顶标高至少要比设计标高高出0.5 m,桩底清孔质量按不同的成桩工艺有不同的要求,应按本章的各节要求执行。每浇注50 m^3必须有1组试件,小于50 m^3的桩。每根桩必须有1组试件。

表2－16 灌注桩的平面位置和垂直度的允许偏差

序号	成孔方法		桩径允许偏差/%	垂直度允许偏差/%	桩位允许偏差/mm	
					1～3根、单排桩基垂直于中心线方向和群桩基础的边桩	条形桩基沿中心线方向和群桩基础的中间桩
1	泥浆护壁	D≤1 000 mm	±50	<1	D/6,且不大于100	D/4,且不大于150
	钻孔桩	D>1 000 mm	±50		100＋0.01H	150＋0.01H
2	套管成孔	D≤500 mm	－20	<1	70	150
	灌注桩	D>500 mm			100	150
3	干成孔灌注桩		－20	<1	70	150
4	人工挖孔桩	混凝土护壁	＋50	<0.5	50	150
		钢套管护壁	＋50	<1	100	200

注:① 桩径允许偏差的负值是指个别断面。
② 采用复打、反插法施工的柱,其桩径允许偏差不受上表限制。
③ H为施工现场地面标高与桩顶设计标高的距离,D为设计桩径。

2.3.1 静力压桩

静力压桩包括锚杆静压桩及其他各种非冲击力沉桩。

锚杆静压桩质量检验标准应符合表 2-17 的规定。

表 2-17 锚杆静压桩质量检验标准

<table>
<tr><th rowspan="2">项</th><th rowspan="2">序</th><th rowspan="2" colspan="2">检查项目</th><th colspan="2">允许偏差或允许值</th><th rowspan="2">检查方法</th></tr>
<tr><th>单位</th><th>数值</th></tr>
<tr><td rowspan="3">主控项目</td><td>1</td><td colspan="2">桩体质量检验</td><td colspan="2">按桩基检测技术规范</td><td>按桩基检测技术规范</td></tr>
<tr><td>2</td><td colspan="2">桩位偏差</td><td colspan="2">见表 2-15</td><td>用钢尺量</td></tr>
<tr><td>3</td><td colspan="2">承载力</td><td colspan="2">按桩基检测技术规范</td><td>按桩基检测技术规范</td></tr>
<tr><td rowspan="10">一般项目</td><td rowspan="3">1</td><td colspan="2">成品桩质量:外观</td><td colspan="2">表面平整,颜色均匀,掉角深度<10 mm,蜂窝面积小于总面积 0.5%</td><td>直观</td></tr>
<tr><td colspan="2">外形尺寸</td><td colspan="2">见表 2-19</td><td>见表 2-19</td></tr>
<tr><td colspan="2">强度</td><td colspan="2">满足设计要求</td><td>查产品合格证书或钻芯试压</td></tr>
<tr><td>2</td><td colspan="2">硫磺胶泥质量(半成品)</td><td colspan="2">设计要求</td><td>查产品合格证书或抽样送检</td></tr>
<tr><td rowspan="4">3</td><td rowspan="4">接桩</td><td>电焊接桩:焊缝质量</td><td colspan="2">见表 2-20</td><td>见表 2-20</td></tr>
<tr><td>电焊结束后停歇时间</td><td>min</td><td>>1.0</td><td>秒表测定</td></tr>
<tr><td>硫磺胶泥接桩:胶泥浇注时间</td><td>min</td><td><2</td><td>秒表测定</td></tr>
<tr><td>浇注后停歇时间</td><td>min</td><td>>7</td><td>秒表测定</td></tr>
<tr><td>4</td><td colspan="2">电焊条质量</td><td colspan="2">设计要求</td><td>查产品合格证书</td></tr>
<tr><td>5</td><td colspan="2">压桩压力(设计有要求时)</td><td>%</td><td>±5</td><td>查压力表读数</td></tr>
<tr><td></td><td>6</td><td colspan="2">接桩时上下节平面偏差
接桩时节点弯曲矢高</td><td>mm</td><td><10
<1/1 000 l</td><td>用钢尺量
用钢尺量,l 为两节桩长</td></tr>
<tr><td></td><td>7</td><td colspan="2">桩顶标高</td><td>mm</td><td>±50</td><td>水表仪</td></tr>
</table>

2.3.2 先张法预应力管桩

先张法预应力管桩的质量检验应符合表 2-18 的规定。

表 2-18 先张法预应力管桩的质量检验标准

<table>
<tr><th rowspan="2">项</th><th rowspan="2">序</th><th rowspan="2">检查项目</th><th colspan="2">允许偏差或允许值</th><th rowspan="2">检查方法</th></tr>
<tr><th>单位</th><th>数值</th></tr>
<tr><td rowspan="3">主控项目</td><td>1</td><td>桩体质量检验</td><td colspan="2">按桩基检测技术规范</td><td>按桩基检测技术规范</td></tr>
<tr><td>2</td><td>桩位偏差</td><td colspan="2">见表 2-15</td><td>用钢尺量</td></tr>
<tr><td>3</td><td>承载力</td><td colspan="2">按桩基检测技术规范</td><td>按桩基检测技术规范</td></tr>
</table>

续表

项	序	检查项目	允许偏差或允许值 单位	数值	检查方法
一般项目	1	成品桩质量：外观	无蜂窝、露筋、裂缝，色感均匀，桩顶处无孔隙		直观
		桩径	mm	±5	用钢尺量
		管壁厚度	mm	±5	用钢尺量
		桩尖中心线	mm	<2	用钢尺量
		顶面平整度	mm	10	用水平尺量
		桩体弯曲		<1/1 000 *l*	用钢尺量，*l* 为桩长
	2	接桩：焊缝质量	见表 2-20		见表 2-20
		电焊结束后停歇时间	min	>1.0	秒表测定
		上下节平面偏差	mm	<10	用钢尺量
		节点弯曲矢高		<1/1 000 *l*	用钢尺量，*l* 为两节桩长
	3	停锤标准	设计要求		现场实测或查沉桩记录
	4	桩顶标高	mm	±50	水准仪

2.3.3 混凝土预制桩

钢筋混凝土预制桩的质量检验标准应符合表 2-19 的规定。

表 2-19 钢筋混凝土预制桩的质量检验标准

项	序	检查项目	允许偏差或允许值 单位	数值	检查方法
主控项目	1	桩体质量检验	按桩基检测技术规范		按桩基检测技术规范
	2	桩位偏差	见表 2-15		用钢尺量
	3	承载力	按桩基检测技术规范		按桩基检测技术规范
一般项目	1	砂、石、水泥、钢材等原材料（现场预制时）	符合设计要求		查出厂质保文件或抽样送检
	2	混凝土配合比及强度（现场预制时）	符合设计要求		检查称量及查试块记录
	3	成品桩外形	表面平整，颜色均匀，掉角深度<10 mm，蜂窝面积小于总面积的 0.5%		直观
	4	成品桩裂缝（收缩裂缝或起吊、装运、堆放引起的裂缝）	深度<20 mm，宽度<0.25 mm，横向裂缝不超过边长的一半		裂缝测定仪，该项在地下水有侵蚀地区及锤击数超过 500 击的长桩不适用
	5	成品桩尺寸：横截面边长	mm	±5	用钢尺量
		桩顶对角线差	mm	<10	用钢尺量
		桩尖中心线	mm	<10	用钢尺量
		桩身弯曲矢高		<1/1 000 *l*	用钢尺量，*l* 为桩长
		桩顶平整度	mm	<2	用水平尺量

续表

项	序	检查项目	允许偏差或允许值		检查方法
			单位	数值	
一般项目	6	电焊接桩：焊缝质量 电焊结束后停歇时间 上下节平面偏差 节点弯曲矢高	见表 2-20 min mm 	 >1.0 <10 <1/1 000 l	见表 2-20 秒表测定 用钢尺量 用钢尺量，l 为两节桩长
	7	硫磺胶泥接桩：胶泥浇注时间 浇注后停歇时间	min min	<2 >7	秒表测定 秒表测定
	8	桩顶标高	mm	±50	水准仪
	9	停锤标准	设计要求		现场实测或查沉桩记录

2.3.4 钢桩

钢桩施工质量检验标准应符合表 2-20 的规定。

表 2-20 钢桩施工质量检验标准

项	序	检查项目	允许偏差或允许值		检查方法
			单位	数值	
主控项目	1	桩位偏差	见表 2-15		用钢尺量
	2	承载力	按桩基检测技术规范		按桩基检测技术规范
一般项目	1	电焊接桩焊缝： (1) 上下节端部错口 (外径≥700 mm) (外径<700 mm) (2) 焊缝咬边深度 (3) 焊缝加强层高度 (4) 焊缝加强层宽度 (5) 焊缝电焊质量外观 (6) 焊缝探伤检验	 mm mm mm mm mm 无气孔，无焊瘤，无裂缝 满足设计要求	 ≤3 ≤2 ≤0.5 2 2 	 用钢尺量 用钢尺量 焊缝检查仪 焊缝检查仪 焊缝检查仪 直观 按设计要求
	2	电焊结束后停歇时间	min	>1.0	秒表测定
	3	节点弯曲矢高		<1/1 000 l	用钢尺量，l 为两节桩长
	4	桩顶标高	mm	±50	水准仪
	5	停锤标准	设计要求		用钢尺量或沉桩记录

2.3.5 混凝土灌注桩

混凝土灌注桩的质量检验标准应符合表 2 - 21 的规定。

表 2 - 21 混凝土灌注桩的质量检验标准

项	序	检查项目	允许偏差或允许值		检查方法
			单位	数值	
主控项目	1	桩位	见表 2 - 16		基坑开挖前量护筒，开挖后量桩中心
	2	孔深	mm	+300	只深不浅，用重锤测，或测钻杆、套管长度。嵌岩桩应确保进入设计要求的嵌岩深度
	3	桩体质量检验	按桩基检测技术规范。如钻芯取样，大直径嵌岩桩应钻至桩尖下 50 cm		按桩基检测技术规范
	4	混凝土强度	设计要求		试件报告或钻芯取样送检
	5	承载力	按桩基检测技术规范		按桩基检测技术规范
一般项目	1	垂直度	见表 2 - 16		测套管或钻杆，或用超声波探测，干施工时吊垂球
	2	桩径	见表 2 - 16		井径仪或超声波检测，干施工时用钢尺量，人工挖孔桩不包括内衬厚度
	3	泥浆比重(粘土或砂性土中)	1.15～1.20		用比重计测，清孔后在距孔底 50 cm 处取样
	4	泥浆面标高(高于地下水位)	m	0.5～1.0	目测
	5	沉渣厚度：端承桩 摩擦桩	mm mm	≤50 ≤150	用沉渣仪或重锤测量
	6	混凝土坍落度：水下灌注 干施工	mm mm	160～220 70～100	坍落度仪
	7	钢筋笼安装深度	mm	±100	用钢尺量
	8	混凝土充盈系数	>1		检查每根桩的实际灌注量
	9	桩顶标高	mm	+30 −50	水准仪，需扣除桩顶浮浆层及劣质桩体

2.4 土方工程

2.4.1 土方开挖

土方开挖工程的质量检验标准应符合表2－22的规定。

表2－22 土方开挖工程的质量检验标准

项	序	项目	允许偏差或允许值/mm					检验方法
			柱基基坑基槽	挖方场地平整		管沟	地(路)面基层	
				人工	机械			
主控项目	1	标高	－50	±30	±50	－50	－50	水准仪
	2	长度、宽度(由设计中心线向两边量)	＋200 －50	＋300 －100	＋500 －150	＋100	—	经纬仪,用钢尺量
	3	边坡	设计要求					观察或用坡度尺检查
一般项目	1	表面平整度	20	20	50	20	20	用2m靠尺和楔形塞尺检查
	2	基底土性	设计要求					观察或土样分析

注:地(路)面基层的偏差只适用于直接在挖、填方上做地(路)面的基层。

2.4.2 土方回填

填方施工结束后,应检查标高、边坡坡度、压实程度等,检验标准应符合表2－23的规定。

表2－23 填土工程的质量检验标准

项	序	项目	允许偏差或允许值/mm					检验方法
			柱基基坑基槽	挖方场地平整		管沟	地(路)面基层	
				人工	机械			
主控项目	1	标高	－50	±30	±50	－50	—50	水准仪
	2	分层压实系数	设计要求					按规定方法
一般项目	1	回填土料	设计要求					取样检查或直观鉴别
	2	分层厚度及含水量	设计要求					水准仪及抽样检查
	3	表面平整度	20	20	30	20	20	用靠尺或水准仪

2.5 基坑工程

2.5.1 排桩墙支护工程

排桩墙支护结构包括灌注桩、预制桩、板桩等类型桩构成的支护结构。

钢板桩均为工厂成品，新桩可按出厂标准检验，重复使用的钢板桩质量检验标准应符合表 2-24 的规定，混凝土板桩制作质量检验标准应符合表 2-25 的规定。

表 2-24 重复使用的钢板桩质量检验标准

序	检查项目	允许偏差或允许值		检查方法
		单位	数值	
1	桩垂直度	%	<1	用钢尺量
2	桩身弯曲度		<2%l	用钢尺量，l 为桩长
3	齿槽平直度及光滑度	无电焊渣或毛刺		用 1m 长的桩段做通过试验
4	桩长度	不小于设计长度		用钢尺量

表 2-25 混凝土板桩制作质量检验标准

项	序	检查项目	允许偏差或允许值		检查方法
			单位	数值	
主控项目	1	桩长度	mm	+10 0	用钢尺量
	2	桩身弯曲度		<0.1%l	用钢尺量，l 为桩长
一般项目	1	保护层厚度	mm	±5	用钢尺量
	2	横截面相对两面之差	mm	5	用钢尺量
	3	桩尖对桩轴线的位移	mm	10	用钢尺量
	4	桩厚度	mm	+10 0	用钢尺量
	5	凹凸槽尺寸	mm	±3	用钢尺量

2.5.2 水泥土桩支护工程

加筋水泥土桩质量检验标准应符合表 2-26 的规定。

表 2-26 加筋水泥土桩质量检验标准

序	检查项目	允许偏差或允许值		检查方法
		单位	数值	
1	型钢长度	mm	±10	用钢尺量
2	型钢垂直度	%	<1	经纬仪
3	型钢插入标高	mm	±30	水准仪
4	型钢插入平面位置	mm	10	用钢尺量

2.5.3 锚杆及土钉墙支护工程

锚杆及土钉墙支护工程质量检验标准应符合表 2-27 的规定。

表 2-27 锚杆及土钉墙支护工程质量检验标准

项	序	检查项目	允许偏差或允许值 单位	允许偏差或允许值 数值	检查方法
主控项目	1	锚杆土钉长度	mm	±30	用钢尺量
主控项目	2	锚杆锁定力	设计要求		现场实测
一般项目	1	锚杆或土钉位置	mm	±100	用钢尺量
一般项目	2	钻孔倾斜度	°	±1	测钻机倾角
一般项目	3	浆体强度	设计要求		试样送检
一般项目	4	注浆量	大于理论计算浆量		检查计量数据
一般项目	5	土钉墙面厚度	mm	±10	用钢尺量
一般项目	6	墙体强度	设计要求		试样送检

2.5.4 钢或混凝土支撑系统

钢或混凝土支撑系统工程质量检验标准应符合表 2-28 的规定。

表 2-28 钢或混凝土支撑系统工程质量检验标准

项	序	检查项目	允许偏差或允许值 单位	允许偏差或允许值 数值	检查方法
主控项目	1	支撑位置:标高 平面	mm mm	30 100	水准仪 用钢尺量
主控项目	2	预加顶力	kN	±50	油泵读数或传感器
一般项目	1	围檩标高	mm	30	水准仪
一般项目	2	立柱桩	参见 2.3 节		参见 2.3 节
一般项目	3	立柱位置:标高 平面	mm mm	30 50	水准仪 用钢尺量
一般项目	4	开挖超深(开槽放支撑不在此范围)	mm	<200	水准仪
一般项目	5	支撑安装时间	设计要求		用钟表估测

2.5.5 地下连续墙

地下墙的质量检验标准应符合表 2－29 的规定。

表 2－29 地下墙质量检验标准

项	序	检查项目		允许偏差或允许值		检查方法
				单位	数值	
主控项目	1	墙体强度		设计要求		查试件记录或取芯试压
	2	垂直度：永久结构 临时结构			1/300 1/150	测声波测槽仪或成槽机上的监测系统
一般项目	1	导墙尺寸	宽度 墙面平整度 导墙平面位置	mm mm mm	$W+40$ ＜5 ±10	用钢尺量，W 为地下墙设计厚度 用钢尺量 用钢尺量
	2	沉渣厚度：永久结构 临时结构		mm mm	≤100 ≤200	重锤测或沉积物测定仪测
	3	槽深		mm	＋100	重锤测
	4	混凝土坍落度		mm	180～220	坍落度测定仪
	5	地下墙表面平整度	永久结构 临时结构 插入式结构	mm mm mm	＜100 ＜150 ＜20	此为均匀粘土层，松散及易坍土层由设计决定
	6	永久结构时的预埋件位置	水平向 垂直向	mm mm	≤10 ≤20	用钢尺量 水准仪

2.5.6 沉井与沉箱

沉井（箱）的质量检验标准应符合表 2－30 的要求。

表 2－30 沉井（箱）的质量检验标准

项	序	检查项目	允许偏差或允许值		检查方法
			单位	数值	
主控项目	1	混凝土强度	满足设计要求（下沉前必须达到 70%设计强度）		查试件记录或抽样送检
	2	封底前，沉井（箱）的下沉稳定	mm/8h	＜10	水准仪
	3	封底结束后的位置： 刃脚平均标高（与设计标高比） 刃脚平面中心线位移 四角中任何两角的底面高差	mm	＜100 ＜1%H ＜1%l	水准仪 经纬仪，H 为下沉总深度，H＜10 m 时，控制在 100 mm 之内 水准仪，l 为两角的距离，但不超过 300 mm，l＜10 m 时，控制在 100 mm 之内

续表

项	序	检查项目		允许偏差或允许值		检查方法
				单位	数值	
一般项目	1	钢材、对接钢筋、水泥、骨料等原材料检查		符合设计要求		查出厂质保书或抽样送检
	2	结构体外观		无裂缝,无蜂窝、空洞,不露筋		直观
	3	平面尺寸:长与宽		%	±0.5	用钢尺量,最大控制在100 mm之内
		曲线部分半径		%	±0.5	用钢尺量,最大控制在50 mm之内
		两对角线差		%	1.0	用钢尺量
		预埋件		mm	20	用钢尺量
	4	下沉过程中的偏差	高差	%	1.5～2.0	水准仪,但最大不超过1 m
			平面轴线		<1.5%H	经纬仪,H为下沉深度,最大应控制在300 mm之内,此数值不包括高差引起的中线位移
	5	封底混凝土坍落度		cm	18～22	坍落度测定器

注:主控项目中的"3"的三项偏差可同时存在,下沉总深度,系指下沉前、后刃脚之高差。

2.5.7 降水与排水

降水与排水是配合基坑开挖的安全措施,施工前应有降水与排水设计。当在基坑外降水时,应有降水范围的估算,对重要建筑物或公共设施在降水过程中应监测。

降水与排水施工的质量检验标准应符合表 2-31 的规定。

表 2-31 降水与排水施工的质量检验标准

序	检查项目	允许偏差或允许值		检查方法
		单位	数值	
1	排水沟坡度	‰	1～2	目测:坑内不积水,沟内排水畅通
2	井管(点)垂直度	%	1	插管时目测
3	井管(点)间距(与设计相比)	mm	≤150	用钢尺量
4	井管(点)插入深度(与设计相比)	mm	≤200	水准仪
5	过滤砂砾料填灌(与计算值相比)	mm	≤5	检查回填料用量
6	井点真空度:轻型井点 喷射井点	kPa kPa	>60 >93	真空度表 真空度表
7	电渗井点阴阳极距离:轻型井点 喷射井点	mm mm	80～100 120～150	用钢尺量 用钢尺量

2.6 分部(子分部)工程质量验收

分项工程、分部(子分部)工程质量的验收，均应在施工单位自检合格的基础上进行。施工单位确认自检合格后提出工程验收申请，工程验收时应提供下列技术文件和记录：

(1) 原材料的质量合格证和质量鉴定文件；

(2) 半成品如预制桩、钢桩、钢筋笼等产品合格证书；

(3) 施工记录及隐蔽工程验收文件；

(4) 检测试验及见证取样文件；

(5) 其他必须提供的文件或记录。

验收工作应按下列规定进行：

(1) 分项工程的质量验收应分别按主控项目和一般项目验收；

(2) 隐蔽工程应在施工单位自检合格后，于隐蔽前通知有关人员检查验收，并形成中间验收文件；

(3) 分部(子分部)工程的验收，应在分项工程通过验收的基础上，对必要的部位进行见证检验。

3 砌体工程施工质量验收

3.1 概述

3.1.1 术语

1）施工质量控制等级

按质量控制和质量保证若干要素对施工技术水平所作的分级。

2）型式检验

确认产品或过程应用结果适用性所进行的检验。

3）通缝

砌体中，上下皮块材搭接长度小于规定数值的竖向灰缝。

4）假缝

为掩盖砌体竖向灰缝内在质量缺陷，砌筑砌体时仅在表面作灰缝处理的灰缝。

5）配筋砌体

网状配筋砌体柱、水平配筋砌体墙、砖砌体和钢筋混凝土面层或钢筋砂浆面层组合砌体柱（墙）、砖砌体和钢筋混凝土构造柱组合墙以及配筋砌块砌体剪力墙的统称。

6）芯柱

在砌块内部空腔中插入竖向钢筋并浇铸混凝土后形成的砌体内部的钢筋混凝土小柱。

7）原位检测

采用标准的检验方法，在现场砌体中选样进行非破损或微破损检测，以判定砌筑砂浆和砌体实体强度的检测。

3.1.2 砌体施工质量控制等级

砌体施工质量控制等级应分为三级，并应符合表 3-1 的规定。

表 3-1　砌体施工质量控制等级

项　目	施工质量控制等级		
	A	B	C
现场质量管理	制度健全，并严格执行；非施工方质量监督人员经常到现场，或现场设有常驻代表；施工方有在岗专业技术管理人员，人员齐全，并持证上岗	制度基本健全，并能执行；非施工方质量监督人员间断地到现场进行质量控制；施工方有在岗专业技术管理人员，并持证上岗	有制度；非施工方质量监督人员很少作现场质量控制；施工方有在岗专业技术管理人员
砂浆、混凝土强度	试块按规定制作，强度满足验收规定，离散性小	试块按规定制作，强度满足验收规定，离散性较小	试块强度满足验收规定，离散性大
砂浆拌和方式	机械拌和；配合比计量控制严格	机械拌和；配合比计量控制一般	机械或人工拌和；配合比计量控制较差
砌筑工人	中级工以上，其中高级工不少于 20%	高、中级工不少于 70%	初级工以上

3.2　砖砌体工程

1）主控项目

（1）砖和砂浆的强度等级必须符合设计要求。

抽检数量：每一生产厂家的砖到现场后，按烧结砖 15 万块、多孔砖 5 万块、灰砂砖及粉煤灰砖 10 万块各为一验收批，抽检数量为 1 组。砂浆试块按每一检验批且不超过 250 m^3 砌体的各种类型及强度等级的砌筑砂浆，每台搅拌机应至少抽检一次。

检验方法：查砖和砂浆试块试验报告。

（2）砌体水平灰缝的砂浆饱满度不得小于 80%。

抽检数量：每检验批抽查不应少于 5 处。

检验方法：用百格网检查砖底面与砂浆的粘结痕迹面积。每处检测 3 块砖，取其平均值。

（3）砖砌体的转角处和交接处应同时砌筑，严禁无可靠措施的内外墙分砌施工。对不能同时砌筑而又必须留置的临时间断处应砌成斜槎，斜槎水平投影长度不应小于高度的 2/3。

抽检数量：每检验批抽 20% 接槎，且不应少于 5 处。

检验方法：观察检查。

（4）非抗震设防及抗震设防烈度为 6 度、7 度地区的临时间断处，当不能留斜槎时，除转角处外，可留直槎，但直槎必须做成凸槎。留直槎处应加设拉结钢筋，拉结钢筋的数量为每 120 mm 墙厚放置 1 ϕ 6 拉结钢筋（120 mm 厚墙放置 2 ϕ 6 拉结钢筋），间距沿墙高不应超过 500 mm；埋入长度从留槎处算起每边均不应小于 500 mm，对抗震设防烈度 6 度、7 度的地区，不应小于 1 000 mm；末端应有 90° 弯钩。

抽检数量：每检验批抽 20% 接槎，且不应少于 5 处。

检验方法：观察和尺量检查。

合格标准：留槎正确，拉结钢筋设置数量、直径正确，竖向间距偏差不超过100 mm，留置长度基本符合规定。

(5) 砖砌体的位置及垂直度允许偏差应符合表3-2的规定。

表3-2　砖砌体的位置及垂直度允许偏差

项次	项　　目			允许偏差/mm	检　验　方　法
1	轴线位置偏移			10	用经纬仪和尺检查或用其他测量仪器检查
2	垂直度	每　　层		5	用2 m托线板检查
		全高	≤10 m	10	用经纬仪、吊线和尺检查，或用其他测量仪器检查
			>10 m	20	

抽检数量：轴线查全部承重墙柱；外墙垂直度全高查阳角，不应少于4处，每层每20 m查一处；内墙按有代表性的自然间抽10%，但不应少于3间，每间不应少于2处，柱不少于5根。

2) 一般项目

(1) 砖砌体组砌方法应正确，上、下错缝，内外搭砌，砖柱不得采用包心砌法。

抽检数量：外墙每20 m抽查一处，每处3～5 m，且不应少于3处；内墙按有代表性的自然间抽10%，且不应少于3间。

检验方法：观察检查。

合格标准：除符合本条要求外，清水墙、窗间墙无通缝；混水墙中长度大于或等于300 mm的通缝每间不超过3处，且不得位于同一面墙体上。

(2) 砖砌体的灰缝应横平竖直，厚薄均匀。水平灰缝厚度宜为10 mm，但不应小于8 mm，也不应大于12 mm。

抽检数量：每步脚手架施工的砌体，每20 m抽查1处。

检验方法：用尺量10皮砖砌体高度折算。

(3) 砖砌体的一般尺寸允许偏差应符合表3-3的规定。

表3-3　砖砌体的一般尺寸允许偏差

项次	项　　目		允许偏差/mm	检　验　方　法	抽　检　数　量
1	基础顶面和楼面标高		±15	用水平仪和尺检查	不应少于5处
2	表面平整度	清水墙、柱	5	用2 m靠尺和楔形塞尺检查	有代表性自然间10%，但不应少于3间，每间不应少于2处
		混水墙、柱	8		
3	门窗洞口高、宽（后塞口）		±5	用尺检查	检验批洞口的10%，且不应少于5处
4	外墙上下窗口偏移		20	以底层窗口为准，用经纬仪或吊线检查	检验批的10%，且不应少于5处

续表

项次	项目		允许偏差/mm	检验方法	抽检数量
5	水平灰缝平直度	清水墙	7	拉 10 m 线和尺检查	有代表性自然间 10%，但不应少于 3 间，每间不应少于 2 处
		混水墙	10		
6	清水墙游丁走缝		20	吊线和尺检查，以每层第一皮砖为准	有代表性自然间 10%，但不应少于 3 间，每间不应少于 2 处

3.3 混凝土小型空心砌块砌体工程

1）主控项目

（1）小砌块和砂浆的强度等级必须符合设计要求。

抽检数量：每一生产厂家，每 1 万块小砌块至少应抽检一组。用于多层以上建筑基础和底层的小砌块抽检数量不应少于 2 组。砂浆试块按每一检验批且不超过 250 m^3 砌体的各种类型及强度等级的砌筑砂浆，每台搅拌机应至少抽检一次。

检验方法：查小砌块和砂浆试块试验报告。

（2）砌体水平灰缝的砂浆饱满度，应按净面积计算不得低于 90%；竖向灰缝饱满度不得小于 80%，竖缝凹槽部位应用砌筑砂浆填实；不得出现瞎缝、透明缝。

抽检数量：每检验批不应少于 3 处。

检验方法：用专用百格网检测小砌块与砂浆粘结痕迹，每处检测 3 块小砌块，取其平均值。

（3）墙体转角处和纵横墙交接处应同时砌筑。临时间断处应砌成斜槎，斜槎水平投影长度不应小于高度的 2/3。

抽检数量：每检验批抽 20% 接槎，且不应少于 5 处。

检验方法：观察检查。

2）一般项目

（1）墙体的水平灰缝厚度和竖向灰缝宽度宜为 10 mm，但不应大于 12 mm，也不应小于 8 mm。

抽检数量：每层楼的检测点不应少于 3 处。

抽检方法：用尺量 5 皮小砌块的高度和 2 m 砌体长度折算。

（2）小砌块墙体的一般尺寸允许偏差应按表 3-3 中 1～5 项的规定执行。

3.4 石砌体工程

1）主控项目

（1）石材及砂浆强度等级必须符合设计要求。

抽检数量：同一产地的石材至少应抽检一组。砂浆试块按每一检验批且不超过 250 m^3 砌体的各种类型及强度等级的砌筑砂浆，每台搅拌机应至少抽检一次。

检验方法：料石检查产品质量证明书，石材、砂浆检查试块试验报告。

(2) 砂浆饱满度不应小于80%。

抽检数量：每步架抽查不应少于1处。

检验方法：观察检查。

(3) 石砌体的轴线位置及垂直度允许偏差应符合表3-4的规定。

表3-4 石砌体的轴线位置及垂直度允许偏差

<table>
<tr><td rowspan="4">项次</td><td rowspan="4" colspan="2">项目</td><td colspan="7">允许偏差/mm</td><td rowspan="4">检验方法</td></tr>
<tr><td colspan="2">毛石砌体</td><td colspan="5">料石砌体</td></tr>
<tr><td rowspan="2">基础</td><td rowspan="2">墙</td><td colspan="2">毛料石</td><td colspan="2">粗料石</td><td>细料石</td></tr>
<tr><td>基础</td><td>墙</td><td>基础</td><td>墙</td><td>墙、柱</td></tr>
<tr><td>1</td><td colspan="2">轴线位置</td><td>20</td><td>15</td><td>20</td><td>15</td><td>15</td><td>10</td><td>10</td><td>用经纬仪和尺检查，或用其他测量仪器检查</td></tr>
<tr><td rowspan="2">2</td><td rowspan="2">墙面垂直度</td><td>每层</td><td></td><td>20</td><td></td><td>20</td><td></td><td>10</td><td>7</td><td rowspan="2">用经纬仪、吊线和尺检查或用其他测量仪器检查</td></tr>
<tr><td>全高</td><td></td><td>30</td><td></td><td>30</td><td></td><td>25</td><td>20</td></tr>
</table>

2) 一般项目

(1) 石砌体的一般尺寸允许偏差应符合表3-5的规定。

表3-5 石砌体的一般尺寸允许偏差

<table>
<tr><td rowspan="4">项次</td><td rowspan="4" colspan="2">项目</td><td colspan="7">允许偏差/mm</td><td rowspan="4">检验方法</td></tr>
<tr><td colspan="2">毛石砌体</td><td colspan="5">料石砌体</td></tr>
<tr><td rowspan="2">基础</td><td rowspan="2">墙</td><td colspan="2">毛料石</td><td colspan="2">粗料石</td><td>细料石</td></tr>
<tr><td>基础</td><td>墙</td><td>基础</td><td>墙</td><td>墙、柱</td></tr>
<tr><td>1</td><td colspan="2">基础和墙砌体顶面标高</td><td>±25</td><td>±15</td><td>±25</td><td>±15</td><td>±15</td><td>±15</td><td>±10</td><td>用水准仪和尺检查</td></tr>
<tr><td>2</td><td colspan="2">砌体厚度</td><td>+30</td><td>+20
-10</td><td>+30</td><td>+20
-10</td><td>+15</td><td>+10
-5</td><td>+10
-5</td><td>用尺检查</td></tr>
<tr><td rowspan="2">3</td><td rowspan="2">表面平整度</td><td>清水墙、柱</td><td></td><td>20</td><td></td><td>20</td><td></td><td>10</td><td>5</td><td rowspan="2">细料石用2m靠尺和楔形塞尺检查，其他用两直尺垂直于灰缝拉2m线和尺检查</td></tr>
<tr><td>混水墙、柱</td><td></td><td>20</td><td></td><td>20</td><td></td><td>15</td><td></td></tr>
<tr><td>4</td><td colspan="2">清水墙水平灰缝平直度</td><td></td><td></td><td></td><td></td><td></td><td>10</td><td>5</td><td>拉10m线和尺检查</td></tr>
</table>

抽检数量：外墙，按楼层(4m高以内)每20m抽查1处，每处3延长米，但不应少于3处；内墙，按有代表性的自然间抽查10%，但不应少于3间，每间不应少于2处，柱子不应少于5根。

(2) 石砌体的组砌形式应符合下列规定：

① 内外搭砌，上下错缝，拉结石、丁砌石交错设置；

② 毛石墙拉结石每 0.7 m^2 墙面不应少于 1 块。

检查数量：外墙，按楼层（或 4 m 高以内）每 20 m 抽查 1 处，每处 3 延长米，但不应少于 3 处；内墙，按有代表性的自然间抽查 10%，但不应少于 3 间。

检验方法：观察检查。

3.5 配筋砌体工程

1）主控项目

（1）钢筋的品种、规格和数量应符合设计要求。

检验方法：检查钢筋的合格证书、钢筋性能试验报告、隐蔽工程记录。

（2）构造柱、芯柱、组合砌体构件、配筋砌体剪力墙构件的混凝土或砂浆的强度等级应符合设计要求。

抽检数量：各类构件每一检验批砌体至少应做一组试块。

检验方法：检查混凝土或砂浆试块试验报告。

（3）构造柱与墙体的连接处应砌成马牙槎，马牙槎应先退后进，预留的拉结钢筋应位置正确，施工中不得任意弯折。

抽检数量：每检验批抽 20%构造柱，且不少于 3 处。

检验方法：观察检查。

合格标准：钢筋竖向移位不应超过 100 mm，每一马牙槎沿高度方向尺寸不应超过 300 mm，钢筋竖向位移和马牙槎尺寸偏差每一构造柱不应超过 2 处。

（4）构造柱位置及垂直度的允许偏差应符合表 3－6 的规定。

表 3－6　构造柱位置及垂直度的允许偏差

项次	项目			允许偏差/mm	检验方法
1	柱中心线位置			10	用经纬仪和尺检查或用其他测量仪器检查
2	柱层间错位			8	用经纬仪和尺检查或用其他测量仪器检查
3	柱垂直度	每层		10	用 2 m 托线板检查
		全高	≤10 m	15	用经纬仪、吊线和尺检查，或用其他测量仪器检查
			＞10 m	20	

抽检数量：每检验批抽 10%，且不应少于 5 处。

（5）对配筋混凝土小型空心砌块砌体，芯柱混凝土应在装配式楼盖处贯通，不得削弱芯柱截面尺寸。

抽检数量：每检验批抽 10%，且不应少于 5 处。

检验方法：观察检查。

2）一般项目

（1）设置在砌体水平灰缝内的钢筋，应居中置于灰缝中。水平灰缝厚度应大于钢筋直径 4 mm 以上。砌体外露面砂浆保护层的厚度不应小于 15 mm。

抽检数量：每检验批抽检 3 个构件，每个构件检查 3 处。

检验方法：观察检查，辅以钢尺检测。

(2) 设置在潮湿环境或有化学侵蚀性介质的环境中的砌体灰缝内的钢筋，应采取防腐措施。

抽检数量：每检验批抽检10%的钢筋。

检验方法：观察检查。

合格标准：防腐涂料无漏刷(喷浸)，无起皮脱落现象。

(3) 网状配筋砌体中，钢筋网及放置间距应符合设计规定。

抽检数量：每检验批抽10%，且不应少于5处。

检验方法：钢筋规格检查钢筋网成品，钢筋网放置间距局部剔缝观察，或用探针刺入灰缝内检查，或用钢筋位置测定仪测定。

合格标准：钢筋网沿砌体高度位置超过设计规定一皮砖厚不得多于1处。

(4) 组合砖砌体构件，竖向受力钢筋保护层应符合设计要求，距砖砌体表面距离不应小于5 mm；拉结筋两端应设弯钩，拉结筋及箍筋的位置应正确。

抽检数量：每检验批抽检10%，且不应少于5处。

检验方法：支模前观察与尺量检查。

合格标准：钢筋保护层符合设计要求；拉结筋位置及弯钩设置80%及以上符合要求，箍筋间距超过规定者，每件不得多于2处，且每处不得超过一皮砖。

(5) 配筋砌块砌体剪力墙中，采用搭接接头的受力钢筋搭接长度不应小于35 d(d 为受力钢筋的较大直径)，且不应少于300 mm。

抽检数量：每检验批每类构件抽20%(墙、柱、连梁)，且不应少于3件。

检验方法：尺量检查。

3.6 填充墙砌体工程

1) 主控项目

砖、砌块和砌筑砂浆的强度等级应符合设计要求。

检验方法：检查砖或砌块的产品合格证书、产品性能检测报告和砂浆试块试验报告。

2) 一般项目

(1) 填充墙砌体一般尺寸的允许偏差应符合表3-7的规定。

表3-7 填充墙砌体一般尺寸的允许偏差

项次	项目		允许偏差/mm	检验方法
1	轴线位移		10	用尺检查
	垂直度	小于或等于3 m	5	用2 m托线板或吊线、尺检查
		大于3 m	10	
2	表面平整度		8	用2 m靠尺和楔形塞尺检查
3	门窗洞口高、宽(后塞门)		±5	用尺检查
4	外墙上、下窗口偏移		20	用经纬仪或吊线检查

抽检数量：

① 对表中1、2项，在检验批的标准间中随机抽查10%，但不应少于3间；大面积房间和楼道按两个轴线或每10延长米按一标准间计数。每间检验不应少于3处。

② 对表中3、4项，在检验批中抽检10%，且不应少于5处。

(2) 蒸压加气混凝土砌块砌体和轻骨料混凝土小型空心砌块砌体，不应与其他块材混砌。

抽检数量：在检验批中抽检20%，且不应少于5处。

检验方法：外观检查。

(3) 填充墙砌体的砂浆饱满度及检验方法应符合表3-8的规定。

表3-8 填充墙砌体的砂浆饱满度及检验方法

砌体分类	灰缝	饱满度及要求	检验方法
空心砖砌体	水平	80%	采用百格网检查块材底面砂浆的粘结痕迹面积
	垂直	填满砂浆，不得有透明缝、瞎缝、假缝	
加气混凝土砌块和轻骨料混凝土小砌块砌体	水平	80%	
	垂直	80%	

(4) 填充墙砌体留置的拉结钢筋或网片的位置应与块体皮数相符合。拉结钢筋或网片应置于灰缝中，埋置长度应符合设计要求，竖向位置偏差不应超过一皮高度。

抽检数量：在检验批中抽检20%，且不应少于5处。

检验方法：观察和用尺量检查。

(5) 填充墙砌筑时应错缝搭砌，蒸压加气混凝土砌块搭砌长度不应小于砌块长度的1/3；轻骨料混凝土小型空心砌块搭砌长度不应小于90 mm；竖向通缝不应大于2皮。

抽检数量：在检验批的标准间中抽查10%，且不应少于3间。

检查方法：观察和用尺检查。

(6) 填充墙砌体的灰缝厚度和宽度应正确。空心砖、轻骨料混凝土小型空心砌块的砌体灰缝应为8～12 mm。蒸压加气混凝土砌块砌体的水平灰缝厚度及竖向灰缝宽度分别宜为15 mm和20 mm。

抽检数量：在检验批的标准间中抽查10%，且不应少于3间。

检查方法：用尺量5皮空心砖或小砌块的高度和2 m砌体长度折算。

(7) 填充墙砌至接近梁、板时，应留一定空隙，待填充墙砌筑完并应至少间隔7 d后，在将其补砌挤紧。

抽检数量：每验收批抽10%填充墙片(每两柱间的填充墙为一墙片)，且不应少于3片墙。

检验方法：观察检查。

3.7 子分部工程验收

砌体工程验收前，应提供下列文件和记录：

(1) 施工执行的技术标准；

(2) 原材料的合格证书、产品性能检测报告；

(3) 混凝土及砂浆配合比通知单；

(4) 混凝土及砂浆试件抗压强度试验报告单；

(5) 施工记录；

(6) 各检验批的主控项目、一般项目验收记录；

(7) 施工质量控制资料；

(8) 重大技术问题的处理或修改设计的技术文件；

(9) 其他必须提供的资料。

对有裂缝的砌体应按下列情况进行验收：

(1) 对有可能影响结构安全性的砌体裂缝，应由有资质的检测单位检测鉴定，需返修或加固处理的，待返修或加固满足使用要求后进行二次验收。

(2) 对不影响结构安全性的砌体裂缝，应予以验收，对明显影响使用功能和观感质量的裂缝，应进行处理。

4 混凝土结构工程施工质量验收

4.1 术语

1）混凝土结构

以混凝土为主制成的结构，包括素混凝土结构、钢筋混凝土结构和预应力混凝土结构等。

2）现浇结构

系现浇混凝土结构的简称，是在现场支模并整体浇筑而成的混凝土结构。

3）装配式结构

系装配式混凝土结构的简称，是以预制构件为主要受力构件经装配、连接而成的混凝土结构。

4）缺陷

建筑工程施工质量中不符合规定要求的检验项或检验点，按其程度可分为严重缺陷和一般缺陷。

5）严重缺陷

对结构构件的受力性能或安装使用性能有决定性影响的缺陷。

6）一般缺陷

对结构构件的受力性能或安装使用性能无决定性影响的缺陷。

7）施工缝

在混凝土浇筑过程中，因设计要求或施工需要分段浇筑而在先、后浇筑的混凝土之间所形成的接缝。

8）结构性能检验

针对结构构件的承载力、挠度、裂缝控制性能等各项指标所进行的检验。

4.2 模板分项工程

4.2.1 模板安装

1）主控项目

（1）安装现浇结构的上层模板及其支架时，下层楼板应具有承受上层荷载的承载能力，或加设支架；上、下层支架的立柱应对准，并铺设垫板。

检查数量：全数检查。

检验方法：对照模板设计文件和施工技术方案观察。

(2) 在涂刷模板隔离剂时，不得沾污钢筋和混凝土接槎处。

检查数量：全数检查。

检验方法：观察。

2) 一般项目

(1) 模板安装应满足下列要求：

① 模板的接缝不应漏浆；在浇筑混凝土前，木模板应浇水湿润，但模板内不应有积水。

② 模板与混凝土的接触面应清理干净并涂刷隔离剂，但不得采用影响结构性能或妨碍装饰工程施工的隔离剂。

③ 浇筑混凝土前，模板内的杂物应清理干净。

④ 对清水混凝土工程及装饰混凝土工程，应使用能达到设计效果的模板。

检查数量：全数检查。

检验方法：观察。

(2) 用作模板的地坪、胎模等应平整光洁，不得产生影响构件质量的下沉、裂缝、起砂或起鼓。

检查数量：全数检查。

检验方法：观察。

(3) 对跨度不小于 4 m 的现浇钢筋混凝土梁、板，其模板应按设计要求起拱；当设计无具体要求时，起拱高度宜为跨度的 1/1 000～3/1 000。

检查数量：在同一检验批内，对梁，应抽查构件数量的 10%，且不少于 3 件；对板，应按有代表性的自然间抽查 10%，且不少于 3 间；对大空间结构，板可按纵、横轴线划分检查面，抽查 10%，且不少于 3 面。

检验方法：水准仪或拉线、钢尺检查。

(4) 固定在模板上的预埋件、预留孔和预留洞均不得遗漏，且应安装牢固，其偏差应符合表 4-1 的规定。

表 4-1　预埋件和预留孔、洞的允许偏差

项　　目		允许偏差/mm
预埋钢板中心线位置		3
预埋管、预留孔中心线位置		3
插　筋	中心线位置	5
	外露长度	+10,0
预埋螺栓	中心线位置	2
	外露长度	+10,0
预留洞	中心线位置	10
	尺寸	+10,0

注：检查中心线位置时，应沿纵、横两个方向量测，并取其中的较大值。

检查数量：在同一检验批内，对梁、柱和独立基础，应抽查构件数量的10%，且不少于3件；对墙和板，应按有代表性的自然间抽查10%，且不少于3间；对大空间结构，墙可按相邻轴线间高度5m左右划分检查面，板可按纵、横轴线划分检查面，抽查10%，且均不少于3面。

检验方法：钢尺检查。

(5) 现浇结构模板安装的偏差应符合表4-2的规定。

表4-2 现浇结构模板安装的允许偏差及检验方法

项目		允许偏差/mm	检验方法
轴线位置		5	钢尺检查
底模上表面标高		±5	水准仪或拉线、钢尺检查
截面内部尺寸	基础	±10	钢尺检查
	柱、墙、梁	+4，-5	钢尺检查
层高垂直度	不大于5m	6	经纬仪或吊线、钢尺检查
	大于5m	8	经纬仪或吊线、钢尺检查
相邻两板表面高低差		2	钢尺检查
表面平整度		5	2m靠尺和塞尺检查

注：检查轴线位置时，应沿纵、横两个方向量测，并取其中的较大值。

检查数量：在同一检验批内，对梁、柱和独立基础，应抽查构件数量的10%，且不少于3件；对墙和板，应按有代表性的自然间抽查10%，且不少于3间；对大空间结构，墙可按相邻轴线间高度5m左右划分检查面，板可按纵、横轴线划分检查面，抽查10%，且均不少于3面。

(6) 预制构件模板安装的偏差应符合表4-3的规定。

表4-3 预制构件模板安装的允许偏差及检验方法

项目		允许偏差/mm	检验方法
长度	板、梁	±5	钢尺量两角边，取其中较大值
	薄腹梁、桁架	±10	
	柱	0，-10	
	墙板	0，-5	
宽度	板、墙板	0，-5	钢尺量一端及中部，取其中较大值
	梁、薄腹梁、桁架、柱	+2，-5	
高(厚)度	板	+2，-3	钢尺量一端及中部，取其中较大值
	墙板	0，-5	
	梁、薄腹梁、桁架、柱	+2，-5	
侧向弯曲	梁、板、柱	l/1000且≤15	拉线、钢尺量最大弯曲处
	墙板、薄腹梁、桁架	l/1500且≤15	

续表

项目		允许偏差/mm	检验方法
板的表面平整度		3	2 m 靠尺和塞尺检查
相邻两板表面高低差		1	钢尺检查
对角线差	板	7	钢尺量两个对角线
	墙板	5	
翘曲	板、墙板	l/1 500	调平尺在两端量测
设计起拱	薄腹梁、桁架、梁	±3	拉线、钢尺量跨中

注：l 为构件长度(mm)。

4.2.2 模板拆除

1）主控项目

(1) 底模及其支架拆除时的混凝土强度应符合设计要求；当设计无具体要求时，混凝土强度应符合表 4-4 的规定。

表 4-4 底模拆除时的混凝土强度要求

构件类型	构件跨度/m	达到设计的混凝土立方体抗压强度标准值的百分率/%
板	≤2	≥50
	>2,≤8	≥75
	>8	≥100
梁、拱、壳	≤8	≥75
	>8	≥100
悬臂构件	—	≥100

检查数量：全数检查。

检验方法：检查同条件养护试件强度试验报告。

(2) 对后张法预应力混凝土结构构件，侧模宜在预应力张拉前拆除；底模支架的拆除应按施工技术方案执行，当无具体要求时，不应在结构构件建立预应力前拆除。

检查数量：全数检查。

检验方法：观察。

(3) 后浇带模板的拆除和支顶应按施工技术方案执行。

检查数量：全数检查。

检验方法：观察。

2）一般项目

(1) 侧模拆除时的混凝土强度应能保证其表面及棱角不受损伤。

检查数量：全数检查。

检验方法：观察。

(2) 模板拆除时，不应对楼层形成冲击荷载。拆除的模板和支架宜分散堆放并及时清运。

检查数量：全数检查。

检验方法：观察。

4.3 钢筋分项工程

4.3.1 原材料

1) 主控项目

(1) 钢筋进场时，应按现行国家标准《钢筋混凝土用热轧带肋钢筋》(GB 1499—1998)等的规定抽取试件作力学性能检验，其质量必须符合有关标准的规定。

检查数量：按进场的批次和产品的抽样检验方案确定。

检验方法：检查产品合格证、出厂检验报告和进场复验报告。

(2) 对有抗震设防要求的框架结构，其纵向受力钢筋的强度应满足设计要求；当设计无具体要求时，对一、二级抗震等级，检验所得的强度实测值应符合下列规定：

① 钢筋的抗拉强度实测值与屈服强度实测值的比值不应小于1.25；

② 钢筋的屈服强度实测值与强度标准值的比值不应大于1.3。

检查数量：按进场的批次和产品的抽样检验方案确定。

检验方法：检查进场复验报告。

(3) 当发现钢筋脆断、焊接性能不良或力学性能显著不正常等现象时，应对该批钢筋进行化学成分检验或其他专项检验。

检验方法：检查化学成分等专项检验报告。

2) 一般项目

钢筋应平直、无损伤，表面不得有裂纹、油污、颗粒状或片状老锈。

检查数量：进场时和使用前全数检查。

检验方法：观察。

4.3.2 钢筋加工

1) 主控项目

(1) 受力钢筋的弯钩和弯折应符合下列规定：

① HPB235级钢筋末端应作180°弯钩，其弯弧内直径不应小于钢筋直径的2.5倍，弯钩的弯后平直部分长度不应小于钢筋直径的3倍。

② 当设计要求钢筋末端需作135°弯钩时，HRB335级、HRB400级钢筋的弯弧内直径不应小于钢筋直径的4倍，弯钩的弯后平直部分长度应符合设计要求。

③ 钢筋作不大于90°的弯折时，弯折处的弯弧内直径不应小于钢筋直径的5倍。

检查数量：按每工作班同一类型钢筋、同一加工设备抽查不应少于3件。

检验方法：钢尺检查。

(2) 除焊接封闭环式箍筋外，箍筋的末端应作弯钩，弯钩形式应符合设计要求；当设计无具体要求时，应符合下列规定：

① 箍筋弯钩的弯弧内直径应不小于受力钢筋直径。

② 箍筋弯钩的弯折角度：对一般结构，不应小于 90°；对有抗震等要求的结构，应为135°。

③ 箍筋弯后平直部分长度：对一般结构，不宜小于箍筋直径的 5 倍；对有抗震等要求的结构，不应小于箍筋直径的 10 倍。

检查数量：按每工作班同一类型钢筋、同一加工设备抽查不应少于 3 件。

检验方法：钢尺检查。

2) 一般项目

(1) 钢筋调直宜采用机械方法，也可采用冷拉方法。当采用冷拉方法调直钢筋时，HPB235 级钢筋的冷拉率不宜大于 4%，HRB335 级、HRB400 级和 RRB400 级钢筋的冷拉率不宜大于 1%。

检查数量：按每工作班同一类型钢筋、同一加工设备抽查不应少于 3 件。

检验方法：观察，钢尺检查。

(2) 钢筋加工的形状、尺寸应符合设计要求，其偏差应符合表 4-5 的规定。

表 4-5　钢筋加工的允许偏差

项　　目	允许偏差/mm
受力钢筋顺长度方向全长的净尺寸	±10
弯起钢筋的弯折位置	±20
箍筋内净尺寸	±5

检查数量：按每工作班同一类型钢筋、同一加工设备抽查不应少于 3 件。

检验方法：钢尺检查。

4.3.3　钢筋连接

1) 主控项目

(1) 纵向受力钢筋的连接方式应符合设计要求。

检查数量：全数检查。

检验方法：观察。

(2) 在施工现场，应按国家现行标准《钢筋机械连接通用技术规程》(JGJ 107—2003)、《钢筋焊接及验收规程》(JGJ 18—2003)的规定抽取钢筋机械连接接头、焊接接头试件作力学性能检验，其质量应符合有关规程的规定。

检查数量：按有关规程确定。

检验方法：检查产品合格证、接头力学性能试验报告。

2) 一般项目

(1) 钢筋的接头宜设置在受力较小处。同一纵向受力钢筋不宜设置两个或两个以上接头。接头末端至钢筋弯起点的距离不应小于钢筋直径的 10 倍。

检查数量：全数检查。

检验方法：观察，钢尺检查。

（2）在施工现场，应按国家现行标准《钢筋机械连接通用技术规程》JGJ 107—2003、《钢筋焊接及验收规程》JGJ 18—2003的规定对钢筋机械连接接头、焊接接头的外观进行检查，其质量应符合有关规程的规定。

检查数量：全数检查。

检验方法：观察。

（3）当受力钢筋采用机械连接接头或焊接接头时，设置在同一构件内的接头宜相互错开。

纵向受力钢筋机械连接接头及焊接接头连接区段的长度为35倍d（d为纵向受力钢筋的较大直径）且不小于500 mm，凡接头中点位于该连接区段长度内的接头均属于同一连接区段。同一连接区段内，纵向受力钢筋机械连接及焊接的接头面积百分率为该区段内有接头的纵向受力钢筋截面面积与全部纵向受力钢筋截面面积的比值。

同一连接区段内，纵向受力钢筋的接头面积百分率应符合设计要求；当设计无具体要求时，应符合下列规定：

① 在受拉区不宜大于50%。

② 接头不宜设置在有抗震设防要求的框架梁端、柱端的箍筋加密区；当无法避开时，对等强度高质量机械连接接头，不应大于50%。

③ 直接承受动力荷载的结构构件中，不宜采用焊接接头；当采用机械连接接头时，不应大于50%。

检查数量：在同一检验批内，对梁、柱和独立基础，应抽查构件数量的10%，且不少于3件；对墙和板，应按有代表性的自然间抽查10%，且不少于3间；对大空间结构，墙可按相邻轴线间高度5 m左右划分检查面，板可按纵、横轴线划分检查面，抽查10%，且均不少于3面。

检验方法：观察，钢尺检查。

（4）同一构件中相邻纵向受力钢筋的绑扎搭接接头宜相互错开。绑扎搭接接头中钢筋的横向净距不应小于钢筋直径，且不应小于25 mm。

钢筋绑扎搭接接头连接区段的长度为1.3倍搭接长度，凡搭接接头中点位于该连接区段长度内的搭接接头均属于同一连接区段。同一连接区段内，纵向钢筋搭接接头面积百分率为该区段内有搭接接头的纵向受力钢筋截面面积与全部纵向受力钢筋截面面积的比值。

同一连接区段内，纵向受拉钢筋搭接接头面积百分率应符合设计要求；当设计无具体要求时，应符合下列规定：

① 对梁类、板类及墙类构件，不宜大于25%。

② 对柱类构件，不宜大于50%。

③ 当工程中确有必要增大接头面积百分率时，对梁类构件，不应大于50%；对其他构件，可根据实际情况放宽。

纵向受力钢筋绑扎搭接接头的最小搭接长度应符合规范的规定。

检查数量：在同一检验批内，对梁、柱和独立基础，应抽查构件数量的10%，且不少于3件；对墙和板，应按有代表性的自然间抽查10%，且不少于3间；对大空间结构，墙可按相邻轴线间高度 5 m 左右划分检查面，板可按纵、横轴线划分检查面，抽查 10%，且均不少于 3 面。

检验方法：观察，钢尺检查。

(5) 在梁、柱类构件的纵向受力钢筋搭接长度范围内，应按设计要求配置箍筋。当设计无具体要求时，应符合下列规定：

① 钢筋直径不应小于搭接钢筋较大直径的 0.25 倍。

② 受拉搭接区段的箍筋间距不应大于搭接钢筋较小直径的 5 倍，且不应大于 100 mm。

③ 受压搭接区段的箍筋间距不应大于搭接钢筋较小直径的 10 倍，且不应大于200 mm。

④ 当柱中纵向受力钢筋直径大于 25 mm 时，应在搭接接头两个端面外 100 mm 范围内各设置两个箍筋，其间距宜为 50 mm。

检查数量：在同一检验批内，对梁、柱和独立基础，应抽查构件数量的 10%，且不少于 3 件；对墙和板，应按有代表性的自然间抽查 10%，且不少于 3 间；对大空间结构，墙可按相邻轴线间高度 5 m 左右划分检查面，板可按纵、横轴线划分检查面，抽查 10%，且均不少于3 面。

检验方法：钢尺检查。

4.3.4 钢筋安装

1) 主控项目

钢筋安装时，受力钢筋的品种、级别、规格和数量必须符合设计要求。

检查数量：全数检查。

检验方法：观察。钢尺检查。

2) 一般项目

钢筋安装位置的偏差应符合表 4 - 6 的规定。

表 4 - 6 钢筋安装位置的允许偏差和检验方法

<table>
<tr><th colspan="3">项 目</th><th>允许偏差/mm</th><th>检 验 方 法</th></tr>
<tr><td rowspan="2">绑扎钢筋网</td><td colspan="2">长、宽</td><td>±10</td><td>钢尺检查</td></tr>
<tr><td colspan="2">网眼尺寸</td><td>±20</td><td>钢尺量连续三档，取最大值</td></tr>
<tr><td rowspan="2">绑扎钢筋骨架</td><td colspan="2">长</td><td>±10</td><td>钢尺检查</td></tr>
<tr><td colspan="2">宽、高</td><td>±5</td><td>钢尺检查</td></tr>
<tr><td rowspan="5">受力钢筋</td><td colspan="2">间距</td><td>±10</td><td rowspan="2">钢尺量两端、中间各一点，取最大值</td></tr>
<tr><td colspan="2">排距</td><td>±5</td></tr>
<tr><td rowspan="3">保护层厚度</td><td>基础</td><td>±10</td><td>钢尺检查</td></tr>
<tr><td>柱、梁</td><td>±5</td><td>钢尺检查</td></tr>
<tr><td>板、墙、壳</td><td>±3</td><td>钢尺检查</td></tr>
<tr><td colspan="3">绑扎箍筋、横向钢筋间距</td><td>±20</td><td>钢尺量连续三档，取最大值</td></tr>
<tr><td colspan="3">钢筋弯起点位置</td><td>20</td><td>钢尺检查</td></tr>
<tr><td rowspan="2">预埋件</td><td colspan="2">中心线位置</td><td>5</td><td>钢尺检查</td></tr>
<tr><td colspan="2">水平高差</td><td>+3,0</td><td>钢尺和塞尺检查</td></tr>
</table>

检查数量：在同一检验批内，对梁、柱和独立基础，应抽查构件数量的10%，且不少于3件；对墙和板，应按有代表性的自然间抽查10%，且不少于3间；对大空间结构，墙可按相邻轴线间高度5 m左右划分检查面，板可按纵、横轴线划分检查面，抽查10%，且均不少于3面。

4.4 预应力分项工程

4.4.1 原材料

1）主控项目

（1）预应力筋进场时，应按现行国家标准《预应力混凝土用钢绞线》（GB/T 5224—2003）等的规定抽取试件作力学性能检验，其质量必须符合有关标准的规定。

检查数量：按进场的批次和产品的抽样检验方案确定。

检验方法：检查产品合格证、出厂检验报告和进场复验报告。

（2）无粘结预应力筋的涂包质量应符合无粘结预应力钢绞线标准的规定。

检查数量：每60 t为一批，每批抽取一组试件。

检验方法：观察，检查产品合格证、出厂检验报告和进场复验报告。

注：当有工程经验，并经观察认为质量有保证时，可不作油脂用量和护套厚度的进场复验。

（3）预应力筋用锚具、夹具和连接器应按设计要求采用，其性能应符合现行国家标准《预应力筋用锚具、夹具和连接器》（GB/T 14370—2000）等的规定。

检查数量：按进场批次和产品的抽样检验方案确定。

检验方法：检查产品合格证、出厂检验报告和进场复验报告。

注：对锚具用量较少的一般工程，如供货方提供有效的试验报告，可不作静载锚固性能试验。

（4）孔道灌浆用水泥应采用普通硅酸盐水泥，其质量应符合本章中混凝土分项工程有关原材料的相关规定。孔道灌浆用外加剂的质量应符合本章中混凝土分项工程有关原材料的相关规定。

检查数量：按进场批次和产品的抽样检验方案确定。

检验方法：检查产品合格证、出厂检验报告和进场复验报告。

注：对孔道灌浆用水泥和外加剂用量较少的一般工程，当有可靠依据时，可不作材料性能的进场复验。

2）一般项目

（1）预应力筋使用前应进行外观检查，其质量应符合下列要求：

① 有粘结预应力筋展开后应平顺，不得有弯折，表面不应有裂纹、小刺、机械损伤、氧化铁皮和油污等；

② 无粘结预应力筋护套应光滑、无裂缝，无明显褶皱。

检查数量：全数检查。

检验方法：观察。

注：无粘结预应力筋护套轻微破损者应外包防水塑料胶带修补，严重破损者不得使用。

（2）预应力筋用锚具、夹具和连接器使用前应进行外观检查，其表面应无污物、锈蚀、机械损伤和裂纹。

检查数量：全数检查。

检验方法：观察。

(3) 预应力混凝土用金属螺旋管的尺寸和性能应符合国家现行标准《预应力混凝土用金属螺旋管》(JG/T 3013—94)的规定。

检查数量：按进场批次和产品的抽样检验方案确定。

检验方法：检查产品合格证、出厂检验报告和进场复验报告。

注：对金属螺旋管用量较少的一般工程，当有可靠依据时，可不作径向刚度、抗渗漏性能的进场复验。

(4) 预应力混凝土用金属螺旋管在使用前应进行外观检查，其内外表面应清洁，无锈蚀，不应有油污、孔洞和不规则的褶皱，咬口不应有开裂或脱扣。

检查数量：全数检查。

检验方法：观察。

4.4.2 制作与安装

1) 主控项目

(1) 预应力筋安装时，其品种、级别、规格、数量必须符合设计要求。

检查数量：全数检查。

检验方法：观察，钢尺检查。

(2) 先张法预应力施工时应选用非油质类模板隔离剂，并应避免沾污预应力筋。

检查数量：全数检查。

检验方法：观察。

(3) 施工过程中应避免电火花损伤预应力筋；受损伤的预应力筋应予以更换。

检查数量：全数检查。

检验方法：观察。

2) 一般项目

(1) 预应力筋下料应符合下列要求：

① 预应力筋应采用砂轮锯或切断机切断，不得采用电弧切割；

② 当钢丝束两端采用镦头锚具时，同一束中各根钢丝长度的极差不应大于钢丝长度的 1/5 000，且不应大于 5 mm。当成组张拉长度不大于 10 m 的钢丝时，同组钢丝长度的极差不得大于 2 mm。

检查数量：每工作班抽查预应力筋总数的 3%，且不少于 3 束。

检验方法：观察，钢尺检查。

(2) 预应力筋端部锚具的制作质量应符合下列要求：

① 挤压锚具制作时压力表油压应符合操作说明书的规定，挤压后预应力筋外端应露出挤压套筒 1～5 mm；

② 压花锚成形时，表面应清洁、无油污，梨形头尺寸和直线段长度应符合设计要求；

③ 钢丝镦头的强度不得低于钢丝强度标准值的 98%。

检查数量：对挤压锚，每工作班抽查 5%，且不应少于 5 件；对压花锚，每工作班抽查 3 件；对钢丝镦头强度，每批钢丝检查 6 个镦头试件。

检验方法：观察，钢尺检查，检查镦头强度试验报告。

(3) 后张法有粘结预应力筋预留孔道的规格、数量、位置和形状除应符合设计要求外，尚应符合下列规定：

① 预留孔道的定位应牢固，浇筑混凝土时不应出现移位和变形；

② 孔道应平顺，端部的预埋锚垫板应垂直于孔道中心线；

③ 成孔用管道应密封良好，接头应严密且不得漏浆；

④ 灌浆孔的间距：对预埋金属螺旋管不宜大于 30 m；对抽芯成形孔道不宜大于 12 m；

⑤ 在曲线孔道的曲线波峰部位应设置排气兼泌水管，必要时可在最低点设置排水孔；

⑥ 灌浆孔及泌水管的孔径应能保证浆液畅通。

检查数量：全数检查。

检验方法：观察，钢尺检查。

(4) 预应力筋束形控制点的竖向位置偏差应符合表 4－7 的规定。

表 4－7　束形控制点的竖向位置允许偏差

截面高(厚)度/mm	$h \leqslant 300$	$300 < h \leqslant 1\,500$	$>1\,500$
允许偏差/mm	±5	±10	±15

检查数量：在同一检验批内，抽查各类型构件中预应力筋总数的 5%，且对各类型构件均不少于 5 束，每束不应少于 5 处。

检验方法：钢尺检查。

注：束形控制点的竖向位置偏差合格点率应达到 90%及以上，且不得有超过表中数值 1.5 倍的尺寸偏差。

(5) 无粘结预应力筋的铺设应符合下列要求：

① 无粘结预应力筋的定位应牢固，浇筑混凝土时不应出现移位和变形；

② 端部的预埋锚垫板应垂直于预应力筋；

③ 内埋式固定端垫板不应重叠，锚具与垫板应贴紧；

④ 无粘结预应力筋成束布置时应能保证混凝土密实并能裹住预应力筋；

⑤ 无粘结预应力筋的护套应完整，局部破损处应采用防水胶带缠绕紧密。

检查数量：全数检查。

检验方法：观察。

(6) 浇筑混凝土前穿入孔道的后张法有粘结预应力筋，宜采取防止锈蚀的措施。

检查数量：全数检查。

检验方法：观察。

4.4.3　张拉与张放

1) 主控项目

(1) 预应力筋张拉或放张时，混凝土强度应符合设计要求；当设计无具体要求时，不应低于设计的混凝土立方体抗压强度标准值的 75%。

检查数量：全数检查。

检验方法：检查同条件养护试件试验报告。

(2) 预应力筋的张拉力、张拉或放张顺序及张拉工艺应符合设计及施工技术方案的要求，并应符合下列规定：

① 当施工需要超张拉时，最大张拉应力不应大于国家现行标准《混凝土结构设计规范》(GB 50010—2002)的规定。

② 张拉工艺应能保证同一束中各根预应力筋的应力均匀一致。

③ 后张法施工中，当预应力筋是逐根或逐束张拉时，应保证各阶段不出现对结构不利的应力状态；同时宜考虑后批张拉预应力筋所产生的结构构件的弹性压缩对先批张拉预应力筋的影响，确定张拉力。

④ 先张法预应力筋放张时，宜缓慢放松锚固装置，使各根预应力筋同时缓慢放松。

⑤ 当采用应力控制方法张拉时，应校核预应力筋的伸长值。实际伸长值与设计计算理论伸长值的相对允许偏差为±6%。

检查数量：全数检查。

检验方法：检查张拉记录。

(3) 预应力筋张拉锚固后实际建立的预应力值与工程设计规定检验值的相对允许偏差为±5%。

检查数量：对先张法施工，每工作班抽查预应力筋总数的1%，且不少于3根；对后张法施工，在同一检验批内，抽查预应力筋总数的3%，且不少于5束。

检验方法：对先张法施工，检查预应力筋应力的检测记录；对后张法施工，检查见证张拉记录。

(4) 张拉过程中应避免预应力筋断裂或滑脱；当发生断裂或滑脱时，必须符合下列规定：

① 对后张法预应力结构构件，断裂或滑脱的数量严禁超过同一截面预应力筋总根数的3%，且每束钢丝不得超过一根；对多跨双向连续板，其同一截面应按每跨计算。

② 对先张法预应力构件，在浇筑混凝土前发生断裂或滑脱的预应力筋必须予以更换。

检查数量：全数检查。

检验方法：观察。检查张拉记录。

2) 一般项目

(1) 锚固阶段张拉端预应力筋的内缩量应符合设计要求；当设计无具体要求时，应符合表4-8的规定。

表4-8　张拉端预应力筋的内缩量限值

锚具类别		内缩量限值/mm
支承式锚具(镦头锚具等)	螺帽缝隙	1
	每块后加垫板的缝隙	1
锥塞式锚具		5
夹片式锚具	有顶压	5
	无顶压	6～8

检查数量：每工作班抽查预应力筋总数的3%，且不少于3束。

检验方法：钢尺检查。

(2) 先张法预应力筋张拉后与设计位置的偏差不得大于5 mm，且不得大于构件截面短边边长的4%。

检查数量：每工作班抽查预应力筋总数的3%，且不少于3束。

检验方法：钢尺检查。

4.4.4 灌浆及封锚

1）主控项目

（1）后张法有粘结预应力筋张拉后应尽早进行孔道灌浆，孔道内水泥浆应饱满、密实。

检查数量：全数检查。

检验方法：观察，检查灌浆记录。

（2）锚具的封闭保护应符合设计要求；当设计无具体要求时，应符合下列规定：

① 应采取防止锚具腐蚀和遭受机械损伤的有效措施；

② 凸出式锚固端锚具的保护层厚度不应小于50 mm；

③ 外露预应力筋的保护层厚度：处于正常环境时，不应小于20 mm；处于易受腐蚀的环境时，不应小于50 mm。

检查数量：在同一检验批内，抽查预应力筋总数的5%，且不少于5处。

检验方法：观察，钢尺检查。

2）一般项目

（1）后张法预应力筋锚固后的外露部分宜采用机械方法切割，其外露长度不宜小于预应力筋直径的1.5倍，且不宜小于30 mm。

检查数量：在同一检验批内，抽查预应力筋总数的3%，且不少于5束。

检验方法：观察，钢尺检查。

（2）灌浆用水泥浆的水灰比不应大于0.45，搅拌后3 h泌水率不宜大于2%，且不应大于3%。泌水应能在24 h内全部重新被水泥浆吸收。

检查数量：同一配合比检查一次。

检验方法：检查水泥浆性能试验报告。

（3）灌浆用水泥浆的抗压强度不应小于30 N/mm^2。

检查数量：每工作班留置一组边长为70.7 mm的立方体试件。

检验方法：检查水泥浆试件强度试验报告。

注：① 一组试件由6个试件组成，试件应标准养护28 d；

② 抗压强度为一组试件的平均值，当一组试件中抗压强度最大值或最小值与平均值相差超过20%时，应取中间4个试件强度的平均值。

4.5 混凝土分项工程

4.5.1 一般规定

检验评定混凝土强度用的混凝土试件的尺寸及强度的尺寸换算系数应按表4-9取用；其标准成型方法、标准养护条件及强度试验方法应符合普通混凝土力学性能试验方法标准的规定。

表 4-9　混凝土试件的尺寸及强度的尺寸换算系数

骨料最大粒径/mm	试件尺寸/mm	强度的尺寸换算系数
≤31.5	100×100×100	0.95
≤40	150×150×150	1.00
≤63	200×200×200	1.05

注:对强度等级为 C60 及以上的混凝土试件,其强度的尺寸换算系数可通过试验确定。

4.5.2　原材料

1）主控项目

（1）水泥进场时应对其品种、级别、包装或散装仓号、出厂日期等进行检查,并应对其强度、安定性及其他必要的性能指标进行复验,其质量必须符合现行国家标准《硅酸盐水泥、普通硅酸盐水泥》(GB175—1999)等的规定。

当在使用中对水泥质量有怀疑或水泥出厂超过三个月(快硬硅酸盐水泥超过一个月)时,应进行复验,并按复验结果使用。

钢筋混凝土结构、预应力混凝土结构中,严禁使用含氯化物的水泥。

检查数量:按同一生产厂家、同一等级、同一品种、同一批号且连续进场的水泥,袋装不超过 200 t 为一批。散装不超过 500 t 为一批,每批抽样不少于一次。

检验方法:检查产品合格证、出厂检验报告和进场复验报告。

（2）混凝土中掺用外加剂的质量及应用技术应符合现行国家标准《混凝土外加剂》(GB 8076—1997)、《混凝土外加剂应用技术规范》(GB 50119—2003)等和有关环境保护的规定。

预应力混凝土结构中,严禁使用含氯化物的外加剂。钢筋混凝土结构中,当使用含氯化物的外加剂时,混凝土中氯化物的总含量应符合现行国家标准《混凝土质量控制标准》(GB50164—92)的规定。

检查数量:按进场的批次和产品的抽样检验方案确定。

检验方法:检查产品合格证、出厂检验报告和进场复验报告。

（3）混凝土中氯化物和碱的总含量应符合现行国家标准《混凝土结构设计规范》(GB50010—2002)和设计的要求。

检验方法:检查原材料试验报告和氯化物、碱的总含量计算书。

2）一般项目

（1）混凝土中掺用矿物掺和料的质量应符合现行国家标准《用于水泥和混凝土中的粉煤灰》(GB/T 1596—2005)等的规定。矿物掺和料的掺量应通过试验确定。

检查数量:按进场的批次和产品的抽样检验方案确定。

检验方法:检查出厂合格证和进场复验报告。

（2）普通混凝土所用的粗、细骨料的质量应符合国家现行标准《普通混凝土用碎石或卵石质量标准及检验方法》(JGJ 53—92)、《普通混凝土用砂质量标准及检验方法》(JGJ 52—92)的规定。

检查数量:按进场的批次和产品的抽样检验方案确定。

检验方法：检查进场复验报告。

注：① 混凝土用的粗骨料，其最大颗粒粒径不得超过构件截面最小尺寸的1/4，且不得超过钢筋最小净间距的3/4。

② 对混凝土实心板，骨料的最大粒径不宜超过板厚的1/3，且不得超过40 mm。

(3) 拌制混凝土宜采用饮用水；当采用其他水源时，水质应符合国家现行标准《混凝土拌和用水标准》(JGJ 63—89)的规定。

检查数量：同一水源检查不应少于一次。

检验方法：检查水质试验报告。

4.5.3 配合比设计

1) 主控项目

混凝土应按国家现行标准《普通混凝土配合比设计规程》(JGJ 55—2000)的有关规定，根据混凝土强度等级、耐久性和工作性等要求进行配合比设计。

对有特殊要求的混凝土，其配合比设计尚应符合国家现行有关标准的专门规定。

检验方法：检查配合比设计资料。

2) 一般项目

(1) 首次使用的混凝土配合比应进行开盘鉴定，其工作性应满足设计配合比的要求。开始生产时应至少留置一组标准养护试件，作为验证配合比的依据。

检验方法：检查开盘鉴定资料和试件强度试验报告。

(2) 混凝土拌制前，应测定砂、石含水率并根据测试结果调整材料用量，提出施工配合比。

检查数量：每工作班检查一次。

检验方法：检查含水率测试结果和施工配合比通知单。

4.5.4 混凝土施工

1) 主控项目

(1) 结构混凝土的强度等级必须符合设计要求。用于检查结构构件混凝土强度的试件，应在混凝土的浇筑地点随机抽取。取样与试件留置应符合下列规定：

① 每拌制100盘且不超过100 m^3 的同配合比的混凝土，取样不得少于一次；

② 每工作班拌制的同一配合比的混凝土不足100盘时.取样不得少于一次；

③ 当一次连续浇筑超过1 000^3m 时，同一配合比的混凝土每200 m^3 取样不得少于一次；

④ 每一楼层、同一配合比的混凝土，取样不得少于一次；

⑤ 每次取样应至少留置一组标准养护试件，同条件养护试件的留置组数应根据实际需要确定。

检验方法：检查施工记录及试件强度试验报告。

(2) 对有抗渗要求的混凝土结构，其混凝土试件应在浇筑地点随机取样。同一工程、同一配合比的混凝土，取样不应少于一次，留置组数可根据实际需要确定。

检验方法：检查试件抗渗试验报告。

(3) 混凝土原材料每盘称量的偏差应符合表 4-10 的规定。

表 4-10　原材料每盘称量的允许偏差

材料名称	允许偏差/%
水泥、掺和料	±2
粗、细骨料	±3
水、外加剂	±2

注:① 各种衡器应定期校验,每次使用前应进行零点校核,保持计量准确;
② 当遇雨天或含水率有显著变化时,应增加含水率检测次数,并及时调整水和骨料的用量。

检查数量:每工作班抽查不应少于一次。

检验方法:复称。

(4) 混凝土运输、浇筑及间歇的全部时间不应超过混凝土的初凝时间。同一施工段的混凝土应连续浇筑,并应在底层混凝土初凝之前将上一层混凝土浇筑完毕。

当底层混凝土初凝后浇筑上一层混凝土时,应按施工技术方案中对施工缝的要求进行处理。

检查数量:全数检查。

检验方法:观察,检查施工记录。

2) 一般项目

(1) 施工缝的位置应在混凝土浇筑前按设计要求和施工技术方案确定。施工缝的处理应按施工技术方案执行。

检查数量:全数检查。

检验方法:观察,检查施工记录。

(2) 后浇带的留置位置应按设计要求和施工技术方案确定。后浇带混凝土浇筑应按施工技术方案进行。

检查数量:全数检查。

检验方法:观察,检查施工记录。

(3) 混凝土浇筑完毕后,应按施工技术方案及时采取有效的养护措施,并应符合下列规定:

① 应在浇筑完毕后的 12 h 以内对混凝土加以覆盖并保湿养护。

② 混凝土浇水养护的时间:对采用硅酸盐水泥、普通硅酸盐水泥或矿渣硅酸盐水泥拌制的混凝土,不得少于 7 d;对掺用缓凝型外加剂或有抗渗要求的混凝土,不得少于 14 d。

③ 浇水次数应能保持混凝土处于湿润状态;混凝土养护用水应与拌制用水相同。

④ 采用塑料布覆盖养护的混凝土,其敞露的全部表面应覆盖严密,并应保持塑料布内有凝结水。

⑤ 混凝土强度达到 1.2 N/mm^2 前,不得在其上踩踏或安装模板及支架。

注:① 当日平均气温低于 5℃时,不得浇水;
② 当采用其他品种水泥时,混凝土的养护时间应根据所采用水泥的技术性能确定;
③ 混凝土表面不便浇水或使用塑料布时,宜涂刷养护剂;
④ 对大体积混凝土的养护,应根据气候条件按施工技术方案采取控温措施。

检查数量:全数检查。

检验方法:观察,检查施工记录。

4.6 现浇结构分项工程

4.6.1 一般规定

现浇结构的外观质量缺陷，应由监理（建设）单位、施工单位等各方根据其对结构性能和使用功能影响的严重程度，按表 4-11 确定。

表 4-11 现浇结构外观质量缺陷

名 称	现 象	严 重 缺 陷	一 般 缺 陷
露 筋	构件内钢筋未被混凝土包裹而外露	纵向受力钢筋有露筋	其他钢筋有少量露筋
蜂 窝	混凝土表面缺少水泥砂浆而形成石子外露	构件主要受力部位有蜂窝	其他部位有少量蜂窝
孔 洞	混凝土中孔穴深度和长度均超过保护层厚度	构件主要受力部位有孔洞	其他部位有少量孔洞
夹 渣	混凝土中夹有杂物且深度超过保护层厚度	构件主要受力部位有夹渣	其他部位有少量夹渣
疏 松	混凝土中局部不密实	构件主要受力部位有疏松	其他部位有少量疏松
裂 缝	缝隙从混凝土表面延伸至混凝土内部	构件主要受力部位有影响结构性能或使用功能的裂缝	其他部位有少量不影响结构性能或使用功能的裂缝
连接部位缺陷	构件连接处混凝土缺陷及连接钢筋、连接件松动	连接部位有影响结构传力性能的缺陷	连接部位有基本不影响结构传力性能的缺陷
外形缺陷	缺棱掉角、棱角不直、翘曲不平、飞边凸肋等	清水混凝土构件有影响使用功能或装饰效果的外形缺陷	其他混凝土构件有不影响使用功能的外形缺陷
外表缺陷	构件表面麻面、掉皮、起砂、沾污等	具有重要装饰效果的清水混凝土构件有外表缺陷	其他混凝土构件有不影响使用功能的外表缺陷

4.6.2 外观质量

1）主控项目

现浇结构的外观质量不应有严重缺陷。

对已经出现的严重缺陷，应由施工单位提出技术处理方案，并经监理（建设）单位认可后进行处理。对经处理的部位，应重新检查验收。

检查数量：全数检查。

检验方法：观察，检查技术处理方案。

2）一般项目

现浇结构的外观质量不宜有一般缺陷。

对已经出现的一般缺陷，应由施工单位按技术处理方案进行处理，并重新检查验收。

检查数量：全数检查。

检验方法：观察，检查技术处理方案。

4.6.3 尺寸偏差

1）主控项目

现浇结构不应有影响结构性能和使用功能的尺寸偏差。混凝土设备基础不应有影响结构性能和设备安装的尺寸偏差。

对超过尺寸允许偏差且影响结构性能和安装、使用功能的部位，应由施工单位提出技术处理方案，并经监理（建设）单位认可后进行处理。对经处理的部位，应重新检查验收。

检查数量：全数检查。

检验方法：量测，检查技术处理方案。

2）一般项目

现浇结构和混凝土设备基础拆模后的尺寸偏差应符合表 4－12－1、表 4－12－2 的规定。

表 4－12－1　现浇结构尺寸允许偏差和检验方法

项目			允许偏差/mm	检验方法
轴线位置	基础		15	钢尺检查
	独立基础		10	
	墙、柱、梁		8	
	剪力墙		5	
垂直度	层高	≤5 m	8	经纬仪或吊线、钢尺检查
		>5 m	10	经纬仪或吊线、钢尺检查
	全高（H）		H/1000 且≤30	经纬仪、钢尺检查
标高	层高		±10	水准仪或拉线、钢尺检查
	全高		±30	
截面尺寸			+8,5	钢尺检查
电梯井	井筒长、宽对定位中心线		+25.0	钢尺检查
	井筒全高（H）垂直度		H/1000 且≤30	经纬仪、钢尺检查
表面平整度			8	2 m 靠尺和塞尺检查
预埋设施中心线位置	预埋件		10	钢尺检查
	预埋螺栓		5	
	预埋管		5	
预留洞中心线位置			15	钢尺检查

注：检查轴线、中心线位置时，应沿纵、横两个方向量测，并取其中的较大值。

检查数量：按楼层、结构缝或施工段划分检验批。在同一检验批内，对梁、柱和独立基础，应抽查构件数量的 10%，且不少于 3 件；对墙和板，应按有代表性的自然间抽查 10%，且不少于 3 间；对大空间结构，墙可按相邻轴线间高度 5 m 左右划分检查面，板可按纵、横轴线划分检查面，抽查 10%，且均不少于 3 面；对电梯井，应全数检查。对设备基础，应全数检查。

表 4-12-2　混凝土设备基础尺寸允许偏差和检验方法

项　　目		允许偏差/mm	检验方法
坐标位置		20	钢尺检查
不同平面的标高		0,-20	水准仪或拉线、钢尺检查
平面外形尺寸		±20	钢尺检查
凸台上平面外形尺寸		0,-20	钢尺检查
凹穴尺寸		+20,0	钢尺检查
平面水平度	每米	5	水平尺、塞尺检查
	全长	10	水准仪或拉线、钢尺检查
垂直度	每米	5	经纬仪或吊线、钢尺检查
	全高	10	
预埋地脚螺栓	标高(顶部)	+20,0	水准仪或拉线、钢尺检查
	中心距	±2	钢尺检查
预埋地脚螺栓孔	中心线位置	10	钢尺检查
	深度	+20,0	钢尺检查
	孔垂直度	10	吊线、钢尺检查
预埋活动地脚螺栓锚板	标高	+20,0	水准仪或拉线、钢尺检查
	中心线位置	5	钢尺检查
	带槽锚板平整度	5	钢尺、塞尺检查
	带螺纹孔锚板平整度	2	钢尺、塞尺检查

注:检查坐标、中心线位置时,应沿纵、横两个方向量测,并取其中的较大值。

4.7　装配式结构分项工程

4.7.1　预制构件

1) 主控项目

(1) 预制构件应在明显部位标明生产单位、构件型号、生产日期和质量验收标志。构件上的预埋件、插筋和预留孔洞的规格、位置和数量应符合标准图或设计的要求。

检查数量:全数检查。

检验方法:观察。

(2) 预制构件的外观质量不应有严重缺陷。对已经出现的严重缺陷,应按技术处理方案进行处理,并重新检查验收。

检查数量:全数检查。

检验方法:观察,检查技术处理方案。

(3) 预制构件不应有影响结构性能和安装、使用功能的尺寸偏差。对超过尺寸允许偏差且影响结构性能和安装、使用功能的部位，应按技术处理方案进行处理，并重新检查验收。

检查数量：全数检查。

检验方法：量测，检查技术处理方案。

2）一般项目

（1）预制构件的外观质量不宜有一般缺陷。对已经出现的一般缺陷，应按技术处理方案进行处理，并重新检查验收。

检查数量：全数检查。

检验方法：观察，检查技术处理方案。

（2）预制构件的尺寸偏差应符合表 4-13 的规定。

表 4-13　预制构件的尺寸的允许偏差及检验方法

项目		允许偏差/mm	检验方法
长度	板、梁	+10，−5	钢尺检查
	柱	+5，−10	
	墙板	±5	
	薄腹梁、桁架	+15，−10	
宽度、高（厚）度	板、梁、柱、墙板、薄腹梁、桁架	±5	钢尺量一端及中部，取其中较大值
侧向弯曲	梁、柱、板	l/750 且≤20	拉线、钢尺量最大侧向弯曲处
	墙板、薄腹梁、桁架	l/1 000 且≤20	
预埋件	中心线位置	10	钢尺检查
	螺栓位置	5	
	螺栓外露长度	+10，−5	
预留孔	中心线位置	5	钢尺检查
预留洞	中心线位置	15	钢尺检查
主筋保护层厚度	板	+5，−3	钢尺或保护层厚度测定仪量测
	梁、柱、墙板、薄腹梁、桁架	+10，−5	
对角线差	板、墙板	10	钢尺量两个对角线
表面平整度	板、墙板、柱、梁	5	2 m 靠尺和塞尺检查
预应力构件预留孔道位置	梁、墙板、薄腹梁、桁架	3	钢尺检查
翘曲	板	l/750	调平尺在两端量测
	墙板	l/1 000	

注：① l 为构件长度（mm）；

② 检查中心线、螺栓和孔道位置时，应沿纵、横两个方向量测，并取其中的较大值；

③ 对形状复杂或有特殊要求的构件，其尺寸偏差应符合标准图或设计的要求。

检查数量：同一工作班生产的同类型构件，抽查 5%且不少于 3 件。

4.7.2 装配式结构施工

1）主控项目

（1）进入现场的预制构件，其外观质量、尺寸偏差及结构性能应符合标准图或设计的要求。

检查数量：按批检查。

检验方法：检查构件合格证。

（2）预制构件与结构之间的连接应符合设计要求。

连接处钢筋或埋件采用焊接或机械连接时，接头质量应符合国家现行标准《钢筋焊接及验收规程》（JGJ 18—2003）、《钢筋机械连接通用技术规程》（JGJ 107—2003）的要求。

检查数量：全数检查。

检验方法：观察，检查施工记录。

（3）承受内力的接头和拼缝，当其混凝土强度未达到设计要求时，不得吊装上一层结构构件；当设计无具体要求时，应在混凝土强度不小于 $10\ N/mm^2$ 或具有足够的支承时方可吊装上一层结构构件。

已安装完毕的装配式结构，应在混凝土强度到达设计要求后，方可承受全部设计荷载。

检查数量：全数检查。

检验方法：检查施工记录及试件强度试验报告。

2）一般项目

（1）预制构件码放和运输时的支承位置和方法应符合标准图或设计的要求。

检查数量：全数检查。

检验方法：观察检查。

（2）预制构件吊装前，应按设计要求在构件和相应的支承结构上标志中心线、标高等控制尺寸，按标准图或设计文件校核预埋件及连接钢筋等，并作出标志。

检查数量：全数检查。

检验方法：观察，钢尺检查。

（3）预制构件应按标准图或设计的要求吊装。起吊时绳索与构件水平面的夹角不宜小于 45°，否则应采用吊架或经验算确定。

检查数量：全数检查。

检验方法：观察检查。

（4）预制构件安装就位后，应采取保证构件稳定的临时固定措施，并应根据水准点和轴线校正位置。

检查数量：全数检查。

检验方法：观察，钢尺检查。

（5）装配式结构中的接头和拼缝应符合设计要求；当设计无具体要求时，应符合下列规定：

① 对承受内力的接头和拼缝应采用混凝土浇筑，其强度等级应比构件混凝土强度等级提高一级；

② 对不承受内力的接头和拼缝应采用混凝土或砂浆浇筑，其强度等级不应低于 C15

或 M15；

③ 用于接头和拼缝的混凝土或砂浆，宜采取微膨胀措施和快硬措施，在浇筑过程中应振捣密实，并应采取必要的养护措施。

检查数量：全数检查。

检验方法：检查施工记录及试件强度试验报告。

4.8 混凝土结构子分部工程验收

混凝土结构子分部工程施工质量验收时，应提供下列文件和记录：

（1）设计变更文件；

（2）原材料出厂合格证和进场复验报告；

（3）钢筋接头的试验报告；

（4）混凝土工程施工记录；

（5）混凝土试件的性能试验报告；

（6）预应力筋用锚具、连接器的合格证和进场复验报告；

（7）预应力筋安装、张拉及灌浆记录；

（8）隐蔽工程验收记录；

（9）分项工程验收记录；

（10）混凝土结构实体检验记录；

（11）工程的重大质量问题的处理方案和验收记录；

（12）其他必要的文件和记录。

当混凝土结构施工质量不符合要求时，应按下列规定进行处理：

（1）经返工、返修或更换构件、部件的检验批，应重新进行验收；

（2）经有资质的检测单位检测鉴定达到设计要求的检验批，应予以验收；

（3）经有资质的检测单位检测鉴定达不到设计要求，但经原设计单位核算并确认仍可满足结构安全和使用功能的检验批，可予以验收；

（4）经返修或加固处理能够满足结构安全使用要求的分项工程，可根据技术处理方案和协商文件进行验收。

5 钢结构工程施工质量验收

5.1 概述

5.1.1 术语

1）零件

组成部件或构件的最小单元，如节点板、翼缘板等。

2）部件

由若干零件组成的单元，如焊接 H 型钢、牛腿等。

3）构件

由零件或由零件和部件组成的钢结构基本单元，如梁、柱、支撑等。

4）小拼单元

钢网架结构安装工程中，除散件之外的最小安装单元，一般分平面桁架和椎体两种类型。

5）中拼单元

钢网架结构安装工程中，由散件和小拼单元组成的安装单元，一般分条状和块状两种类型。

6）高强度螺栓连接副

高强度螺栓和与之配套的螺母、垫圈的总称。

7）抗滑移系数

高强度螺栓连接中，使连接件摩擦面产生滑动时的外力与垂直于摩擦面的高强度螺栓预拉力之和的比值。

8）预拼装

为检验构件是否满足安装质量要求而进行的拼装。

9）空间刚度单元

由构件构成的基本的稳定空间体系。

10）焊钉（栓钉）焊接

将焊钉（栓钉）一端与板件（或管件）表面接触通电引弧，待接触面熔化后，给焊钉（栓钉）一定压力完成焊接的方法。

11）环境温度

制作或安装时现场的温度。

5.1.2 基本规定

(1) 钢结构工程应按下列规定进行施工质量控制:

① 采用的原材料及成品应进行进场验收。凡涉及安全、功能的原材料及成品应按规定进行复验.并应经监理工程师(建设单位技术负责人)见证取样、送样;

② 各工序应按施工技术标准进行质量控制,每道工序完成后,应进行检查;

③ 相关各专业工种之间,应进行交接检验,并经监理工程师(建设单位技术负责人)检查认可。

(2) 当钢结构工程施工质量不符合本规范要求时,应按下列规定进行处理:

① 经返工重做或更换构(配)件的检验批,应重新进行验收;

② 经有资质的检测单位检测鉴定能够达到设计要求的检验批,应予以验收;

③ 经有资质的检测单位检测鉴定达不到设计要求,但经原设计单位核算认可能够满足结构安全和使用功能的检验批,可予以验收;

④ 经返修或加固处理的分项、分部工程,虽然改变外形尺寸但仍能满足安全使用要求,可按处理技术方案和协商文件进行验收。

5.2 原材料及成品进场

5.2.1 钢材

1) 主控项目

(1) 钢材、钢铸件的品种、规格、性能等应符合现行国家产品标准和设计要求。进口钢材产品的质量应符合设计和合同规定标准的要求。

检查数量:全数检查。

检验方法:检查质量合格证明文件、中文标志及检验报告等。

(2) 对属于下列情况之一的钢材,应进行抽样复验,其复验结果应符合现行国家产品标准和设计要求。

① 国外进口钢材;

② 钢材混批;

③ 板厚等于或大于 40 mm,且设计有 Z 向性能要求的厚板;

④ 建筑结构安全等级为一级,大跨度钢结构中主要受力构件所采用的钢材;

⑤ 设计有复验要求的钢材;

⑥ 对质量有疑义的钢材。

检查数量:全数检查。

检验方法:检查复验报告。

2) 一般项目

(1) 钢板厚度及允许偏差应符合其产品标准的要求。

检查数量:每一品种、规格的钢板抽查 5 处。

检验方法:用游标卡尺量测。

(2) 型钢的规格尺寸及允许偏差符合其产品标准的要求。

检查数量:每一品种、规格的型钢抽查5处。

检验方法:用钢尺和游标卡尺量测。

(3) 钢材的表面外观质量除应符合国家现行有关标准的规定外,尚应符合下列规定:

① 当钢材的表面有锈蚀、麻点或划痕等缺陷时,其深度不得大于该钢材厚度负允许偏差值的1/2;

② 钢材表面的锈蚀等级应符合现行国家标准《涂装前钢材表面锈蚀等级和除锈等级》(GB8923—1991)规定的C级及C级以上;

③ 钢材端边或断口处不应有分层、夹渣等缺陷。

检查数量:全数检查。

检验方法:观察检查。

5.2.2 焊接材料

1) 主控项目

(1) 焊接材料的品种、规格、性能等应符合现行国家产品标准和设计要求。

检查数量:全数检查。

检验方法:检查焊接材料的质量合格证明文件、中文标志及检验报告等。

(2) 重要钢结构采用的焊接材料应进行抽样复验,复验结果应符合现行国家产品标准和设计要求。

检查数量:全数检查。

检验方法:检查复验报告。

2) 一般项目

(1) 焊钉及焊接瓷环的规格、尺寸及偏差应符合现行国家标准《圆柱头焊钉》(GB 10433—89)中的规定。

检查数量:按量抽查1%,且不应少于10套。

检验方法:用钢尺和游标卡尺量测。

(2) 焊条外观不应有药皮脱落、焊芯生锈等缺陷;焊剂不应受潮结块。

检查数量:按量抽查1%,且不应少于10包。

检验方法;观察检查。

5.2.3 连接用紧固标准件

1) 主控项目

钢结构连接用高强度大六角头螺栓连接副、扭剪型高强度螺栓连接副、钢网架用高强度螺栓、普通螺栓、铆钉、自攻钉、拉铆钉、射钉、锚栓(机械型和化学试剂型)、地脚锚栓等紧固标准件及螺母、垫圈等标准配件,其品种、规格、性能等应符合现行国家产品标准和设计要求。高强度大六角头螺栓连接副和扭剪型高强度螺栓连接副出厂时应分别随箱带有扭矩系数和紧固轴力(预拉力)的检验报告。

检查数量:全数检查。

检验方法：检查产品的质量合格证明文件、中文标志及检验报告等。

2）一般项目

(1) 高强度螺栓连接副，应按包装箱配套供货，包装箱上应标明批号、规格、数量及生产日期。螺栓、螺母、垫圈外观表面应涂油保护，不应出现生锈和沾染脏物，螺纹不应损伤。

检查数量：按包装箱数抽查5%，且不应少于3箱。

检验方法：观察检查。

(2) 对建筑结构安全等级为一级，跨度40 m及以上的螺栓球节点钢网架结构，其连接高强度螺栓应进行表面硬度试验，对8.8级的高强度螺栓其硬度应为HRC21～29；10.9级高强度螺栓其硬度应为HRC32～36，且不得有裂纹或损伤。

检查数量：按规格抽查8只。

检验方法：硬度计、10倍放大镜或磁粉探伤。

5.2.4 焊接球

1）主控项目

(1) 焊接球及制造焊接球所采用的原材料，其品种、规格、性能等应符合现行国家产品标准和设计要求。

检查数量：全数检查。

检验方法：检查产品的质量合格证明文件、中文标志及检验报告等。

(2) 焊接球焊缝应进行无损检验，其质量应符合设计要求。

检查数量：每一规格按数量抽查5%，且不应少于3个。

检验方法：超声波探伤或检查检验报告。

2）一般项目

焊接球表面应无明显波纹及局部凹凸不平不大于1.5 mm。

检查数量：每一规格按数量抽查5%，且不应少于3个。

检查方法：用弧形套模、卡尺和观察检查。

5.2.5 螺栓球

1）主控项目

(1) 螺栓球及制造螺栓球节点所采用的原材料，其品种、规格、性能等应符合现行国家产品标准和设计要求。

检查数量：全数检查。

检验方法：检查产品的质量合格证明文件、中文标志及检验报告等。

(2) 螺栓球不得有过烧、裂纹及褶皱。

检查数量：每种规格抽查5%，且不应少于5只。

检验方法：用10倍放大镜观察和表面探伤。

2）一般项目

螺栓球螺纹尺寸应符合现行国家标准《普通螺纹 基本尺寸》(GB/T 196—2003)中粗牙螺纹的规定，螺纹公差必须符合现行国家标准《普通螺纹 公差》(GB 197—2003)中6H级精度的规定。

检查数量：每种规格抽查5%，且不应少于5只。

检验方法：用标准螺纹规。

5.2.6 封板、锥头和套筒

主控项目

(1) 封板、锥头和套筒及制造封板、锥头和套筒所采用的原材料，其品种、规格、性能等应符合现行国家产品标准和设计要求。

检查数量：全数检查。

检验方法：检查产品的质量合格证明文件、中文标志及检验报告等。

(2) 封板、锥头、套筒外观不得有裂纹、过烧及氧化皮。

检查数量：每种抽查5%，且不应少于10只。

检验方法：用放大镜观察检查和表面探伤。

5.2.7 金属压型板

1) 主控项目

(1) 金属压型板及制造金属压型板所采用的原材料，其品种、规格、性能等应符合现行国家产品标准和设计要求。

检查数量：全数检查。

检验方法：检查产品的质量合格证明文件、中文标志及检验报告等。

(2) 压型金属泛水板、包角板和零配件的品种，规格以及防水密封材料的性能应符合现行国家产品标准和设计要求。

检查数量：全数检查。

检验方法：检查产品的质量合格证明文件，中文标志及检验报告等。

2) 一般项目

压型金属板的规格尺寸及允许偏差、表面质量、涂层质量等应符合设计要求和本规范的规定。

检查数量：每种规格抽查5%，且不应少于3件。

检查方法：观察和用10倍放大镜检查及尺量。

5.2.8 涂装材料

1) 主控项目

(1) 钢结构防腐涂料、稀释剂和固化剂等材料的品种、规格、性能等应符合现行国家产品标准和设计要求。

检查数量：全数检查。

检验方法：检查产品的质量合格证明文件、中文标志及检验报告等。

(2) 钢结构防火涂料的品种和技术性能应符合设计要求，并应经过具有资质的检测机构检测符合国家现行有关标准的规定。

检查数量：全数检查。

检验方法：检查产品的质量合格证明文件、中文标志及检验报告等。

2）一般项目

防腐涂料和防火涂料的型号、名称、颜色及有效期应与其质量证明文件相符。开启后，不应存在结皮、结块、凝胶等现象。

检查数量：按桶数抽查5%，且不应少于3桶。

检验方法：观察检查。

5.2.9 其他

主控项目

(1) 钢结构用橡胶垫的品种、规格、性能等应符合现行国家产品标准和设计要求。

检查数量；全数检查。

检验方法：检查产品的质量合格证明文件、中文标志及检验报告等。

(2) 钢结构工程所涉及的其他特殊材料，其品种、规格、性能等应符合现行国家产品标准和设计要求。

检查数量：全数检查。

检验方法：检查产品的质量合格证明文件、中文标志及检验报告等。

5.3 钢结构焊接工程

5.3.1 钢构件焊接工程

1）主控项目

(1) 焊条、焊丝、焊剂、电渣焊熔嘴等焊接材料与母材的匹配应符合设计要求及国家现行行业标准《建筑钢结构焊接技术规程》(JGJ 81—2002)的规定。焊条、焊剂、药芯焊丝、熔嘴等在使用前，应按其产品说明书及焊接工艺文件的规定进行烘焙和存放。

检查数量：全数检查。

检验方法：检查质量证明书和烘焙记录。

(2) 焊工必须经考试合格并取得合格证书。持证焊工必须在其考试合格项目及其认可范围内施焊。

检查数量：全数检查。

检验方法：检查焊工合格证及其认可范围、有效期。

(3) 施工单位对其首次采用的钢材、焊接材料、焊接方法、焊后热处理等，应进行焊接工艺评定，并应根据评定报告确定焊接工艺。

检查数量：全数检查。

检验方法：检查焊接工艺评定报告。

(4) 设计要求全焊透的一、二级焊缝应采用超声波探伤进行内部缺陷的检验，超声波探伤不能对缺陷作出判断时，应采用射线探伤，其内部缺陷分级及探伤方法应符合现行国家标准《钢焊缝手工超声波探伤方法和探伤结果分级法》(GB 11345—89)或《钢熔化焊对接接头射线照相和质量分级》(GB 3323—87)的规定。

焊接球节点网架焊缝、螺栓球节点网架焊缝及圆管T、K、Y形节点相关线焊缝，其内部缺陷分级及探伤方法应分别符合国家现行标准《焊接球节点钢网架焊缝超声波探伤方法及质量分级法》JBJ/T 3034.1、《螺栓球节点钢网架焊缝超声波探伤方法及质量分级法》JBJ/T 3034.2、《建筑钢结构焊接技术规程》(JGJ 81—2002)的规定。

一级、二级焊缝的质量等级及缺陷分级应符合表5-1的规定。

表5-1 一、二级焊缝质量等级及缺陷分级

焊缝质量等级		一级	二级
内部缺陷超声波探伤	评定等级	Ⅱ	Ⅲ
	检验等级	B级	B级
	探伤比例	100%	20%
内部缺陷射线探伤	评定等级	Ⅱ	Ⅲ
	检验等级	AB级	AB级
	探伤比例	100%	20%

注:探伤比例的计数方法应按以下原则确定:① 对工厂制作焊缝,应按每条焊缝计算百分比,且探伤长度应不小于200 mm,当焊缝长度不足200 mm时,应对整条焊缝进行探伤;② 对现场安装焊缝,应按同一类型、同一施焊条件的焊缝条数计算百分比,探伤长度应不小于200 mm,并应不少于1条焊缝。

检查数量:全数检查。

检验方法:检查超声波或射线探伤记录。

(5) 焊缝表面不得有裂纹、焊瘤等缺陷。一级、二级焊缝不得有表面气孔、夹渣、弧坑裂纹、电弧擦伤等缺陷。且一级焊缝不得有咬边、未焊满、根部收缩等缺陷。

检查数量:每批同类构件抽查10%,且不应少于3件;被抽查构件中,每一类型焊缝按条数抽查5%,且不应少于1条;每条检查1处,总抽查数不应少于10处。

检验方法:观察检查或使用放大镜、焊缝量规和钢尺检查,当存在疑义时,采用渗透或瓷粉探伤检查。

2) 一般项目

(1) 对于需要进行焊前预热或焊后热处理的焊缝,其预热温度或后热温度应符合国家现行有关标准的规定或通过工艺试验确定。预热区在焊道两侧,每侧宽度均应大于焊件厚度的1.5倍以上,且不应小于100 mm;后热处理应在焊后立即进行,保温时间应根据板厚按每25 mm板厚1 h确定。

检查方法:全数检查。

检验方法:检查预热或焊后热处理施工记录和工艺试验报告。

(2) 焊成凹形的角焊缝,焊缝金属与母材间应平缓过渡;加工成凹形的角焊缝,不得在其表面留下切痕。

检查数量:每批同类构件抽查10%,且不应少于3件。

检验方法:观察检查。

(3) 焊缝感观应达到:外形均匀、成型较好,焊道与焊道、焊道与基本金属间过渡较平滑,焊渣和飞溅物基本清除干净。

检查数量:每批同类构件抽查10%,且不应少于3件;被抽查构件中,每种焊缝按数量各抽查5%，总抽查处不应少于5处。

检验方法：观察检查。

5.3.2 焊钉(栓钉)焊接工程

1) 主控项目

(1) 施工单位对其采用的焊钉和钢材焊接应进行焊接工艺评定，其结果应符合设计要求和国家现行有关标准的规定。瓷环应按其产品说明书进行烘焙。

检查数量；全数检查。

检验方法：检查焊接工艺评定报告和烘焙记录。

(2) 焊钉焊接后应进行弯曲试验检查，其焊缝和热影响区不应有肉眼可见的裂纹。

检查数量：每批同类构件抽查10%，且不应少于10件；被抽查构件中，每件检查焊钉数量的1%，但不应少于1个。

检验方法：焊钉弯曲30°后用角尺检查和观察检查。

2) 一般项目

焊钉根部焊脚应均匀，焊脚立面的局部未焙合或不足360°的焊脚应进行修补。

检查数量：按总焊钉数量抽查1%，且不应少于10个。

检验方法：观察检查。

5.4 紧固件连接工程

5.4.1 普通紧固件连接

1) 主控项目

(1) 普通螺栓作为永久性连接螺栓时，当设计有要求或对其质量有疑义时，应进行螺栓实物最小拉力载荷复验，其结果应符合现行国家标准《紧固件机械性能螺栓、螺钉和螺柱》GB3098的规定。

检查数量：每一规格螺栓抽查8个。

检验方法：检查螺栓实物复验报告。

(2) 连接薄钢板采用的自攻钉、拉铆钉、射钉等其规格尺寸应与被连接钢板相匹配，其间距、边距等应符合设计要求。

检查数量：按连接节点数抽查1%，且不应少于3个。

检验方法：观察和尺量检查。

2) 一般项目

(1) 永久性普通螺栓紧固应牢固、可靠，外露丝扣不应少于2扣。

检查数量：按连接节点数抽查10%，且不应少于3个。

检验方法：观察和用小锤敲击检查。

(2) 自攻螺钉、钢拉铆钉、射钉等与连接钢板应紧固密贴，外观排列整齐。

检查数量：按连接节点数抽查10%，且不应少于3个。

检验方法：观察或用小锤敲击检查。

5.4.2 高强度螺栓连接

1）主控项目

(1) 高强度大六角头螺栓连接副终拧完成1 h后、48 h内应进行终拧扭矩检查。

检查数量：按节点数抽查10%，且不应少于10个；每个被抽查节点按螺栓数抽查10%，且不应少于2个。

(2) 扭剪型高强度螺栓连接副终拧后，除因构造原因无法使用专用扳手终拧掉梅花头者外，未在终拧中拧掉梅花头的螺栓数不应大于该节点螺栓数的5%。对所有梅花头未拧掉的扭剪型高强度螺栓连接副应采用扭矩法或转角法进行终拧并作标记，且进行终拧扭矩检查。

检查数量：按节点数抽查10%，但不应少于10个节点，被抽查节点中梅花头未拧掉的扭剪型高强度螺栓连接副全数进行终拧扭矩检查。

2）一般项目

(1) 高强度螺栓连接副的施拧顺序和初拧、复拧扭矩应符合设计要求和国家现行行业标准《钢结构高强度螺栓连接的设计施工及验收规程》(JGJ 82—91)的规定。

检查数量：全数检查资料。

检验方法：检查扭矩扳手标定记录和螺栓施工记录。

(2) 高强度螺栓连接副终拧后，螺栓丝扣外露应为2～3扣，其中允许有10%的螺栓丝扣外露1扣或4扣。

检查数量：按节点数抽查5%，且不应少于10个。

检验方法：观察检查。

(3) 高强度螺栓连接摩擦面应保持干燥、整洁，不应有飞边、毛刺、焊接飞溅物、焊疤、氧化铁皮、污垢等，除设计要求外摩擦面不应涂漆。

检查数量：全数检查。

检验方法：观察检查。

(4) 高强度螺栓应自由穿入螺栓孔。高强度螺栓孔不应采用气割扩孔，扩孔数量应征得设计同意，扩孔后的孔径不应超过1.2d(d为螺栓直径)。

检查数量：被扩螺栓孔全数检查。

检验方法：观察检查及用卡尺检查。

(5) 螺栓球节点网架总拼完成后，高强度螺栓与球节点应紧固连接，高强度螺栓拧入螺栓球内的螺纹长度不应小于1.0d(d为螺栓直径)，连接处不应出现有间隙、松动等未拧紧情况。

检查数量：按节点数抽查5%，且不应少于10个。

检验方法：普通扳手及尺量控制。

5.5 钢零件及钢部件加工工程

5.5.1 切割

1）主控项目

钢材切割面或剪切面应无裂纹、夹渣、分层和大于1 mm的缺棱。

检查数量：全数检查。

检验方法：观察或用放大镜及百分尺检查，有疑义时作渗透、磁粉或超声波探伤检查。

2）一般项目

(1) 气割的允许偏差应符合表5-2的规定。

表5-2 气割的允许偏差

项目	允许偏差
零件宽度、长度	±3.0
切割面平面度	0.05t，且不应大于2.0
割纹深度	0.3
局部缺口深度	1.0

注：t为切割面厚度1.0。

检查数量：按切割面数抽查10%，且不应少于3个。

检验方法：观察检查或用钢尺、塞尺检查。

(2) 机械剪切的允许偏差应符合表5-3的规定。

表5-3 机械剪切的允许偏差

项目	允许偏差
零件宽度、长度	±3.0
边缘缺棱	1.0
型钢端部垂直度	2.0

检查数量：按切割面数抽查10%，且不应少于3个。

检验方法：观察检查或用钢尺、塞尺检查。

5.5.2 矫正和成型

1）主控项目

(1) 碳素结构钢在环境温度低于-16℃、低合金结构钢在环境温度低于-12℃时，不应进行冷矫正和冷弯曲。碳素结构钢和低合金结构钢在加热矫正时，加热温度不应超过900℃。低合金结构钢在加热矫正后应自然冷却。

检查数量：全数检查。

检验方法：检查制作工艺报告和施工记录。

(2) 当零件采用热加工成型时，加热温度应控制在900～1 000℃；碳素结构钢和低合金结构钢在温度分别下降到700℃和800℃之前，应结束加工；低合金结构钢应自然冷却。

检查数量：全数检查。

检验方法：检查制作工艺报告和施工记录。

2）一般项目

矫正后的钢材表面，不应有明显的凹面或损伤，划痕深度不得大于0.5mm，且不应大于该钢材厚度负允许偏差的 1/2。

检查数量：全数检查。

检验方法：观察检查和实测检查。

5.5.3 边缘加工

1）主控项目

气割或机械剪切的零件，需要进行边缘加工时，其刨削量不应小于 2.0 mm。

检查数量：全数检查。

检验方法：检查工艺报告和施工记录。

2）一般项目

边缘加工允许偏差应符合表 5－4 的规定。

表 5－4 边缘加工的允许偏差

项目	允许偏差 /mm
零件宽度、长度	±1.0
加工边直线度	l/3 000，且不应大于 2.0
相邻两边夹角	±6′
加工面垂直度	0.025 t，且不应大于 0.5
加工面表面粗糙度	50

注：① l 为加工边的长度；

② t 为加工角的厚度。

检查数量：按加工面数抽查 10%，且不应少于 3 件。

检验方法：观察检查和实测检查。

5.5.4 管、球加工

1）主控项目

（1）螺栓球成型后，不应有裂纹、褶皱、过烧。

检查数量：每种规格抽查 10%，且不应少于 5 个。

检验方法：10 倍放大镜观察检查或表面探伤。

（2）钢板压成半圆球后，表面不应有裂纹、褶皱；焊接球其对接坡口应采用机械加工，对接焊缝表面应打磨平整。

检查数量：每种规格抽查 10%，且不应少于 5 个。

检验方法：10 倍放大镜观察检查或表面探伤。

2）一般项目

（1）螺栓球加工的允许偏差应符合表 5－5 的规定。

检查数量：每种规格抽查 10%，且不应少于 5 个。

检验方法：见表 5－5。

表 5-5　螺栓球加工的允许偏差

项目		允许偏差/mm	检验方法
圆度	$d \leqslant 120$	1.5	用卡尺和游标卡尺检查
	$d > 120$	2.5	
同一轴线上两铣平面平行度	$d \leqslant 120$	0.2	用百分表V形块检查
	$d > 120$	0.3	
铣平面距球中心距离		±0.2	用游标卡尺检查
相邻两螺栓孔中心线夹角		±30′	用分度头检查
两铣平面与螺栓孔轴线垂直度		$0.005r$	用百分表检查
球毛坯直径	$d \leqslant 120$	+2.0 −1.0	用卡尺和游标卡尺检查
	$d > 120$	+3.0 −1.5	

注:① d 为螺栓球的直径;

② r 为螺栓孔的半径。

(2) 焊接球加工的允许偏差应符合表 5-6 的规定。

检查数量:每种规格抽查 10%,且不应少于 5 个。

检验方法:见表 5-6。

表 5-6　焊接球加工的允许偏差

项目	允许偏差/mm	检验方法
直径	$\pm 0.005d$ ±2.5	用卡尺和游标卡尺检查
圆度	2.5	用卡尺和游标卡尺检查
壁厚减薄量	$0.13t$,且不应大于 1.5	用卡尺和测厚仪检查
两半球对口错边	1.0	用套模和游标卡尺检查

注:t 为螺栓球壁厚。

(3) 钢网架(桁架)用钢管杆件加工的允许偏差应符合表 5-7 的规定。

检查数量:每种规格抽查 10%,且不应少于 5 根。

检验方法:见表 5-7。

表 5-7　钢网架(桁架)用钢管杆件加工的允许偏差

项目	允许偏差/mm	检验方法
长度	±1.0	用钢尺和百分表检查
端面对管轴的垂直度	$0.005r$	用百分表V形块检查
管口曲线	1.0	用套模和游标卡尺检查

5.5.5 制孔

1）主控项目

A、B级螺栓孔（Ⅰ类孔）应具有H12的精度，孔壁表面粗糙度不应大于12.5 μm。其孔径的允许偏差应符合表5-8-1的规定。

C级螺栓孔（Ⅱ类孔），孔壁表面粗糙度不应大于25 μm，其允许偏差应符合表5-8-2的规定。

表5-8-1　A、B级螺栓孔径的允许偏差

序　号	螺栓公称直径、螺栓孔直径	螺栓公称直径允许偏差/mm	螺栓孔直径允许偏差/mm
1	10～18	0.00 −0.21	+0.18 0.00
2	18～30	0.00 −0.21	+0.21 0.00
3	30～50	0.00 −0.25	+0.25 0.00

表5-8-2　C级螺栓孔径的允许偏差

项　　目	允许偏差/mm
直径	+1.0 0.0
圆度	2.0
垂直度	0.03t，且不应大于2.0

注：t为螺栓球壁厚。

检查数量：按钢构件数量抽查10%，且不应少于3件。

检验方法：用游标卡尺或孔径量规检查。

2）一般项目

螺栓孔孔距的允许偏差应符合表5-9的规定。

表5-9　螺栓孔孔距允许偏差

螺栓孔孔距范围/mm	≤500	501～1 200	1 201～3 000	>3 000
同一组内任意两孔间距离允许偏差/mm	±1.0	±1.5	—	—
相邻两组的端孔距离允许偏差/mm	±1.5	±2.0	±2.5	±3.0

注：① 在节点中连接板与一根杆件相连的所有螺栓孔为一组；
② 对接接头在拼接板一侧的螺栓孔为一组；
③ 在两相邻节点或接头间的螺栓孔为一组，但不包括上述两款所规定的螺栓孔；
④ 受弯构件翼缘上的连接螺栓孔，每米长度范围内的螺栓孔为一组。

检查数量：按钢构件数量抽查10%，且不应少于3件。

检验方法：用钢尺检查。

5.6 钢构件组装工程

5.6.1 焊接H型钢

一般项目

焊接H型钢的翼缘板拼接缝和腹板拼接缝的间距不应小于200 mm。翼缘板拼接长度不应小于2倍板宽，腹板拼接宽度不应小于300 mm，长度不应小于600 mm。

检查数量：全数检查。

检验方法：观察和用钢尺检查。

5.6.2 组装

1）主控项目

吊车梁和吊车桁架不应下挠。

检查数量；全数检查。

检验方法：构件直立，在两端支承后，用水准仪和钢尺检查。

2）一般项目

(1) 顶紧接触面应有75%以上的面积紧贴。

检查数量：按接触面的数量抽查10%，且不应少于10个。

检验方法：用0.3 mm塞尺检查，其塞入面积应小于25%，边缘间隙不应大于0.8 mm。

(2) 桁架结构杆件轴线交点错位的允许偏差不得大于3.0 mm，允许偏差不得大于4.0 mm。

检查数量：按构件数抽查10%，且不应少于3个，每个抽查构件按节点数抽查10%，且不应少于3个节点。

检验方法：尺量检查。

5.6.3 端部铣平及安装焊缝坡口

1）主控项目

端部铣平的允许偏差应符合表5-10的规定。

表5-10 端部铣平的允许偏差

项　　目	允许偏差/mm
两端铣平时构件长度	±2.0
两端铣平时零件长度	±0.5
铣平面的平面度	0.3
铣平面对轴线的垂直度	l/1 500

注：l为长度、跨度。

检查数量：按铣平面数量抽查10%，且不应少于3个。

检验方法：用钢尺、角尺、塞尺等检查。

2）一般项目

（1）安装焊缝坡口的允许偏差应符合表5－11的规定。

表5－11　安装焊缝坡口的允许偏差

项　　目	允许偏差
坡口角度	±5°
钝边	±1.0 mm

检查数量：按坡口数量抽查10%，且不应少于3条。

检验方法：用焊缝量规检查。

（2）外露铣平面应防锈保护。

检查数量：全数检查。

检验方法：观察检查。

5.6.4　钢构件外形尺寸

主控项目

钢构件外形尺寸主控项目的允许偏差应符合表5－12的规定。

表5－12　钢构件外形尺寸主控项目的允许偏差

项　　目	允许偏差/mm
单层柱、梁、桁架受力支托（支承面）表面至第一个安装孔距离	±1.0
多节柱铣平面至第一个安装孔距离	±1.0
实腹梁两端最外侧安装孔距离	±3.0
构件连接处的截面几何尺寸	±3.0
柱、梁连接处的腹板中心线偏移	2.0
受压构件（杆件）弯曲矢高	l/1000，且不应大于10.0

注：l为长度、跨度。

检查数量：全数检查。

检验方法：用钢尺检查。

5.7　钢构件预拼装工程

主控项目

高强度螺栓和普通螺栓连接的多层板叠，应采用试孔器进行检查，并应符合下列规定：

① 当采用比孔公称直径小1.0 mm的试孔器检查时，每组孔的通过率不应小于85%；

② 当采用比螺栓公称直径大0.3 mm的试孔器检查时，通过率应为100%。

检查数量：按预拼装单元全数检查。

检验方法：采用试孔器检查。

5.8 单层钢结构安装工程

5.8.1 基础和支承面

1）主控项目

(1) 建筑物的定位轴线、基础轴线和标高、地脚螺栓的规格及其紧固应符合设计要求。

检查数量：按柱基数抽查10%，且不应少于3个。

检验方法：用经纬仪、水准仪、全站仪和钢尺现场实测。

(2) 基础顶面直接作为柱的支承面和基础顶面预埋钢板或支座作为柱的支承面时，其支承面、地脚螺栓(锚栓)位置的允许偏差应符合表5-13的规定。

表5-13 支承面、地角螺栓(锚栓)位置的允许偏差

项目		允许偏差/mm
支承面	标高	±3.0
	水平度	$l/1000$
地角螺栓(锚栓)	螺栓中心偏移	5.0
预留孔中心偏移		10.0

注：l为长度、跨度。

检查数量：按柱基数抽查10%，且不应少于3个。

检验方法：用经纬仪、水准仪、全站仪、水平尺和钢尺实测。

(3) 采用坐浆垫板时，坐浆垫板的允许偏差应符合表5-14的规定。

表5-14 坐浆垫板的允许偏差

项目	允许偏差/mm
顶面标高	0.0 −3.0
水平度	$l/1000$
位置	20.0

注：l为长度、跨度。

检查数量：资料全数检查。按柱基数抽查10%，且不应少于3个。

检验方法：用水准仪、全站仪、水平尺和钢尺现场实测。

(4) 采用杯口基础时，杯口尺寸的允许偏差应符合表5-15的规定。

表5-15 杯口尺寸的允许偏差

项目	允许偏差/mm
底面标高	0.0 −5.0
杯口深度H	±5.0
杯口垂直度	$H/100$，且不应大于10.0
位置	10.0

检查数量:按基础数抽查10%,且不应少于4处。

检验方法:观察及尺寸检查。

2) 一般项目

地脚螺栓(锚栓)尺寸的允许偏差应符合表5-16的规定。地脚螺栓(锚栓)的螺纹应受到保护。

表5-16 地脚螺栓(锚栓)尺寸的允许偏差

项目	允许偏差/mm
螺栓(锚栓)露出长度	+30.0 0.0
螺纹长度	+30.0 0.0

检查数量:按柱基数抽查10%,且不应少于3个。

检验方法:用钢尺现场实测。

5.8.2 安装和校正

1) 主控项目

(1) 钢构件应符合设计要求。运输、堆放和吊装等造成的钢构件变形及涂层脱落,应进行矫正和修补。

检查数量:按构件数抽查10%,且不应少于3个。

检验方法:用拉线、钢尺现场实测或观察。

(2) 设计要求顶紧的节点,接触面不应少于70%紧贴,且边缘最大间隙不应大于0.8 mm。

检查数量:按节点数抽查10%,且不应少于3个。

检验方法:用钢尺及0.3 mm和0.8 mm厚的塞尺现场实测。

2) 一般项目

(1) 钢柱等主要构件的中心线及标高基准点等标记应齐全。

检查数量:按同类构件数抽查10%,且不应少于3件。

检验方法:观察检查。

(2) 当钢桁架(或梁)安装在混凝土柱上时,其支座中心对定位轴线的偏差不应大于10 mm;当采用大型混凝土屋面板时,钢桁架(或梁)间距的偏差不应大于10 mm。

检查数量:按同类构件数抽查10%,且不应少于3榀。

检验方法:用拉线和钢尺现场实测。

(3) 现场焊缝组对间隙的允许偏差应符合表5-17的规定。

表5-17 现场焊缝组对间隙的允许偏差(mm)

项目	允许偏差/mm
无垫板间隙	+3.0 0.0
有垫板间隙	+3.0 -2.0

检查数量:按同类节点数抽查10%,且不应少于3个。

检验方法:尺量检查。

(4) 钢结构表面应干净,结构主要表面不应有疤痕、泥沙等污垢。

检查数量:按同类构件数抽查10%,且不应少于3件。

检验方法:观察检查。

5.9 多层及高层钢结构安装工程

1) 主控项目

(1) 钢构件应符合设计要求。运输、堆放和吊装等造成的钢构件变形及涂层脱落,应进行矫正和修补。

检查数量:按构件数抽查10%,且不应少于3个。

检验方法:用拉线、钢尺现场实测或观察。

(2) 设计要求顶紧的节点,接触面不应少于70%紧贴,且边缘最大间隙不应大于0.8mm。

检查数量:按节点数抽查10%,且不应少于3个。

检验方法:用钢尺及0.3mm和0.8mm厚的塞尺现场实测。

2) 一般项目

(1) 钢结构表面应干净,结构主要表面不应有疤痕、泥沙等污垢。

检查数量:按同类构件数抽查10%,且不应少于3件。

检验方法:观察检查。

(2) 钢柱等主要构件的中心线及标高基准点等标记应齐全。

检查数量:按同类构件数抽查10%,且不应少于3件。

检验方法:观察检查。

(3) 当钢构件安装在混凝土柱上时,其支座中心对定位轴线的偏差不应大于10mm;当采用大型混凝土屋面板时,钢梁(或桁架)间距的偏差不应大于10mm。

检查数量:按同类构件数抽查10%,且不应少于3榀。

检验方法:用拉线和钢尺现场实测。

(4) 多层及高层钢结构中现场焊缝组对间隙的允许偏差应符合表5-17的规定。

检查数量:按同类节点数抽查10%,且不应少于3个。

检验方法:尺量检查。

5.10 钢网架结构安装工程

5.10.1 支承面顶板和支承垫块

1) 主控项目

(1) 钢网架结构支座定位轴线的位置、支座锚栓的规格应符合设计要求。

检查数量:按支座数抽查10%,且不应少于4处。

检验方法:用经纬仪和钢尺实测。

(2) 支承面顶板的位置、标高、水平度以及支座锚栓位置的允许偏差应符合表5-18的规定。

表5-18 支承面顶板、支座锚栓位置的允许偏差

项目		允许偏差/mm
支承面顶板	位置	15.0
	顶面标高	0 -3.0
	顶面水平度	$L/1\,000$
支座锚栓	中心偏移	±5.0

注：L为檩条或墙梁的长度。

检查数量：按支座数抽查10%，且不应少于4处。

检验方法：用经纬仪、水准仪、水平尺和钢尺实测。

(3) 支承垫块的种类、规格、摆放位置和朝向，必须符合设计要求和国家现行有关标准的规定。橡胶垫块与刚性垫块之间或不同类型刚性垫块之间不得互换使用。

检查数量：按支座数抽查10%，且不应少于4处。

检验方法：观察和用钢尺实测。

(4) 网架支座锚栓的紧固应符合设计要求。

检查数量：按支座数抽查10%，且不应少于4处。

检验方法：观察检查。

2) 一般项目

支座锚栓尺寸的允许偏差应符合表5-16的规定。支座锚栓的螺纹应受到保护。

检查数量：按支座数抽查10%，且不应少于4处。

检验方法：用钢尺实测。

5.10.2 总拼与安装

1) 主控项目

(1) 小拼单元的允许偏差应符合表5-19的规定。

检查数量：按单元数抽查5%，且不应少于5个。

检验方法：用钢尺和拉线等辅助量具实测。

表5-19 小拼单元的允许偏差

项目		允许偏差/mm
节点中心偏移		2.0
焊接球节点与钢管中心的偏移		1.0
杆件轴线的弯曲矢高		$L_1/1\,000$，且不应大于5.0
锥体型小拼单元	弦杆长度	±2.0
	锥体高度	±2.0
	上弦杆对角线长度	±3.0

续表

项　　目			允许偏差/mm
平面桁架型小拼单元	跨长	≤24 m	+3.0 −7.0
		>24 m	+5.0 −10.0
	跨中高度		±3.0
	跨中拱度	设计要求起拱	±L/5000
		设计未要求起拱	+10.0

注：L_1 为杆件长度；L 为跨长。

（2）中拼单元的允许偏差应符合表 5－20 的规定。

表 5－20　中拼单元的允许偏差

项　　目		允许偏差/mm
单元长度≤20 m，拼接长度	单跨	±10.0
	多跨连续	±5.0
单元长度>20 m，拼接长度	单跨	±20.0
	多跨连续	±10.0

检查数量：全数检查。

检验方法：用钢尺和辅助量具实测。

（3）对建筑结构安全等级为一级，跨度 40 m 及以上的公共建筑钢网架结构，且设计有要求时，应按下列项目进行节点承载力试验，其结果应符合以下规定：

① 焊接球节点应按设计指定规格的球及其匹配的钢管焊接成试件，进行轴心拉、压承载力试验，其试验破坏荷载值大于或等于 1.6 倍设计承载力为合格。

② 螺栓球节点应按设计指定规格的球最大螺栓孔螺纹进行抗拉强度保证荷载试验，当达到螺栓的设计承载力时，螺孔、螺纹及封板仍完好无损为合格。

检查数量：每项试验做 3 个试件。

检验方法：在万能试验机上进行检验，检查试验报告。

（4）钢网架结构总拼完成后及屋面工程完成后应分别测量其挠度值，且所测的挠度值不应超过相应设计值的 1.15 倍。

检查数量：跨度 24 m 及以下钢网架结构测量下弦中央一点；跨度 24 m 以上钢网架结构测量下弦中央一点及各向下弦跨度的四等分点。

检验方法：用钢尺和水准仪实测。

2）一般项目

（1）钢网架结构安装完成后，其节点及杆件表面应干净，不应有明显的疤痕、泥沙和污垢。螺栓球节点应将所有接缝用油腻子填嵌严密，并应将多余螺孔封口。

检查数量：按节点及杆件数抽查 5%，且不应少于 10 个节点。

检验方法：观察检查。

（2）钢网架结构安装完成后，其安装的允许偏差应符合表5-21的规定。

表5-21 钢网架结构安装的允许偏差

项目	允许偏差/mm	检验方法
纵向、横向长度	$L/2000$，且不应大于30.0 $-L/2000$，且不应小于-30.0	用钢尺实测
支座中心偏移	$L/3000$，且不应大于30.0	用钢尺和经纬仪实测
周边支承网架相邻支座高差	$L/400$，且不应大于15.0	用钢尺和水准仪实测
支座最大高差	30.0	
多点支承网架相邻支座高差	$L_1/800$，且不应大于30.0	

注：L为纵向、横向长度；L_1为相邻支座间距。

检查数量：除杆件弯曲矢高按杆件数抽查5%外，其余全数检查。

检验方法：见表5-21。

5.11 压型金属板工程

5.11.1 压型金属板制作

1）主控项目

（1）压型金属板成型后，其基板不应有裂纹。

检查数量：按计件数抽查5%，且不应少于10件。

检验方法：观察和用10倍放大镜检查。

（2）有涂层、镀层压型金属板成型后，涂、镀层不应有肉眼可见的裂纹、剥落和擦痕等缺陷。

检查数量：按计件数抽查5%，且不应少于10件。

检验方法：观察检查。

2）一般项目

（1）压型金属板的尺寸允许偏差应符合表5-22的规定。

表5-22 压型金属板的尺寸允许偏差

项目		允许偏差/mm
波距		±2.0
压型钢板波高	截面高度≤70	±1.5
	截面高度>70	±2.0
在测量长度l_1的范围内侧向弯曲		20.0

注：l_1为测量长度，指板长扣除两端各0.5 m后的实际长度（小于10 m）或扣除后任选的10 mm长度。

检查数量：按计件数抽查 5%，且不应少于 10 件。

检验方法：用拉线和钢尺检查。

(2) 压型金属板成型后，表面应干净，不应有明显凹凸和皱褶。

检查数量：按计件数抽查 5%，且不应少于 10 件。

检验方法：观察检查。

(3)压型金属板施工现场制作的允许偏差应符合表 5-23 的规定。

表 5-23　压型金属板施工现场制作的允许偏差

项　　目		允许偏差/mm
压型金属板的覆盖宽度	截面高度≤70	+10.0，-2.0
	截面高度>70	+6.0-2.0
板长		±9.0
横向剪切偏差		6.0
泛水板、包角板尺寸	板长	±6.0
	折弯面宽度	±3.0
	折弯面夹角	2°

5.11.2　压型金属板安装

1) 主控项目

(1) 压型金属板、泛水板和包角板等应固定可靠、牢固，防腐涂料涂刷和密封材料敷设应完好，连接件数量、间距应符合设计要求和国家现行有关标准规定。

检查数量：全数检查。

检验方法：观察检查及尺量。

(2) 压型金属板应在支承构件上可靠搭接，搭接长度应符合设计要求，且不应小于表 5-24 所规定的数值。

表 5-24　压型金属板应在支承构件上的搭接长度

项　　目		搭接长度/mm
截面高度>70 mm		375
截面高度≤70 mm	屋面坡度<1/10	250
	屋面坡度≥1/10	200
墙面		120

检查数量：按搭接部位总长度抽查 10%，且不应少于 10 m。

检验方法：观察和用钢尺检查。

(3) 组合楼板中压型钢板与主体结构(梁)的锚固支承长度应符合设计要求，且不应小于 50 mm，端部锚固件连接应可靠，设置位置应符合设计要求。

检查数量：沿连接纵向长度抽查 10%，且不应少于 10 m。

检验方法：观察和用钢尺检查。

2）一般项目

（1）压型金属板安装应平整、顺直，板面不应有施工残留物和污物。檐口和墙面下端应呈直线，不应有未经处理的错钻孔洞。

检查数量：按面积抽查 10%，且不应少于 10 m^2。

检验方法：观察检查。

（2）压型金属板安装的允许偏差应符合表 5-25 的规定。

表 5-25　压型金属板安装的允许偏差

项　　目		允许偏差/mm
屋面	檐口与屋脊的平行度	12.0
	压型金属板波纹线对屋脊的垂直度	L/800，且不应大于 25.0
	檐口相邻两块压型金属板端部错位	6.0
	压型金属板卷边板件最大波浪高	4.0
墙面	墙板波纹线的垂直度	H/800，且不应大于 25.0
	墙板包角板的垂直度	H/800，且不应大于 25.0
	相邻两块压型金属板的下端错位	6.0

注：L 为屋面半坡或单坡长度；H 为墙面高度。

检查数量：檐口与屋脊的平行度，按长度抽查 10%，且不应少于 10 m；其他项目，每 20 m 长度应抽查 1 处，不应少于 2 处。

检验方法：用拉线、吊线和钢尺检查。

5.12　钢结构涂装工程

5.12.1　钢结构防腐涂料涂装

1）主控项目

（1）涂装前钢材表面除锈应符合设计要求和国家现行有关标准的规定。处理后的钢材表面不应有焊渣、焊疤、灰尘、油污、水和毛刺等。

检查数量：按构件数抽查 10%，且同类构件不应少于 3 件。

检验方法：用铲刀检查和用现行国家标准《涂装前钢材表面锈蚀等级和除锈等级》(GB/T 8923—1991)规定的图片对照观察检查。

（2）涂料、涂装遍数、涂层厚度均应符合设计要求。

检查数量：按构件数抽查 10%，且同类构件不应少于 3 件。

检验方法：用干漆膜测厚仪检查。每个构件检测 5 处，每处的数值为 3 个相距 50 mm 测点涂层干漆膜厚度的平均值。

2）一般项目

（1）构件表面不应误涂、漏涂，涂层不应脱皮和返锈等。涂层应均匀、无明显皱皮、流坠、针眼和气泡等。

检查数量：全数检查。

检验方法：观察检查。

(2) 当钢结构处在有腐蚀介质环境或外露且设计有要求时，应进行涂层附着力测试，在检测处范围内，当涂层完整程度达到70%以上时，涂层附着力达到合格质量标准的要求。

检查数量：按构件数抽查1%，且不应少于3件，每件测3处。

检验方法：按照现行国家标准《漆膜附着力测定法》(GB 1720—89)或《色漆和清漆、漆膜的划格试验》(GB/T 9286—1998)执行。

(3) 涂装完成后，构件的标志、标记和编号应清晰完整。

检查数量：全数检查。

检验方法：观察检查。

5.12.2 钢结构防火涂料涂装

1) 主控项目

(1) 涂装前钢材表面除锈及防锈底漆涂装应符合设计要求和国家现行有关标准的规定。

检查数量：按构件数抽查10%，且同类构件不应少于3件。

检验方法：表面除锈用铲刀检查和用现行国家标准《涂装前钢材表面锈蚀等级和除锈等级》GB/T 8923—1991规定的图片对照观察检查。底漆涂料用干漆膜测厚仪检查，每个构件检测5处，每处的数值为3个相距50 mm测点涂层干漆膜厚度的平均值。

(2) 钢结构防火涂料的粘结强度、抗压强度应符合国家现行标准《钢结构防火涂料应用技术规程》CECS24:90的规定。检查方法应符合现行国家标准《建筑构件防火喷涂材料性能试验方法》GB 9978的规定。

检查数量：每使用100t或不足100t薄涂型防火涂料应抽检一次粘结强度；每使用500t或不足500t厚涂型防火涂料应抽检一次粘结强度和抗压强度。

检验方法：检查复验报告。

(3) 薄涂型防火涂料的涂层厚度应符合有关耐火极限的设计要求。厚涂型防火涂料涂层的厚度，80%及以上面积应符合有关耐火极限的设计要求，且最薄处厚度不应低于设计要求的85%。

检查数量：按同类构件数抽查10%，且均不应少于3件。

检验方法：用涂层厚度测量仪、测针和钢尺检查。

(4) 薄涂型防火涂料涂层表面裂纹宽度不应大于0.5 mm；厚涂型防火涂料涂层表面裂纹宽度不应大于1 mm。

检查数量：按同类构件数抽查10%，且均不应少于3件。

检查方法：观察和用尺量检查。

2) 一般项目

(1) 防火涂料涂装基层不应有油污、灰尘和泥砂等污垢。

检查数量：全数检查。

检验方法：观察检查。

(2) 防火涂料不应有误涂、漏涂，涂层应闭合无脱层、空鼓、明显凹陷、粉化松散和浮浆等外观缺陷，乳突已剔除。

检查数量：全数检查。

检验方法：观察检查。

5.13 钢结构分部分项竣工验收

(1) 钢结构分部工程合格质量标准应符合下列规定：

① 各分项工程质量均应符合合格质量标准；

② 质量控制资料和文件应完整；

③ 有关安全及功能的检验和见证检测结果应符合相应合格质量标准的要求；

④ 有关观感质量应符合相应合格质量标准的要求。

(2) 钢结构分部工程竣工验收时，应提供下列文件和记录：

① 钢结构工程竣工图纸及相关设计文件；

② 施工现场质量管理检查记录；

③ 有关安全及功能的检验和见证检测项目检查记录；

④ 有关观感质量检验项目检查记录；

⑤ 分部工程所含各分项工程质量验收记录；

⑥ 分项工程所含各检验批质量验收记录；

⑦ 强制性条文检验项目检查记录及证明文件；

⑧ 隐蔽工程检验项目检查验收记录；

⑨ 原材料、成品质量合格证明文件、中文标志及性能检测报告；

⑩ 不合格项的处理记录及验收记录；

⑪ 重大质量、技术问题实施方案及验收记录；

⑫ 其他有关文件和记录。

6 屋面工程质量验收

6.1 概述

6.1.1 术语

1）防水层合理使用年限

屋面防水层能满足正常使用要求的年限。

2）一道防水设防

具有单独防水能力的一道防水层。

3）分格缝

在屋面找平层、刚性防水层、刚性保护层上预先留设的缝。

4）满粘法

铺贴防水卷材时，卷材与基层采用全部粘结的施工方法。

5）空铺法

铺贴防水卷材时，卷材与基层在周边一定宽度内粘结，其余部分不粘结的施工方法。

6）点粘法

铺贴防水卷材时，卷材或打孔卷材与基层采用点状粘结的施工方法。

7）条粘法

铺贴防水卷材时，卷材与基层采用条状粘结的施工方法。

8）冷粘法

在常温下采用胶粘剂等材料进行卷材与基层、卷材与卷材间粘结的施工方法。

9）热熔法

采用火焰加热器熔化热熔型防水卷材底层的热熔胶进行粘结的施工方法。

10）自粘法

采用带有自粘胶的防水卷材进行粘结的施工方法。

11）热风焊接法

采用热空气焊枪进行防水卷材搭接粘合的施工方法。

12）倒置式屋面

将保温层设置在防水层上的屋面。

13）架空屋面

在屋面防水层上采用薄型制品架设一定高度的空间，起到隔热作用的屋面。

14）蓄水屋面

在屋面防水层上蓄一定高度的水，起到隔热作用的屋面。

15）种植屋面

屋面防水层上铺以种植介质，并种植植物的屋面。

6.1.2 基本规定

（1）屋面工程应根据建筑物的性质、重要程度、使用功能要求以及防水层合理使用年限，按不同等级进行设防，并应符合表6－1的要求。

表6－1 屋面防水等级和设防要求

项目	屋面防水等级			
	Ⅰ	Ⅱ	Ⅲ	Ⅳ
建筑物类别	特别重要或对防水有特殊要求的建筑	重要的建筑和高层建筑	一般的建筑	非永久性的建筑
防水层合理使用年限	25年	15年	10年	5年
防水层选用材料	宜选用合成高分子防水卷材、高聚物改性沥青防水卷材、金属板材、合成高分子防水涂料、细石混凝土等材料	宜选用高聚物改性沥青防水卷材、合成高分子防水卷材、金属板材、合成高分子防水涂料、高聚物改性沥青防水涂料、细石混凝土、平瓦、油毡瓦等材料	宜选用三毡四油沥青防水卷材、高聚物改性沥青防水卷材、合成高分子防水卷材、金属板材、高聚物改性沥青防水涂料、合成高分子防水涂料、细石混凝土、平瓦、油毡瓦等材料	可选用二毡三油沥青防水卷材、高聚物改性沥青防水涂料等材料
设防要求	三道或三道以上防水设防	二道防水设防	一道防水设防	一道防水设防

（2）屋面的保温层和防水层严禁在雨天、雪天和五级风及其以上时施工。施工环境气温宜符合表6－2的要求。

表6－2 屋面保温层和防水层施工环境气温

项目	施工环境气温
粘结保温层	热沥青不低于－10℃；水泥砂浆不低于5℃
沥青防水卷材	不低于5℃
高聚物改性沥青防水卷材	冷粘法不低于5℃；热熔法不低于－10℃
合成高分子防水卷材	冷粘法不低于5℃；热风焊接法不低于－10℃
高聚物改性沥青防水涂料	溶剂型不低于－5℃，水溶型不低于5℃
合成高分子防水涂料	溶剂型不低于－5℃，水溶型不低于5℃
刚性防水层	不低于5℃

(3) 屋面工程各子分部工程和分项工程的划分,应符合表6-3的要求。

表6-3 屋面工程各子分部工程和分项工程的划分

分部工程	子分部工程	分项工程
屋面工程	卷材防水屋面	保温层,找平层,卷材防水层,细部构造
	涂膜防水屋面	保温层,找平层,涂膜防水层,细部构造
	刚性防水屋面	细石混凝土防水层,密封材料嵌缝,细部构造
	瓦屋面	平瓦屋面,油毡瓦屋面,金属板材屋面,细部构造
	隔热屋面	架空屋面,蓄水屋面,种植屋面

6.2 卷材防水屋面工程

6.2.1 屋面找平层

找平层的厚度和技术要求应符合表6-4的规定。

表6-4 找平层的厚度和技术要求

类别	基层种类	厚度/mm	技术要求
水泥砂浆找平层	整体混凝土	15～20	1∶2.5～1∶3(水泥∶砂)体积比,水泥强度等级不低于32.5级
	整体或板状材料保温层	20～25	
	装配式混凝土板,松散材料保温层	20～30	
细石混凝土找平层	松散材料保温层	30～35	混凝土强度等级不低于C20
沥青砂浆找平层	整体混凝土	15～20	1∶8(沥青∶砂)质量比
	装配式混凝土板,整体或板状材料保温层	20～25	

1) 主控项目

(1) 找平层的材料质量及配合比,必须符合设计要求。

检验方法:检查出厂合格证、质量检验报告和计量措施。

(2) 屋面(含天沟、檐沟)找平层的排水坡度,必须符合设计要求。

检验方法:用水平仪(水平尺)、拉线和尺量检查。

2) 一般项目

(1) 基层与突出屋面结构的交接处和基层的转角处,均应做成圆弧形,且整齐平顺。

检验方法:观察和尺量检查。

(2) 水泥砂浆、细石混凝土找平层应平整、压光,不得有酥松、起砂、起皮现象;沥青砂浆找平层不得有拌和不匀、蜂窝现象。

检验方法:观察检查。

(3) 找平层分格缝的位置和间距应符合设计要求。

检验方法：观察和尺量检查。

(4) 找平层表面平整度的允许偏差为 5 mm。

检验方法：用 2 m 靠尺和楔形塞尺检查。

6.2.2 屋面保温层

1) 主控项目

(1) 保温材料的堆积密度或表观密度、导热系数以及板材的强度、吸水率，必须符合设计要求。

检验方法：检查出厂合格证、质量检验报告和现场抽样复验报告。

(2) 保温层的含水率必须符合设计要求。

检验方法：检查现场抽样检验报告。

2) 一般项目

(1) 保温层的铺设应符合下列要求：

① 松散保温材料：分层铺设，压实适当，表面平整，找坡正确。

② 板状保温材料：紧贴(靠)基层，铺平垫稳，拼缝严密，找坡正确。

③ 整体现浇保温层：拌和均匀，分层铺设，压实适当，表面平整，找坡正确。

检验方法：观察检查。

(2) 保温层厚度的允许偏差：松散保温材料和整体现浇保温层为+10%、-5%；板状保温材料为±5%，且不得大于 4 mm。

检验方法：用钢针插入和尺量检查。

(3) 当倒置式屋面保护层采用卵石铺压时，卵石应分布均匀，卵石的质(重)量应符合设计要求。

检验方法：观察检查和按堆积密度计算其质(重)量。

6.2.3 卷材防水层

卷材厚度选用应符合表 6-5 的规定。

表 6-5 卷材厚度选用表

屋面防水等级	设防道数	合成高分子防水卷材	高聚物改性沥青防水卷材	沥青防水卷材
Ⅰ级	三道或三道以上设防	不应小于 1.5 mm	不应小于 3 mm	—
Ⅱ级	二道设防	不应小于 1.2 mm	不应小于 3 mm	—
Ⅲ级	一道设防	不应小于 1.2 mm	不应小于 4 mm	三毡四油
Ⅳ级	一道设防	—	—	二毡三油

1) 主控项目

(1) 卷材防水层所用卷材及其配套材料，必须符合设计要求。

检验方法：检查出厂合格证、质量检验报告和现场抽样复验报告。

(2) 卷材防水层不得有渗漏或积水现象。

检验方法：雨后或淋水、蓄水检验。

(3) 卷材防水层在天沟、檐沟、檐口、水落口、泛水、变形缝和伸出屋面管道的防水构造，必须符合设计要求。

检验方法：观察检查和检查隐蔽工程验收记录。

2) 一般项目

(1) 卷材防水层的搭接缝应粘(焊)结牢固，密封严密，不得有皱折、翘边和鼓泡等缺陷；防水层的收头应与基层粘结并固定牢固，缝口封严，不得翘边。

检验方法：观察检查。

(2) 卷材防水层上的撒布材料和浅色涂料保护层应铺撒或涂刷均匀，粘结牢固；水泥砂浆、块材或细石混凝土保护层与卷材防水层间应设置隔离层；刚性保护层的分格缝留置应符合设计要求。

检验方法：观察检查。

(3) 排汽屋面的排汽道应纵横贯通，不得堵塞。排气管应安装牢固，位置正确，封闭严密。

检验方法：观察检查。

(4) 卷材的铺贴方向应正确，卷材搭接宽度的允许偏差为－10 mm。

检验方法：观察和尺量检查。

6.3 涂膜防水屋面工程

6.3.1 屋面找平层

涂膜防水屋面找平层工程应符合卷材防水屋面找平层的规定。

6.3.2 屋面保温层

涂膜防水屋面保温层工程应符合卷材防水屋面保温层的规定。

6.3.3 涂膜防水层

涂膜厚度选用应符合表 6－6 的规定。

表 6－6　涂膜厚度选用表

屋面防水等级	设防道数	高聚物改性沥青防水涂料	合成高分子防水涂料
Ⅰ级	三道或三道以上设防	—	不应小于 1.5 mm
Ⅱ级	二道设防	不应小于 3 mm	不应小于 1.5 mm
Ⅲ级	一道设防	不应小于 3 mm	不应小于 2 mm
Ⅳ级	一道设防	不应小于 2 mm	—

1) 主控项目

(1) 防水涂料和胎体增强材料必须符合设计要求。

检验方法：检查出厂合格证、质量检验报告和现场抽样复验报告。

(2) 涂膜防水层不得有渗漏或积水现象。

检验方法:雨后或淋水、蓄水检验。

(3) 涂膜防水层在天沟、檐沟、檐口、水落口、泛水、变形缝和伸出屋面管道的防水构造,必须符合设计要求。

检验方法:观察检查和检查隐蔽工程验收记录。

2) 一般项目

(1) 涂膜防水层的平均厚度应符合设计要求,最小厚度不应小于设计厚度的80%。

检验方法:针测法或取样量测。

(2) 涂膜防水层与基层应粘结牢固,表面平整,涂刷均匀,无流淌、皱折、鼓泡、露胎体和翘边等缺陷

检验方法:观察检查。

(3) 涂膜防水层上的撒布材料或浅色涂料保护层应铺撒或涂刷均匀,粘结牢固;水泥砂浆、块材或细石混凝土保护层与涂膜防水层间应设置隔离层;刚性保护层的分格缝留置应符合设计要求。

检验方法:观察检查。

6.4 刚性防水屋面工程

6.4.1 细石混凝土防水层

1) 主控项目

(1) 细石混凝土的原材料及配合比必须符合设计要求。

检验方法:检查出厂合格证、质量检验报告、计量措施和现场抽样复验报告。

(2) 细石混凝土防水层不得有渗漏或积水现象。

检验方法:雨后或淋水、蓄水检验。

(3) 细石混凝土防水层在天沟、檐沟、檐口、水落口、泛水、变形缝和伸出屋面管道的防水构造,必须符合设计要求。

检验方法:观察检查和检查隐蔽工程验收记录。

2) 一般项目

(1) 细石混凝土防水层应表面平整、压实抹光,不得有裂缝、起壳、起砂等缺陷。

检验方法:观察检查。

(2) 细石混凝土防水层的厚度和钢筋位置应符合设计要求。

检验方法:观察和尺量检查。

(3) 细石混凝土分格缝的位置和间距应符合设计要求。

检验方法:观察和尺量检查。

(4) 细石混凝土防水层表面平整度的允许偏差为5 mm。

检验方法:用2 m靠尺和楔形塞尺检查。

6.4.2 密封材料嵌缝

1）主控项目

(1) 密封材料的质量必须符合设计要求。

检验方法：检查产品出厂合格证、配合比和现场抽样复验报告。

(2) 密封材料嵌填必须密实、连续、饱满，粘结牢固，无气泡、开裂、脱落等缺陷。

检验方法：观察检查。

2）一般项目

(1) 嵌填密封材料的基层应牢固、干净、干燥，表面应平整、密实。

检验方法：观察检查。

(2) 密封防水接缝宽度的允许偏差为±10%，接缝深度为宽度的0.5～0.7倍。

检验方法：尺量检查。

(3) 嵌填的密封材料表面应平滑，缝边应顺直，无凹凸不平现象。

检验方法：观察检查。

6.5 瓦屋面工程

6.5.1 平瓦屋面

平瓦屋面的有关尺寸应符合下列要求：

① 脊瓦在两坡面瓦上的搭盖宽度，每边不小于40 mm。

② 瓦伸入天沟、檐沟的长度为50～70 mm。

③ 天沟、檐沟的防水层伸入瓦内宽度不小于150 mm。

④ 瓦头挑出封檐板的长度为50～70 mm。

⑤ 突出屋面的墙或烟囱的侧面瓦伸入泛水宽度不小于50 mm。

1）主控项目

(1) 平瓦及其脊瓦的质量必须符合设计要求。

检验方法：观察检查和检查出厂合格证或质量检验报告。

(2) 平瓦必须铺置牢固。地震设防地区或坡度大于50%的屋面，应采取固定加强措施。

检验方法：观察和手扳检查。

2）一般项目

(1) 挂瓦条应分档均匀，铺钉平整、牢固；瓦面平整，行列整齐，搭接紧密，檐口平直。

检验方法：观察检查。

(2) 脊瓦应搭盖正确，间距均匀，封固严密；屋脊和斜脊应顺直，无起伏现象。

检验方法：观察或手扳检查。

(3) 泛水做法应符合设计要求，顺直整齐，结合严密，无渗漏。

检验方法：观察检查和雨后或淋水检验。

6.5.2 油毡瓦屋面

油毡瓦屋面的有关尺寸应符合下列要求：

① 脊瓦与两坡面油毡瓦搭盖宽度每边不小于100 mm。

② 脊瓦与脊瓦的压盖面不小于脊瓦面积的1/2。

③ 油毡瓦在屋面与突出屋面结构的交接处铺贴高度不小于250 mm。

1）主控项目

(1) 油毡瓦的质量必须符合设计要求。

检验方法：检查出厂合格证和质量检验报告。

(2) 油毡瓦所用固定钉必须钉平、钉牢，严禁钉帽外露油毡瓦表面。

检验方法：观察检查。

2）一般项目

(1) 油毡瓦的铺设方法应正确；油毡瓦之间的对缝，上下层不得重合。

检验方法：观察检查。

(2) 油毡瓦应与基层紧贴，瓦面平整，檐口顺直。

检验方法：观察检查。

(3) 泛水做法应符合设计要求，顺直整齐，结合严密，无渗漏。

检验方法：观察检查和雨后或淋水检验。

6.5.3 金属板材屋面

压型板屋面的有关尺寸应符合下列要求：

① 压型板的横向搭接不小于一个波，纵向搭接不小于200 mm。

② 压型板挑出墙面的长度不小于200 mm。

③ 压型板伸入檐沟内的长度不小于150 mm。

④ 压型板与泛水的搭接宽度不小于200 mm。

1）主控项目

(1) 金属板材及辅助材料的规格和质量，必须符合设计要求。

检验方法：检查出厂合格证和质量检验报告。

(2) 金属板材的连接和密封处理必须符合设计要求，不得有渗漏现象。

检验方法：观察检查和雨后或淋水检验。

2）一般项目

(1) 金属板材屋面应安装平整，固定方法正确，密封完整；排水坡度应符合设计要求。

检验方法：观察和尺量检查。

(2) 金属板材屋面的檐口线、泛水段应顺直，无起伏现象。

检验方法：观察检查。

6.6 隔热屋面工程

6.6.1 架空屋面

架空隔热制品的质量应符合下列要求：

① 非上人屋面的粘土砖强度等级不应低于 MU7.5；上人屋面的粘土砖强度等级不应低于 MU10。

② 混凝土板的强度等级不应低于 C20，板内宜放钢丝网片。

1）主控项目

架空隔热制品的质量必须符合设计要求，严禁有断裂和露筋等缺陷。

检验方法：观察检查和检查构件合格证或试验报告。

2）一般项目

（1）架空隔热制品的铺设应平整、稳固，缝隙勾填应密实；架空隔热制品距山墙或女儿墙不得小于 250 mm，架空层中不得堵塞，架空高度及变形缝做法应符合设计要求。

检验方法：观察和尺量检查。

（2）相邻两块制品的高低差不得大于 3 mm。

检验方法：用直尺和楔形塞尺检查。

6.6.2 蓄水屋面

主控项目质量标准和检验方法

（1）蓄水屋面上设置的溢水口、过水孔、排水管、溢水管，其大小、位置、标高的留设必须符合设计要求。

检验方法：观察和尺量检查。

（2）蓄水屋面防水层施工必须符合设计要求，不得有渗漏现象。

检验方法：蓄水至规定高度观察检查。

6.6.3 种植屋面

主控项目质量标准和检验方法

（1）种植屋面挡墙泄水孔的留设必须符合设计要求，并不得堵塞。

检验方法：观察和尺量检查。

（2）种植屋面防水层施工必须符合设计要求，不得有渗漏现象。

检验方法：蓄水至规定高度观察检查。

6.7 细部构造

1）细部构造应符合的要求

（1）天沟、檐沟的防水构造应符合下列要求：

① 沟内附加层在天沟、檐沟与屋面交接处宜空铺，空铺的宽度不应小于 200 mm。

② 卷材防水层应由沟底翻上至沟外檐顶部，卷材收头应用水泥钉固定，并用密封材料封严。

③ 涂膜收头应用防水涂料多遍涂刷或用密封材料封严。

④ 在天沟、檐沟与细石混凝土防水层的交接处，应留凹槽并用密封材料嵌填严密。

(2) 檐口的防水构造应符合下列要求：

① 铺贴檐口 800 mm 范围内的卷材应采取满粘法。

② 卷材收头应压入凹槽，采用金属压条钉压，并用密封材料封口。

③ 涂膜收头应用防水涂料多遍涂刷或用密封材料封严。

④ 檐口下端应抹出鹰嘴和滴水槽。

(3) 女儿墙泛水的防水构造应符合下列要求：

① 铺贴泛水处的卷材应采取满粘法。

② 砖墙上的卷材收头可直接铺压在女儿墙压顶下，压顶应做防水处理；也可压入砖墙凹槽内固定密封，凹槽距屋面找平层不应小于 250 mm，凹槽上部的墙体应做防水处理。

③ 涂膜防水层应直接涂刷至女儿墙的压顶下，收头处理应用防水涂料多遍涂刷封严，压顶应做防水处理。

④ 混凝土墙上的卷材收头应采用金属压条钉压，并用密封材料封严。

(4) 水落口的防水构造应符合下列要求：

① 水落口杯上口的标高应设置在沟底的最低处。

② 防水层贴入水落口杯内不应小于 50 mm。

③ 水落口周围直径 500 mm 范围内的坡度不应小于 5%，并采用防水涂料或密封材料涂封，其厚度不应小于 2 mm。

④ 水落口杯与基层接触处应留宽 20 mm、深 20 mm 凹槽，并嵌填密封材料。

(5) 变形缝的防水构造应符合下列要求：

① 变形缝的泛水高度不应小于 250 mm。

② 防水层应铺贴到变形缝两侧砌体的上部。

③ 变形缝内应填充聚苯乙烯泡沫塑料，上部填放衬垫材料，并用卷材封盖。

④ 变形缝顶部应加扣混凝土或金属盖板，混凝土盖板的接缝应用密封材料嵌填。

(6) 伸出屋面管道的防水构造应符合下列要求：

① 管道根部直径 500 mm 范围内，找平层应抹出高度不小于 30 mm 的圆台。

② 管道周围与找平层或细石混凝土防水层之间应预留 20 mm×20 mm 的凹槽，并用密封材料嵌填严密。

③ 管道根部四周应增设附加层，宽度和高度均不应小于 300 mm。

④ 管道上的防水层收头处应用金属箍紧固，并用密封材料封严。

2) 主控项目

(1) 天沟、檐沟的排水坡度，必须符合设计要求。

检验方法：用水平仪(水平尺)、拉线和尺量检查。

(2) 天沟、檐沟、檐口、水落口、泛水、变形缝和伸出屋面管道的防水构造，必须符合设计要求。

检验方法：观察检查和检查隐蔽工程验收记录。

6.8 分部工程验收

(1) 屋面工程验收的文件和记录应按表 6-7 要求执行。

(2) 屋面工程隐蔽验收记录应包括以下主要内容:

① 卷材、涂膜防水层的基层。

② 密封防水处理部位。

③ 天沟、檐沟、泛水和变形缝等细部做法。

④ 卷材、涂膜防水层的搭接宽度和附加层。

⑤ 刚性保护层与卷材、涂膜防水层之间设置的隔离层。

表 6-7 屋面工程验收的文件和记录

序　　号	项　　目	文件和记录
1	防水设计	设计图纸及会审记录、设计变更通知单和材料代用核定单
2	施工方案	施工方法、技术措施、质量保证措施
3	技术交底记录	施工操作要求及注意事项
4	材料质量证明文件	出厂合格证、质量检验报告和试验报告
5	中间检查记录	分项工程质量验收记录、隐蔽工程验收记录、施工检验记录、淋水或蓄水检验记录
6	施工日志	逐日施工情况
7	工程检验记录	抽样质量检验及观察检查
8	其他技术资料	事故处理报告、技术总结

(3) 屋面工程质量应符合下列要求:

① 防水层不得有渗漏或积水现象。

② 使用的材料应符合设计要求和质量标准的规定。

③ 找平层表面应平整,不得有酥松、起砂、起皮现象。

④ 保温层的厚度、含水率和表观密度应符合设计要求。

⑤ 天沟、檐沟、泛水和变形缝等构造,应符合设计要求。

⑥ 材铺贴方法和搭接顺序应符合设计要求,搭接宽度正确,接缝严密,不得有皱折、鼓泡和翘边现象。

⑦ 水层的厚度应符合设计要求,涂层无裂纹、皱折、流淌、鼓泡和露胎体现象。

⑧ 刚性防水层表面应平整、压光,不起砂,不起皮,不开裂。分格缝应平直,位置正确。

⑨ 嵌缝密封材料应与两侧基层粘牢,密封部位光滑、平直,不得有开裂、鼓泡、下塌现象。

⑩ 平瓦屋面的基层应平整、牢固,瓦片排列整齐、平直,搭接合理,接缝严密,不得有残缺瓦片。

(4) 检查屋面有无渗漏、积水和排水系统是否畅通,应在雨后或持续淋水 2 h 后进行。有可能作蓄水检验的屋面,其蓄水时间不应少于 24 h。

(5) 屋面工程验收后,应填写分部工程质量验收记录,交建设单位和施工单位存档。

7 地下防水工程质量验收

7.1 概述

7.1.1 术语

1）地下防水工程

指对工业与民用建筑地下工程、防护工程、隧道及地下铁道等建（构）筑物，进行防水设计、防水施工和维护管理等各项技术工作的工程实体。

2）防水等级

根据地下工程的重要性和使用中对防水的要求，所确定结构允许渗漏水量的等级标准。

3）刚性防水层

采用较高强度和无延伸能力的防水材料，如防水砂浆、防水混凝土所构成的防水层。

4）柔性防水层

采用具有一定柔韧性和较大延伸率的防水材料，如防水卷材、有机防水涂料构成的防水层。

5）初期支护

用矿山法进行暗挖法施工后，在岩体上喷射或浇筑防水混凝土所构成的第一次衬砌。

6）盾构法隧道

采用盾构掘进机进行开挖，钢筋混凝土管片作为衬砌支护的隧道暗挖施工法。

7）土工合成材料

指工程建设中应用的土工织物、土工膜、土工复合材料、土工特种材料的总称。

7.1.2 地下工程的防水等级

地下工程的防水等级分为4级，各级标准应符合表7－1的规定。

表7－1 地下工程防水等级标准

防水等级	标　　准
1级	不允许渗水，结构表面无湿渍
2级	不允许漏水，结构表面可有少量湿渍 工业与民用建筑：湿渍总面积不大于总防水面积的1‰，单个湿渍面积不大于0.1 m^2，任意100 m^2 防水面积不超过1处 其他地下工程：湿渍总面积不大于总防水面积的6‰，单个湿渍面积不大于0.2 m^2，任意100 m^2 防水面积不超过4处

续表

防水等级	标　　准
3 级	有少量漏水点，不得有线流和漏泥砂 单个湿渍面积不大于 $0.3\,m^2$，单个漏水点的漏水量不大于 2.5 L/d，任意 $100\,m^2$ 防水面积不超过 7 处
4 级	有漏水点，不得有线流和漏泥砂 整个工程平均漏水量不大于 $2\,L/(m^2\cdot d)$，任意 $100\,m^2$ 防水面积的平均漏水量不大于 $4\,L/(m^2\cdot d)$

7.2　地下建筑防水工程

7.2.1　防水混凝土

1）防水混凝土材料

水泥品种应按设计要求选用，其强度等级不应低于 32.5 级，不得使用过期或受潮结块水泥；碎石或卵石的粒径宜为 5～40 mm，含泥量不得大于 1.0%，泥块含量不得大于 0.5%；砂宜用中砂，含泥量不得大于 3.0%，泥块含量不得大于 1.0%；外加剂的技术性能，应符合国家或行业标准一等品及以上的质量要求。

2）防水混凝土质量检验与验收

防水混凝土主控项目质量标准及检验方法应符合表 7-2 的规定。

表 7-2　防水混凝土主控项目质量标准及检验方法

项　　目	质 量 标 准	检 验 方 法
原材料、配合比及坍落度要求	防水混凝土的原材料、配合比及坍落度必须符合设计要求	检查出厂合格证、质量检验报告、计量措施和现场试验报告
抗压和抗渗要求	防水混凝土的抗压强度和抗渗压力必须符合设计要求	检查混凝土抗压、抗渗试验报告
变形缝、施工缝、后浇带、穿墙管道、埋设件	防水混凝土的变形缝、施工缝、后浇带、穿墙管道、埋设件等设置和构造，均须符合设计要求，严禁有渗漏	观察检查和检查隐蔽工程验收记录

防水混凝土一般项目质量标准及检验方法应符合表 7-3 的规定。

表 7-3　防水混凝土一般项目质量标准及检验方法

项　目	质 量 标 准	检 验 方 法
表面要求	防水混凝土结构表面应坚实、平整，不得有露筋、蜂窝等缺陷，埋设件位置应正确	观察和尺量检查
裂缝宽度	防水混凝土结构表面的裂缝宽度不应大于 0.2 mm，并不得贯通	用刻度放大镜检查
结构厚度	防水混凝土结构厚度不应小于 250 mm，其允许偏差为 +15 mm、-10 mm；迎水面钢筋保护层厚度不应小于 50 mm，其允许偏差为 ±10 mm	尺量检查和检查隐蔽工程验收记录

7.2.2 水泥砂浆防水层

1）一般规定

（1）普通水泥砂浆防水层的配合比应按表 7－4 选用；掺外加剂、掺和料、聚合物水泥砂浆的配合比应符合所掺材料的规定。

表 7－4 普通水泥砂浆防水层的配合比

名　　称	配合比(质量比)		水灰比	适　用　范　围
	水泥	砂		
水泥浆	1	—	0.55～0.60	水泥砂浆防水层的第一层
水泥浆	1	—	0.37～0.40	水泥砂浆防水层的第三、五层
水泥砂浆	1	1.5～2.0	0.40～0.50	水泥砂浆防水层的第二、四层

（2）水泥砂浆防水层所用的材料应符合下列规定：

① 水泥品种应按设计要求选用，其强度等级不应低于 32.5 级，不得使用过期或受潮结块水泥；

② 砂宜采用中砂，粒径 3 mm 以下，含泥量不得大于 1%，硫化物和硫酸盐含量不得大于 1%；

③ 水应采用不含有害物质的洁净水；

④ 聚合物乳液的外观质量，无颗粒、异物和凝固物；

⑤ 外加剂的技术性能应符合国家或行业标准一等品及以上的质量要求。

（3）水泥砂浆防水层的基层质量应符合下列要求：

① 水泥砂浆铺抹前，基层的混凝土和砌筑砂浆强度应不低于设计值的 80%；

② 基层表面应坚实、平整、粗糙、洁净，并充分湿润，无积水；

③ 基层表面的孔洞、缝隙应用与防水层相同的砂浆填塞抹平。

（4）水泥砂浆防水层施工应符合下列要求：

① 分层铺抹或喷涂，铺抹时应压实、抹平和表面压光；

② 防水层各层应紧密贴合，每层宜连续施工，必须留施工缝时应采用阶梯坡形槎，但离开阴阳角处不得小于 200 mm；

③ 防水层的阴阳角处应做成圆弧形；

④ 水泥砂浆终凝后应及时进行养护，养护温度不宜低于 5℃并保持湿润，养护时间不得少于 14 d。

2）主控项目

（1）水泥砂浆防水层的原材料及配合比必须符合设计要求。

检验方法：检查出厂合格证、质量检验报告、计量措施和现场抽样试验报告。

（2）水泥砂浆防水层各层之间必须结合牢固，无空鼓现象。

检验方法：观察和用小锤轻击检查。

3）一般项目

（1）水泥砂浆防水层表面应密实、平整，不得有裂纹、起砂、麻面等缺陷；阴阳角处应做成圆弧形。

检验方法:观察检查。

(2) 水泥砂浆防水层施工缝留槎位置应正确,接搓应按层次顺序操作,层层搭接紧密。

检验方法:观察检查和检查隐蔽工程验收记录。

(3) 水泥砂浆防水层的平均厚度应符合设计要求,最小厚度不得小于设计值的85%。

检验方法:观察和尺量检查。

7.2.3 卷材防水层

卷材防水层厚度的选用应符合表7-5的规定

表7-5 防水卷材厚度

防水等级	设防道数	合成高分子防水卷材	高聚物改性沥青防水卷材
1级	三道或三道以上设防	单层:不应小于1.5mm; 双层:每层不应小于1.2mm	单层:不应小于4mm; 双层:每层不应小于3mm
2级	二道设防		
3级	一道设防	不应小于1.5mm	不应小于4mm
	复合设防	不应小于1.2mm	不应小于3mm

1) 主控项目

(1) 卷材防水层所用卷材及主要配套材料必须符合设计要求。

检验方法:检查出厂合格证、质量检验报告和现场抽样试验报告。

(2) 卷材防水层及其转角处、变形缝、穿墙管道等细部做法均须符合设计要求。

检验方法:观察检查和检查隐蔽工程验收记录。

2) 一般项目

(1) 卷材防水层的基层应牢固,基面应洁净、平整,不得有空鼓、松动、起砂和脱皮现象;基层阴阳角处应做成圆弧形。

检验方法:观察检查和检查隐蔽工程验收记录。

(2) 卷材防水层的搭接缝应粘(焊)结牢固,密封严密,不得有皱折、翘边和鼓泡等缺陷。

检验方法:观察检查。

(3) 侧墙卷材防水层的保护层与防水层应粘结牢固,结合紧密、厚度均匀一致。

检验方法:观察检查。

(4) 卷材搭接宽度的允许偏差为-10mm。

检验方法:观察和尺量检查。

7.2.4 涂料防水层

防水涂料厚度选用应符合表7-6的规定:

1) 主控项目

(1) 涂料防水层所用材料及配合比必须符合设计要求。

检验方法:检查出厂合格证、质量检验报告、计量措施和现场抽样试验报告。

表 7-6 防水涂料厚度

防水等级	设防道数	有机涂料/mm			无机涂料/mm	
		反应型	水乳型	聚合物水泥	水泥基	水泥基渗透结晶型
1级	三道或三道以上设防	1.2～2.0	1.2～1.5	1.5～2.0	1.5～2.0	≥0.8
2级	二道设防	1.2～2.0	1.2～1.5	1.5～2.0	1.5～2.0	≥0.8
3级	一道设防	—	—	≥2.0	≥2.0	—
	复合设防	—	—	≥1.5	≥1.5	—

(2) 涂料防水层及其转角处、变形缝、穿墙管道等细部做法均须符合设计要求。

检验方法：观察检查和检查隐蔽工程验收记录。

2) 一般项目

(1) 涂料防水层的基层应牢固，基面应洁净、平整，不得有空鼓、松动、起砂和脱皮现象；基层阴阳角处应做成圆弧形。

检验方法：观察检查和检查隐蔽工程验收记录。

(2) 涂料防水层应与基层粘结牢固，表面平整、涂刷均匀，不得有流淌、皱折、鼓泡、露胎体和翘边等缺陷。

检验方法：观察检查。

(3) 涂料防水层的平均厚度应符合设计要求，最小厚度不得小于设计厚度的 80%。

检验方法：针测法或割取 20 mm×20 mm 实样用卡尺测量。

(4) 侧墙涂料防水层的保护层与防水层粘结牢固，结合紧密，厚度均匀一致。

检验方法：观察检查。

7.2.5 塑料板防水层

1) 主控项目

(1) 防水层所用塑料板及配套材料必须符合设计要求。

检验方法：检查出厂合格证、质量检验报告和现场抽样试验报告。

(2) 塑料板的搭接缝必须采用热风焊接，不得有渗漏。

检验方法：双焊缝间空腔内充气检查。

2) 一般项目

(1) 塑料板防水层的基面应坚实、平整、圆顺，无漏水现象；阴阳角处应做成圆弧形。

检验方法：观察和尺量检查。

(2) 塑料板的铺设应平顺并与基层固定牢固，不得有下垂、绷紧和破损现象。

检验方法：观察检查。

(3) 塑料板搭接宽度的允许偏差为 -10 mm。

检验方法：尺量检查。

7.2.6 金属板防水层

1) 主控项目

(1) 金属防水层所采用的金属板材和焊条(剂)必须符合设计要求。

检验方法：检查出厂合格证或质量检验报告和现场抽样试验报告。

(2) 焊工必须经考试合格并取得相应的执业资格证书。

检验方法：检查焊工执业资格证书和考核日期。

2) 一般项目

(1) 金属板表面不得有明显凹面和损伤。

检验方法：观察检查。

(2) 焊缝不得有裂纹、未熔合、夹渣、焊瘤、咬边、烧穿、弧坑、针状气孔等缺陷。

检验方法：观察检查和无损检验。

(3) 焊缝的焊波应均匀，焊渣和飞溅物应清除干净；保护涂层不得有漏涂、脱皮和反锈现象。

检验方法：观察检查。

7.2.7 细部构造

1) 主控项目

(1) 细部构造所用止水带、遇水膨胀橡胶腻子止水条和接缝密封材料必须符合设计要求。

检验方法：检查出厂合格证、质量检验报告和进场抽样试验报告。

(2) 变形缝、施工缝、后浇带、穿墙管道、埋设件等细部构造作法，均须符合设计要求，严禁有渗漏。

检验方法：观察检查和检查隐蔽工程验收记录。

2) 一般项目

(1) 中埋式止水带中心线应与变形缝中心线重合，止水带应固定牢靠、平直，不得有扭曲现象。

检验方法：观察检查和检查隐蔽工程验收记录。

(2) 穿墙管止水环与主管或翼环与套管应连续满焊，并做防腐处理。

检验方法：观察检查和检查隐蔽工程验收记录。

(3) 接缝处混凝土表面应密实、洁净、干燥；密封材料应嵌填严密、粘结牢固，不得有开裂、鼓泡和下塌现象。

检验方法：观察检查。

7.3 特殊施工法防水工程

7.3.1 锚喷支护

1) 一般规定

锚喷支护适用于地下工程的支护结构以及复合式衬砌的初期支护。

喷射混凝土所用原材料应符合下列规定：

(1) 水泥优先选用普通硅酸盐水泥，其强度等级不应低于 32.5 级；

(2) 细骨料：采用中砂或粗砂，细度模数应大于 2.5，使用时的含水率宜为 5%～7%；

(3) 粗骨料：卵石或碎石粒径不应大于 15 mm；使用碱性速凝剂时，不得使用活性二氧化硅石料；

(4) 水：采用不含有害物质的洁净水；

(5) 速凝剂：初凝时间不应超过 5 min，终凝时间不应超过 10 min。

混合料应搅拌均匀并符合下列规定：

(1) 配合比：水泥与砂石质量比宜为 1∶4～4.5，砂率宜为 45%～55%，水灰比不得大于 0.45，速凝剂掺量应通过试验确定；

(2) 原材料称量允许偏差：水泥和速凝剂±2%，砂石±3%；

(3) 运输和存放中严防受潮，混合料应随拌随用，存放时间不应超过 20 min。

2) 主控项目

(1) 喷射混凝土所用原材料及钢筋网、锚杆必须符合设计要求。

检验方法：检查出厂合格证、质量检验报告和现场抽样试验报告。

(2) 喷射混凝土抗压强度、抗渗压力及锚杆抗拔力必须符合设计要求。

检验方法：检查混凝土抗压、抗渗试验报告和锚杆抗拔力试验报告。

3) 一般项目

(1) 喷层与围岩及喷层之间应粘结紧密，不得有空鼓现象。

检验方法：用锤击法检查。

(2) 喷层厚度有 60%不小于设计厚度，平均厚度不得小于设计厚度，最小厚度不得小于设计厚度的 50%。

检验方法：用针探或钻孔检查。

(3) 喷射混凝土应密实、平整，无裂缝、脱落、漏喷、露筋、空鼓和渗漏水。

检验方法：观察检查。

(4) 喷射混凝土表面平整度的允许偏差为 30 mm，且矢弦比不得大于 1/6。

检验方法：尺量检查。

7.3.2 地下连续墙

地下连续墙适用于地下工程主体结构、支护结构以及隧道工程复合式衬砌的初期支护。

1) 主控项目

(1) 防水混凝土所用原材料、配合比以及其他防水材料必须符合设计要求。

检验方法：检查出厂合格证、质量检验报告、计量措施和现场抽样试验报告。

(2) 地下连续墙混凝土抗压强度和抗渗压力必须符合设计要求。

检验方法：检查混凝土抗压、抗渗试验报告。

2) 一般项目

(1) 地下连续墙的槽段接缝以及墙体与内衬结构接缝应符合设计要求。

检验方法：观察检查和检查隐蔽工程验收记录。

(2) 地下连续墙墙面的露筋部分应小于 1%墙面面积，且不得有露石和夹泥现象。

检验方法：观察检查。

(3) 地下连续墙墙体表面平整度的允许偏差：

临时支护墙体为 50 mm，单一或复合墙体为 30 mm。

检验方法：尺量检查。

7.3.3 复合式衬砌

1）主控项目

（1）塑料防水板、土工复合材料和内衬混凝土原材料必须符合设计要求。

检验方法：检查出厂合格证、质量检验报告和现场抽样试验报告。

（2）防水混凝土的抗压强度和抗渗压力必须符合设计要求。

检验方法：检查混凝土抗压、抗渗试验报告。

（3）施工缝、变形缝、穿墙管道、埋设件等细部构造作法，均须符合设计要求，严禁有渗漏。

检验方法：观察检查和检查隐蔽工程验收记录。

2）一般项目

（1）二次衬砌混凝土渗漏水量应控制在设计防水等级要求范围内。

检验方法：观察检查和渗漏水量测。

（2）二次衬砌混凝土表面应坚实、平整，不得有露筋、蜂窝等缺陷。

检验方法：观察检查。

7.3.4 盾构法隧道

1）主控项目

（1）盾构法隧道采用防水材料的品种、规格、性能必须符合设计要求。

检验方法：检查出厂合格证、质量检验报告和现场抽样试验报告。

（2）钢筋混凝土管片的抗压强度和抗渗压力必须符合设计要求。

检验方法：检查混凝土抗压、抗渗试验报告和单块管片检漏测试报告。

2）一般项目

（1）隧道的渗漏水量应控制在设计的防水等级要求范围内。衬砌接缝不得有线流和漏泥砂现象。

检验方法：观察检查和渗漏水量测。

（2）管片拼装接缝防水应符合设计要求。

检验方法：检查隐蔽工程验收记录。

（3）环向及纵向螺栓应全部穿进并拧紧，衬砌内表面的外露铁件防腐处理应符合设计要求。

检验方法：观察检查。

7.4 排水工程

7.4.1 渗排水、盲沟排水

渗排水、盲沟排水适用于无自流排水条件、防水要求较高且有抗浮要求的地下工程。

1）主控项目

（1）反滤层的砂、石粒径和含泥量必须符合设计要求。

检验方法：检查砂、石试验报告。

(2) 集水管的埋设深度及坡度必须符合设计要求。
检验方法:观察和尺量检查。
2) 一般项目
(1) 渗排水层的构造应符合设计要求。
检验方法:检查隐蔽工程验收记录。
(2) 渗排水层的铺设应分层、铺平、拍实。
检验方法:检查隐蔽工程验收记录。
(3) 盲沟的构造应符合设计要求。
检验方法:检查隐蔽工程验收记录。

7.4.2 隧道、坑道排水

1) 主控项目
(1) 隧道、坑道排水系统必须畅通。
检验方法:观察检查。
(2) 反滤层的砂、石粒径和含泥量必须符合设计要求。
检验方法:检查砂、石试验报告。
(3) 土工复合材料必须符合设计要求。
检验方法:检查出厂合格证和质量检验报告。
2) 一般项目
(1) 隧道纵向集水盲管和排水明沟的坡度应符合设计要求。
检验方法:尺量检查。
(2) 隧道导水盲管和横向排水管的设置间距应符合设计要求。
检验方法:尺量检查。
(3) 中心排水盲沟的断面尺寸、集水管埋设及检查井设置应符合设计要求。
检验方法:观察和尺量检查。
(4) 复合式衬砌的缓冲排水层应铺设平整、均匀、连续,不得有扭曲、折皱和重叠现象。
检验方法:观察检查和检查隐蔽工程验收记录。

7.5 注浆工程

7.5.1 预注浆、后注浆

(1) 注浆材料应符合下列要求:
① 具有较好的可注性;
② 具有固结收缩小,良好的粘结性、抗渗性、耐久性和化学稳定性;
③ 无毒并对环境污染小;
④ 注浆工艺简单,施工操作方便,安全可靠。
(2) 注浆浆液应符合下列规定:
① 预注浆和高压喷射注浆宜采用水泥浆液、粘土水泥浆液或化学浆液;

② 壁后回填注浆宜采用水泥浆液、水泥砂浆或掺有石灰、粘土、粉煤灰等水泥浆液；

③ 注浆浆液配合比应经现场试验确定。

1）主控项目

（1）配制浆液的原材料及配合比必须符合设计要求。

检验方法：检查出厂合格证、质量检验报告、计量措施和试验报告。

（2）注浆效果必须符合设计要求。

检验方法：采用钻孔取芯、压水（或空气）等方法检查。

2）一般项目

（1）注浆孔的数量、布置间距、钻孔深度及角度应符合设计要求。

检验方法：检查隐蔽工程验收记录。

（2）注浆各阶段的控制压力和进浆量应符合设计要求。

检验方法：检查隐蔽工程验收记录。

（3）注浆时浆液不得溢出地面和超出有效注浆范围。

检验方法：观察检查。

（4）注浆对地面产生的沉降量不得超过 30 mm，地面的隆起不得超过 20 mm。

检验方法：用水准仪测量。

7.5.2 衬砌裂缝注浆

裂缝注浆所选用水泥的细度应符合表 7－7 的规定。

表 7－7 裂缝注浆水泥的细度

项　目	普通硅酸盐水泥	磨 细 水 泥	湿磨细水泥
平均粒径/D50，μm	20～25	8	6
比表面/($cm^2 \cdot g^{-1}$)	3 250	6 300	8 200

1）主控项目

（1）注浆材料及其配合比必须符合设计要求。

检验方法：检查出厂合格证、质量检验报告、计量措施和试验报告。

（2）注浆效果必须符合设计要求。

检验方法：渗漏水量测，必要时采用钻孔取芯、压水（或空气）等方法检查。

2）一般项目

（1）钻孔埋管的孔径和孔距应符合设计要求。

检验方法：检查隐蔽工程验收记录。

（2）注浆的控制压力和进浆量应符合设计要求。

检验方法：检查隐蔽工程验收记录。

7.6 子分部工程验收

（1）地下防水工程验收文件和记录应按表 7－8 的要求进行。

表 7-8 地下防水工程验收的文件和记录

序号	项目	文件和记录
1	防水设计	设计图及会审记录、设计变更通知单和材料代用核定单
2	施工方案	施工方法、技术措施、质量保证措施
3	技术交底	施工操作要求及注意事项
4	材料质量证明文件	出厂合格证、产品质量检验报告、试验报告
5	中间检查记录	分项工程质量验收记录、隐蔽工程检查验收记录、施工检验记录
6	施工日志	逐日施工情况
7	混凝土、砂浆	试配及施工配合比，混凝土抗压、抗渗试验报告
8	施工单位资质证明	资质复印证件
9	工程检验记录	抽样质量检验及观察检查
10	其他技术资料	事故处理报告、技术总结

(2) 地下防水隐蔽工程验收记录应包括以下主要内容：

① 卷材、涂料防水层的基层。

② 防水混凝土结构和防水层被掩盖的部位。

③ 变形缝、施工缝等防水构造的做法。

④ 管道设备穿过防水层的封固部位。

⑤ 渗排水层、盲沟和坑槽。

⑥ 衬砌前围岩渗漏水处理。

⑦ 基坑的超挖和回填。

(3) 地下建筑防水工程的质量要求：

① 防水混凝土的抗压强度和抗渗压力必须符合设计要求。

② 防水混凝土应密实，表面应平整，不得有露筋、蜂窝等缺陷；裂缝宽度应符合设计要求。

③ 水泥砂浆防水层应密实、平整、粘结牢固，不得有空鼓、裂纹、起砂、麻面等缺陷；防水层厚度应符合设计要求。

④ 卷材接缝应粘结牢固、封闭严密，防水层不得有损伤、空鼓、皱折等缺陷。

⑤ 涂层应粘结牢固，不得有脱皮、流淌、鼓泡、露胎、皱折等缺陷；涂层厚度应符合设计要求。

⑥ 塑料板防水层应铺设牢固、平整，搭接焊缝严密，不得有焊穿、下垂、绷紧现象。

⑦ 金属板防水层焊缝不得有裂纹、未熔合、夹渣、焊瘤、咬边、烧穿、弧坑、针状气孔等缺陷；保护涂层应符合设计要求。

⑧ 变形缝、施工缝、后浇带、穿墙管道等防水构造应符合设计要求。

(4) 特殊施工法防水工程的质量要求：

① 内衬混凝土表面应平整，不得有孔洞、露筋、蜂窝等缺陷。

② 盾构法隧道衬砌自防水、衬砌外防水涂层、衬砌接缝防水和内衬结构防水应符合设

计要求。

③ 锚喷支护、地下连续墙、复合式衬砌等防水构造应符合设计要求。

(5) 排水工程的质量要求：

① 排水系统不淤积、不堵塞，确保排水畅通。

② 反滤层的砂、石粒径、含泥量和层次排列应符合设计要求。

③ 排水沟断面和坡度应符合设计要求。

(6) 注浆工程的质量要求：

① 注浆孔的间距、深度及数量应符合设计要求。

②注浆效果应符合设计要求。

③地表沉降控制应符合设计要求。

8 建筑地面工程施工质量验收

8.1 概述

8.1.1 术语

1）建筑地面

建筑物底层地面（点面）和楼层地面（楼面）的总称。

2）面层

直接承受各种物理和化学作用的建筑地面表面层。

3）结合层

面层与下一构造层相联结的中间层。

4）基层

面层下的构造层，包括填充层、隔离层、找平层、垫层和基土等。

5）填充层

在建筑地面上起隔声、保温、找坡和暗敷管线等作用的构造层。

6）隔离层

防止建筑地面上各种液体或地下水、潮气渗透地面等作用的构造层；仅防止地下潮气透过地面时，可称作防潮层。

7）找平层

在垫层、楼板上或填充层（轻质、松散材料）上起整平、找坡或加强作用的构造层。

8）垫层

承受并传递地面荷载于基土上的构造层。

9）基土

底层地面的地基土层。

10）缩缝

防止水泥混凝土垫层在气温降低时产生不规则裂缝而设置的缝。

11）伸缝

防止水泥混凝土垫层在气温升高时产生挤碎或拱起而设置的缝。

12）纵向缩缝

平行于混凝土施工流水作业方向的缩缝。

13）横向缩缝

垂直于混凝土施工流水作业方向的缩缝。

8.1.2 基本规定

1）建筑地面工程、子分部工程、分项工程的划分，按表 8－1 执行。

表 8－1 建筑地面子分部工程、分项工程划分表

分部工程	子分部工程		分项工程
建筑装饰装修工程	地面	整体面层	基层：基土、灰土垫层、砂垫层和砂石垫层、碎石垫层和碎砖垫层、三合土垫层、炉渣垫层、水泥混凝土垫层、找平层、隔离层、填充层
			面层：水泥混凝土面层、水泥砂浆面层、水磨石面层，水泥钢（铁）屑面层、防油渗面层、不发火（防爆的）面层
		板块面层	基层：基土、灰土垫层、砂垫层和砂石垫层、碎石垫层和碎砖垫层、三合土垫层、炉渣垫层、水泥混凝土垫层、找平层、隔离层、填充层
			面层：砖面层（陶瓷锦砖、缸砖、陶瓷地砖和水泥花砖面层）、大理石面层和花岗石面层、预制板块面层（水泥混凝土板块、水磨石板块面层）、料石面层（条石、块石面层）、塑料板面层、活动地板面层、地毯面层
		木、竹面层	基层：基土、灰土垫层、砂垫层和砂石垫层、碎石垫层和碎砖垫层、三合土垫层、炉渣垫层、水泥混凝土垫层、找平层、隔离层、填充层
			面层：实木地板面层（条材、块材面层）、实木复合地板面层（条材、块材面层）、中密度（强化）复合地板面层（条材面层）、竹地板面层

2）建筑地面工程施工质量的检验，应符合下列规定：

（1）基层（各构造层）和各类面层的分项工程的施工质量验收应按每一层次或每层施工段（或变形缝）作为检验批，高层建筑的标准层可按每三层（不足三层按三层计）作为检验批。

（2）每检验批应以各子分部工程的基层（各构造层）和各类面层所划分的分项工程按自然间（或标准间）检验，抽查数量应随机检验不应少于 3 间；不足 3 间，应全数检查；其中走廊（过道）应以 10 延长米为 1 间，工业厂房（按单跨计）、礼堂、门厅应以两个轴线为 1 间计算。

（3）有防水要求的建筑地面子分部工程的分项工程施工质量每检验批抽查数量应按其房间总数随机检验不应少于 4 间，不足 4 间，应全数检查。

3）建筑地面工程完工后，施工质量验收应在建筑施工企业自检合格的基础上，由监理单位组织有关单位对分项工程、子分部工程进行检验。检验方法应符合下列规定：

（1）检查允许偏差应采用钢尺、2 m 靠尺、楔形塞尺、坡度尺和水准仪。

（2）检查空鼓应采用敲击的方法。

（3）检查有防水要求建筑地面的基层（各构造层）和面层，应采用泼水或蓄水方法，蓄水时间不得少于 24 h。

（4）检查各类面层（含不需铺设部分或局部面层）表面的裂纹、脱皮、麻面和起砂等缺陷，应采用观感的方法。

8.2 基层铺设

8.2.1 一般规定

基层包括基土、垫层、找平层、隔离层和填充层等分项工程。

基层铺设前,其下一层表面应干净、无积水。

基层的标高、坡度、厚度等应符合设计要求。基层表面应平整,其允许偏差应符合表9-2的规定。

表 8-2 基层表面的允许偏差和检验方法

项次	项目	允许偏差/mm												检验方法
		基土	垫层					找平层			填充层		隔离层	
		土	砂、砂石、碎石、碎砖	灰土、三合土、炉渣、水泥混凝土	木搁栅	毛地板:拼花实木地板、拼花实木复合地板面层	毛地板:其他种类面层	用沥青玛瑅脂做结合层铺设拼花地板、板块面层	用水泥砂浆做结合层铺设板块面层	用胶粘剂做结合层铺设拼花木板、塑料板、强化复合地板、竹地板面层	松散材料	板、块材料	防水、防潮、防油渗	
1	表面平整度	15	15	10	3	3	5	3	5	2	7	5	3	用2m靠尺和楔形塞尺检查
2	标高	0 −50	±20	±10	±5	±5	±8	±5	±8	±4	±4		±4	用水准仪检查
3	坡度	不大于房间相应尺寸的2/1000,且不大于30												用坡度尺检查
4	厚度	在个别地方不大于设计厚度的1/10												用钢尺检查

8.2.2 基土

1) 主控项目

(1) 基土严禁用淤泥、腐殖土、冻土、耕植土、膨胀土和含有有机物质大于8%的土作为填土。

检验方法:观察检查和检查土质记录。

(2) 基土应均匀密实,压实系数应符合设计要求,设计无要求时,不应小于0.90。

检验方法:观察检查和检查试验记录。

2) 一般项目

基土表面的允许偏差应符合表8-2的规定。

检验方法:应按表8-2中的检验方法检验。

8.2.3 灰土垫层

1）主控项目

灰土体积比应符合设计要求。

检验方法：观察检查和检查配合比通知单记录。

2）一般项目

(1) 熟化石灰颗粒粒径不得大于5 mm；粘土(或粉质粘土、粉土)内不得含有有机物质，颗粒粒径不得大于15 mm。

检验方法：观察检查和检查材质合格记录。

(2) 灰土垫层表面的允许偏差应符合表8-2的规定。

检验方法：应按表8-2中的检验方法检验。

8.2.4 砂垫层和砂石垫层

1）主控项目

(1) 砂和砂石不得含有草根等有机杂质；砂应采用中砂；石子最大粒径不得大于垫层厚度的2/3。

检验方法：观察检查和检查材质合格证明文件及检测报告。

(2) 砂垫层和砂石垫层的干密度(或贯入度)应符合设计要求。

检验方法：观察检查和检查试验记录。

2）一般项目

(1) 表面不应有砂窝、石堆等质量缺陷。

检验方法：观察检查。

(2) 砂垫层和砂石垫层表面的允许偏差应符合表8-2的规定。

检验方法：应按表8-2中的检验方法检验。

8.2.5 碎石垫层和碎砖垫层

1）主控项目

(1) 碎石的强度应均匀，最大粒径不应大于垫层厚度的2/3；碎砖不应采用风化、酥松、夹有有机杂质的砖料，颗粒粒径不应大于60 mm。

检验方法：观察检查和检查材质合格证明文件及检测报告。

(2) 碎石、碎砖垫层的密实度应符合设计要求。

检验方法：观察检查和检查试验记录。

2）一般项目

碎石、碎砖垫层的表面允许偏差应符合表8-2的规定。

检验方法：应按表8-2中的检验方法检验。

8.2.6 三合土垫层

1）主控项目

(1) 熟化石灰颗粒粒径不得大于5 mm；砂应用中砂，并不得含有草根等有机物质；碎砖不应采用风化、酥松和有机杂质的砖料，颗粒粒径不应大于60 mm。

检验方法：观察检查和检查材质合格证明文件及检测报告。

(2) 三合土的体积比应符合设计要求。

检验方法：观察检查和检查配合比通知单记录。

2) 一般项目

三合土垫层表面的允许偏差应符合表 8-2 的规定。

检验方法：应按表 8-2 中的检验方法检验。

8.2.7 炉渣垫层

1) 主控项目

(1) 炉渣内不应含有有机杂质和未燃尽的煤块，颗粒粒径不宜大于 40 mm，且颗粒粒径在 5 mm 及其以下的颗粒，不得超过总体积的 40%；熟化石灰颗粒粒径不得大于 5 mm。

检验方法：观察检查和检查材质合格证明文件及检测报告。

(2) 炉渣垫层的体积比应符合设计要求。

检验方法：观察检查和检查配合比通知单。

2) 一般项目

(1) 炉渣垫层与其下一层结合牢固，不得有空鼓和松散炉渣颗粒。

检验方法：观察检查和用小锤轻击检查。

(2) 炉渣垫层表面的允许偏差应符合表 8-2 的规定。

检验方法：应按本规范表 8-2 中的检验方法检验。

8.2.8 水泥混凝土垫层

1) 主控项目

(1) 水泥混凝土垫层采用的粗骨料，其最大粒径不应大于垫层厚度的 2/3；含泥量不应大于 2%；砂为中粗砂，其含泥量不应大于 3%。

检验方法；观察检查和检查材质合格证明文件及检测报告。

(2) 混凝土的强度等级应符合设计要求，且不应小于 C10。

检验方法：观察检查和检查配合比通知单及检测报告。

2) 一般项目

水泥混凝土垫层表面的允许偏差应符合表 8-2 的规定。

检验方法：应按表 8-2 中的检验方法检验。

8.2.9 找平层

1) 主控项目

(1) 找平层采用碎石或卵石的粒径不应大于其厚度的 2/3，含泥量不应大于 2%；砂为中粗砂，其含泥量不应大于 3%。

检验方法：观察检查和检查材质合格证明文件及检测报告。

(2) 水泥砂浆体积比或水泥混凝土强度等级应符合设计要求，且水泥砂浆体积比不应小于 1∶3(或相应的强度等级)；水泥混凝土强度等级不应小于 C15。

检验方法:观察检查和检查配合比通知单及检测报告。

(3) 有防水要求的建筑地面工程的立管、套管、地漏处严禁渗漏,坡向应正确、无积水。

检验方法:观察检查和蓄水、泼水检验及坡度尺检查。

2) 一般项目

(1) 找平层与其下一层结合牢固,不得有空鼓。

检验方法:用小锤轻击检查。

(2) 找平层表面应密实,不得有起砂、蜂窝和裂缝等缺陷。

检验方法:观察检查。

(3) 找平层的表面允许偏差应符合表 8-2 的规定。

检验方法:应按表 8-2 中的检验方法检验。

8.2.10 隔离层

1) 主控项目

(1) 隔离层材质必须符合设计要求和国家产品标准的规定。

检验方法:观察检查和检查材质合格证明文件、检测报告。

(2) 厕浴间和有防水要求的建筑地面必须设置防水隔离层。楼层结构必须采用现浇混凝土或整块预制混凝土板,混凝土强度等级不应小于 C20;楼板四周除门洞外.应做混凝土翻边,其高度不应小于 120 mm。施工时结构层标高和预留孔洞位置应准确,严禁乱凿洞。

检验方法:观察和钢尺检查。

(3) 水泥类防水隔离层的防水性能和强度等级必须符合设计要求。

检验方法:观察检查和检查检测报告。

(4) 防水隔离层严禁渗漏,坡向应正确、排水通畅。

检验方法:观察检查和蓄水、泼水检验或坡度尺检查及检查检验记录。

2) 一般项目

(1) 隔离层厚度应符合设计要求。

检验方法:观察检查和用钢尺检查。

(2) 隔离层与其下一层粘结牢固,不得有空鼓;防水涂层应平整、均匀,无脱皮、起壳、裂缝、鼓泡等缺陷。

检验方法:用小锤轻击检查和观察检查。

(3) 隔离层表面的允许偏差应符合表 8-2 的规定。

检验方法:应按表 8-2 中的检验方法检验。

8.2.11 填充层

1) 主控项目

(1) 填充层的材料质量必须符合设计要求和国家产品标准的规定。

检验方法:观察检查和检查材质合格证明文件、检测报告。

(2) 填充层的配合比必须符合设计要求。

检验方法:观察检查和检查配合比通知单。

2）一般项目

（1）松散材料填充层铺设应密实；板块状材料填充层应压实、无翘曲。

检验方法：观察检查。

（2）填充层表面的允许偏差应符合表 8－2 的规定。

检验方法：应按表 8－2 中的检验方法检验。

8.3 整体面层铺设

8.3.1 一般规定

整体面层包括水泥混凝土（含细石混凝土）面层、水泥砂浆面层、水磨石面层、水泥钢（铁）屑面层、防油渗面层和不发火（防爆的）面层等。

整体面层的允许偏差应符合表 8－3 的规定。

表 8－3 整体面层的允许偏差

项次	项目	允许偏差/mm						检验方法
		水泥混凝土面层	水泥砂浆面层	普通水磨石面层	高级水磨石面层	水泥钢（铁）屑面层	防油渗混凝土和不发火（防爆的）面层	
1	表面平整度	5	4	3	2	4	5	用 2 m 靠尺和楔形塞尺检查
2	踢脚线上口平直	4	4	3	3	4	4	拉 5 m 线和用钢尺检查
3	缝格平直	3	3	3	2	3	3	

8.3.2 水泥混凝土面层

1）主控项目

（1）水泥混凝土采用的粗骨料，其最大粒径不应大于面层厚度的 2/3，细石混凝土面层采用的石子粒径不应大于 15 mm。

检验方法：观察检查和检查材质合格证明文件及检测报告。

（2）面层的强度等级应符合设计要求，且水泥混凝土面层强度等级不应小于 C20；水泥混凝土垫层兼面层强度等级不应小于 C15。

检验方法：检查配合比通知单及检测报告。

（3）面层与下一层应结合牢固，无空鼓、裂纹。

检验方法：用小锤轻击检查。

注：空鼓面积不应大于 400 cm^2，无裂纹且每自然间（标准间）不多于 2 处可不计。

2）一般项目

（1）面层表面不应有裂纹、脱皮、麻面、起砂等缺陷。

检验方法：观察检查。

(2) 面层表面的坡度应符合设计要求，不得有倒泛水和积水现象。

检验方法：观察和采用泼水或用坡度尺检查。

(3) 水泥砂浆踢脚线与墙面应紧密结合，高度一致，出墙厚度均匀。

检验方法：用小锤轻击、钢尺和观察检查。

注：局部空鼓长度不应大于 300 mm，且每自然间(标准间)不多于 2 处可不计。

(4) 楼梯踏步的宽度、高度应符合设计要求。楼层梯段相邻踏步高度差不应大于 10 mm，每踏步两端宽度差不应大于 10 mm；旋转楼梯梯段的每踏步两端宽度的允许偏差为 5 mm。楼梯踏步的齿角应整齐，防滑条应顺直。

检验方法：观察和钢尺检查。

(5) 水泥混凝土面层的允许偏差应符合表 8-3 的规定。

检验方法：应按表 8-3 中的检验方法检验。

8.3.3 水泥砂浆面层

1) 主控项目

(1) 水泥采用硅酸盐水泥、普通硅酸盐水泥，其强度等级不应小于 32.5，不同品种、不同强度等级的水泥严禁混用；砂应为中粗砂，当采用石屑时，其粒径应为 1～5 mm，且含泥量不应大于 3%。

检验方法：观察检查和检查材质合格证明文件及检测报告。

(2) 水泥砂浆面层的体积比(强度等级)必须符合设计要求；且体积比应为 1∶2，强度等级不应小于 M15。

检验方法：检查配合比通知单和检测报告。

(3) 面层与下一层应结合牢固，无空鼓、裂纹。

检验方法：用小锤轻击检查。

注：空鼓面积不应大于 400 cm^2，且每自然间(标准间)不多于 2 处可不计。

2) 一般项目

(1) 面层表面的坡度应符合设计要求，不得有倒泛水和积水现象。

检验方法：观察和采用泼水或坡度尺检查。

(2) 面层表面应洁净，无裂纹、脱皮、麻面、起砂等缺陷。

检验方法：观察检查。

(3) 踢脚线与墙面应紧密结合，高度一致，出墙厚度均匀。

检验方法：用小锤轻击、钢尺和观察检查。

注：局部空鼓长度不应大于 300 mm，且每自然间(标准间)不多于 2 处可不计。

(4) 楼梯踏步的宽度、高度应符合设计要求。楼层梯段相邻踏步高度差不应大于 10 mm，每踏步两端宽度差不应大于 10 mm；旋转楼梯梯段的每踏步两端宽度的允许偏差为 5 mm。楼梯踏步的齿角应整齐，防滑条应顺直。

检验方法：观察和钢尺检查。

(5) 水泥砂浆面层的允许偏差应符合本表 8-3 的规定。

检验方法：应按本表 8-3 中的检验方法检验。

8.3.4 水磨石面层

1）主控项目

（1）水磨石面层的石粒，应采用坚硬可磨白云石、大理石等岩石加工而成，石粒应洁净无杂物，其粒径除特殊要求外应为 6～15 mm；水泥强度等级不应小于 32.5；颜料应采用耐光、耐碱的矿物原料，不得使用酸性颜料。

检验方法：观察检查和检查材质合格证明文件。

（2）水磨石面层拌和料的体积比应符合设计要求，且为 1∶1.5～1∶2.5（水泥∶石粒）。

检验方法：检查配合比通知单和检测报告。

（3）面层与下一层结合应牢固，无空鼓、裂纹。

检验方法；用小锤轻击检查。

注：空鼓面积不应大于 400 cm^2，且每自然间（标准间）不多于 2 处可不计。

2）一般项目

（1）面层表面应光滑；无明显裂纹、砂眼和磨纹；石粒密实，显露均匀；颜色图案一致，不混色；分格条牢固、顺直和清晰。

检验方法：观察检查。

（2）踢脚线与墙面应紧密结合牢固，高度一致，出墙厚度均匀。

检验方法：用小锤轻击、钢尺和观察检查。

注：局部空鼓长度不大于 300 mm，且每自然间（标准间）不多于 2 处可不计。

（3）楼梯踏步的宽度、高度应符合设计要求。楼层梯段相邻踏步高度差不应大于 10 mm，每踏步两端宽度差不应大于 10 mm，旋转楼梯梯段的每踏步两端宽度的允许偏差为 5 mm。楼梯踏步的齿角应整齐，防滑条应顺直。

检验方法：观察和钢尺检查。

（4）水磨石面层的允许偏差应符合表 8－3 的规定。

检验方法：应按表 8－3 中的检验方法检验。

8.3.5 水泥钢(铁)屑面层

1）主控项目

（1）水泥强度等级不应小于 32.5；钢（铁）屑的粒径应为 1～5 mm；钢（铁）屑中不应有其他杂质，使用前应去油除锈，冲洗干净并干燥。

检验方法：观察检查和检查材质合格证明文件及检测报告。

（2）面层和结合层的强度等级必须符合设计要求，且面层抗压强度不应小于 40 MPa；结合层体积比为 1∶2（相应的强度等级不应小于 M15）。

检验方法：检查配合比通知单和检测报告。

（3）面层与下一层结合必须牢固，无空鼓。

检验方法：用小锤轻击检查。

2）一般项目

（1）面层表面坡度应符合设计要求。

检验方法：用坡度尺检查。

（2）面层表面不应有裂纹、脱皮、麻面等缺陷。

检验方法：观察检查。

（3）踢脚线与墙面应结合牢固，高度一致，出墙厚度均匀。

检验方法：用小锤轻击、钢尺和观察检查。

（4）水泥钢（铁）屑面层的允许偏差应符合表 8－3 的规定。

检验方法：应按表 8－3 中的检验方法检验。

8.3.6 防油渗面层

1）主控项目

（1）防油渗混凝土面层所用的水泥应采用普通硅酸盐水泥，其强度等级应不小于 32.5；碎石应采用花岗石或石英石，严禁使用松散多孔和吸水率大的石子，粒径为 5～15 mm，其最大粒径不应大于 20 mm，含泥量不应大于 1%；砂应为中砂，洁净无杂物，其细度模数应为 2.3～2.6；掺入的外加剂和防油渗剂应符合产品质量标准。防油渗涂料应具有耐油、耐磨、耐火和粘结性能。

检验方法：观察检查和检查材质合格证明文件及检测报告。

（2）防油渗混凝土的强度等级和抗渗性能必须符合设计要求，且强度等级不应小于 C30；防油渗涂料抗拉粘结强度不应小于 0.3 MPa。

检验方法：检查配合比通知单和检测报告。

（3）防油渗混凝土面层与下一层应结合牢固、无空鼓。

检验方法：用小锤轻击检查。

（4）防油渗涂料面层与基层应粘结牢固，严禁有起皮、开裂、漏涂等缺陷。

检验方法：观察检查。

2）一般项目

（1）防油渗面层表面坡度应符合设计要求，不得有倒泛水和积水现象。

检验方法：观察和泼水或用坡度尺检查。

（2）防油渗混凝土面层表面不应有裂纹、脱皮、麻面和起砂现象。

检验方法：观察检查。

（3）踢脚线与墙面应紧密结合、高度一致，出墙厚度均匀。

检验方法：用小锤轻击、钢尺和观察检查。

（4）防油渗面层的允许偏差应符合表 8－3 的规定。

检验方法：应按表 8－3 中的检验方法检验。

8.3.7 不发火（防爆的）面层

1）主控项目

（1）不发火（防爆的）面层采用的碎石应选用大理石、白云石或其他石料加工而成，并以金属或石料撞击时不发生火花为合格；砂应质地坚硬、表面粗糙，其粒径宜为 0.15～5 mm，含泥量不应大于 3%，有机物含量不应大于 0.5%；水泥应采用普通硅酸盐水泥，其强度等级不应小于 32.5；面层分格的嵌条应采用不发生火花的材料配制。配制时应随时检查，不得混入金属或其他易发生火花的杂质。

检验方法：观察检查和检查材质合格证明文件及检测报告。

(2) 不发火(防爆的)面层的强度等级应符合设计要求。

检验方法：检查配合比通知单和检测报告。

(3) 面层与下一层应结合牢固，无空鼓、无裂纹。

检验方法：用小锤轻击检查。

注：空鼓面积不应大于 400 cm^2，且每自然间(标准间)不多于 2 处可不计。

(4) 不发火(防爆的)面层的试件，必须检验合格。

检验方法：检查检测报告。

2) 一般项目

(1) 面层表面应密实，无裂缝、蜂窝、麻面等缺陷。

检验方法：观察检查。

(2) 踢脚线与墙面应紧密结合、高度一致、出墙厚度均匀。

检验方法：用小锤轻击、钢尺和观察检查。

(3) 不发火(防爆的)面层的允许偏差应符合表 8-3 的规定。

检验方法：应按表 8-3 中的检验方法检验。

8.4 板块面层铺设

8.4.1 一般规定

板块面层包括砖面层、大理石面层和花岗石面层、预制板块面层、料石面层、塑料板面层、活动地板面层和地毯面层。

板、块面层的允许偏差应符合表 8-4 的规定。

表 8-4 板、块面层的允许偏差和检验方法

项次	项目	允许偏差/mm											检验方法
		陶瓷锦砖面层、高级水磨石板、陶瓷地砖面层	缸砖面层	水泥花砖面层	水磨石板块面层	大理石面层和花岗石面层	塑料板面层	水泥混凝土板块面层	碎拼大理石、碎拼花岗岩石面层	活动地板面层	条石面层	块石面层	
1	表面平整度	2.0	4.0	3.0	3.0	1.0	2.0	4.0	3.0	2.0	10.0	10.0	用 2 m 靠尺和楔形塞尺检查
2	缝格平直	3.0	3.0	3.0	3.0	2.0	3.0	3.0	—	2.5	8.0	8.0	拉 5 m 线和用钢尺检查
3	接缝高低差	0.5	1.5	0.5	1.0	0.5	0.5	1.5	—	0.4	2.0	—	用钢尺和楔形塞尺检查
4	踢脚线上口平直	3.0	4.0	—	4.0	1.0	2.0	4.0	1.0	—	—	—	拉 5 m 线和用钢尺检查
5	板块间隙宽度	2.0	2.0	2.0	2.0	1.0	—	6.0	—	0.3	5.0	—	用钢尺检查

8.4.2 砖面层

1）主控项目

（1）面层所用的板块的品种、质量必须符合设计要求。

检验方法：观察检查和检查材质合格证明文件及检测报告。

（2）面层与下一层的结合（粘结）应牢固，无空鼓。

检验方法：用小锤轻击检查。

注：凡单块砖边角有局部空鼓，且每自然间（标准间）不超过总数的5%可不计。

2）一般项目

（1）砖面层的表面应洁净、图案清晰，色泽一致，接缝平整，深浅一致，周边顺直。板块无裂纹、掉角和缺棱等缺陷。

检验方法：观察检查。

（2）面层连接处的镶边用料及尺寸应符合设计要求，边角整齐、光滑。

检验方法：观察和用钢尺检查。

（3）踢脚线表面应洁净、高度一致、结合牢固、出墙厚度一致。

检验方法：观察和用小锤轻击及钢尺检查。

（4）楼梯踏步和台阶板块的缝隙宽度应一致、齿角整齐；楼层梯段相邻踏步高度差不应大于10 mm；防滑条顺直。

检验方法：观察和用钢尺检查。

（5）面层表面的坡度应符合设计要求，不倒泛水、无积水；与地漏、管道结合处应严密牢固，无渗漏。

检验方法：观察、泼水或坡度尺及蓄水检查。

（6）砖面层的允许偏差应符合表8-4的规定。

检验方法：应按表8-4中的检验方法检验。

8.4.3 大理石面层和花岗石面层

1）主控项目

（1）大理石、花岗石面层所用板块的品种、质量应符合设计要求。

检验方法：观察检查和检查材质合格记录。

（2）面层与下一层应结合牢固，无空鼓。

检验方法：用小锤轻击检查。

注：凡单块板块边角有局部空鼓，且每自然间（标准间）不超过总数的5%可不计。

2）一般项目

（1）大理石、花岗石面层的表面应洁净、平整、无磨痕，且应图案清晰，色泽一致，接缝均匀，周边顺直，镶嵌正确，板块无裂纹、掉角和缺棱等缺陷。

检验方法：观察检查。

（2）踢脚线表面应洁净，高度一致、结合牢固、出墙厚度一致。

检验方法：观察和用小锤轻击及钢尺检查。

（3）楼梯踏步和台阶板块的缝隙宽度应一致、齿角整齐，楼层梯段相邻踏步高度差不应大于 10 mm，防滑条应顺直、牢固。

检验方法：观察和用钢尺检查。

(4) 面层表面的坡度应符合设计要求，不倒泛水、无积水；与地漏、管道结合处应严密牢固，无渗漏。

检验方法：观察、泼水或坡度尺及蓄水检查。

(5) 大理石和花岗石面层（或碎拼大理石、碎拼花岗石）的允许偏差应符合表 8-4 的规定。

检验方法：应按表 8-4 中的检验方法检验。

8.4.4 预制板块面层

1) 主控项目

(1) 预制板块的强度等级、规格、质量应符合设计要求；水磨石板块尚应符合国家现行行业标准《建筑水磨石制品》(JC 507—93)的规定。

检验方法：观察检查和检查材质合格证明文件及检测报告。

(2) 面层与下一层应结合牢固、无空鼓。

检验方法：用小锤轻击检查。

注：凡单块板块料边角有局部空鼓，且每自然间（标准间）不超过总数的 5% 可不计。

2) 一般项目

(1) 预制板块表面应无裂缝、掉角、翘曲等明显缺陷。

检验方法：观察检查。

(2) 预制板块面层应平整洁净，图案清晰，色泽一致，接缝均匀，周边顺直，镶嵌正确。

检验方法：观察检查。

(3) 面层邻接处的镶边用料尺寸应符合设计要求，边角整齐、光滑

检验方法：观察和钢尺检查。

(4) 踢脚线表面应洁净、高度一致、结合牢固、出墙厚度一致。

检验方法；观察和用小锤轻击及钢尺检查。

(5) 楼梯踏步和台阶板块的缝隙宽度一致、齿角整齐，楼层梯段相邻踏步高度差不应大于 10 mm，防滑条顺直。

检验方法：观察和钢尺检查。

(6) 水泥混凝土板块和水磨石板块面层的允许偏差应符合表 8-4 的规定。

检验方法：应按表 8-4 中的检验方法检验。

8.4.5 料石面层

料石面层采用天然条石和块石在结合层上铺设。使用的材料包括条石、块石、沥青胶结料、水泥、砂等。

料石面层主控项目质量标准及检验方法应符合表 8-5 的规定。

料石面层一般质量标准及检验方法应符合表 8-6 规定。

表 8-5　料石面层主控项目质量标准及检验方法

项　目	质　量　标　准	检　验　方　法
材质控制	面层材质应符合设计要求，条石的强度等级应大于 MU30，块石的强度等级应大于 MU30	观察检查和检查材质合格证明及检测报告
面层结合控制	面层与下一层应结合牢固，无松动	观察检查和用锤击检查

表 8-6　料石面层一般项目质量标准及检验方法

项　目	质　量　标　准	检　验　方　法
面层组砌控制	条石面层应组砌合理，无十字缝，铺砌方向和坡度应符合设计要求；块石面层石料缝隙应相互错开，通缝不超过两块石料	观察和用坡度尺检查
面层允许偏差	条石面层的允许偏差应符合以下规定： ①表面平整度 条石与块石面层均为　10.0 mm	用 2 m 靠尺和形塞尺检查
	②缝格平直 条石与块石面层均为　8.0 mm	拉 5 m 线和钢尺检查
	③接缝高低差 条石面层　2.0 mm	用钢尺和楔形塞尺检查
	④板块间隙宽度 条石面层　5.0 mm	用钢尺检查

9 建筑装饰装修工程质量验收

9.1 术语

1）建筑装饰装修

为保护建筑物的主体结构、完善建筑物的使用功能和美化建筑物，采用装饰装修材料或饰物，对建筑物的内外表面及空间进行的各种处理过程。

2）基体

建筑物的主体结构或围护结构。

3）基层

直接承受装饰装修施工的面层。

4）细部

建筑装饰装修工程中局部采用的部件或饰物。

9.2 抹灰工程

9.2.1 一般规定

（1）抹灰工程验收时应检查下列文件和记录：

① 抹灰工程的施工图、设计说明及其他设计文件。

② 材料的产品合格证书、性能检测报告、进场验收记录和复验报告。

③ 隐蔽工程验收记录。

④ 施工记录。

（2）各分项工程的检验批应按下列规定划分：

① 相同材料、工艺和施工条件的室外抹灰工程每500～1 000 m^2 应划分为一个检验批，不足500 m^2 也应划分为一个检验批。

② 相同材料、工艺和施工条件的室内抹灰工程每50个自然间（大面积房间和走廊按抹灰面积30 m^2 为一间）应划分为一个检验批，不足50间也应划分为一个检验批。

（3）检查数量应符合下列规定：

① 室内每个检验批应至少抽查10%，并不得少于3间；不足3间时应全数检查。

② 室外每个检验批每100 m^2 应至少抽查一处，每处不得小于10 m^2。

(4) 抹灰工程材料

水泥:抹灰工程应对水泥的凝结时间和安定性进行复试,安定性必须合格。

砂:抹灰工程用的砂,一般为中砂或中、粗砂混合掺用。要求颗粒坚硬、洁净、含泥量不得大于3%。使用前应过筛,不得含有杂物。

石灰:抹灰用的石灰膏的熟化期不应少于15 d,罩面用的磨细石灰粉的熟化期不应少于3 d。

9.2.2 一般抹灰工程

一般抹灰工程分为普通抹灰和高级抹灰。

1) 主控项目

(1) 抹灰前基层表面的尘土、污垢、油渍等应清除干净,并应洒水润湿。

检验方法:检查施工记录。

(2) 一般抹灰所用材料的品种和性能应符合设计要求。水泥的凝结时间和安定性复验应合格。砂浆的配合比应符合设计要求。

检验方法:检查产品合格证书、进场验收记录、复验报告和施工记录。

(3) 抹灰工程应分层进行。当抹灰总厚度大于或等于35 mm时,应采取加强措施。不同材料基体交接处表面的抹灰,应采取防止开裂的加强措施,当采用加强网时,加强网与各基体的搭接宽度不应小于100 mm。

检验方法:检查隐蔽工程验收记录和施工记录。

(4) 抹灰层与基层之间及各抹灰层之间必须粘结牢固,抹灰层应无脱层、空鼓,面层应无爆灰和裂缝。

检验方法:观察;用小锤轻击检查;检查施工记录。

2) 一般项目

(1) 一般抹灰工程的表面质量应符合下列规定:

① 普通抹灰表面应光滑、洁净、接槎平整,分格缝应清晰。

② 高级抹灰表面应光滑、洁净、颜色均匀、无抹纹,分格缝和灰线应清晰美观。

检验方法:观察;手摸检查。

(2) 护角、孔洞、槽、盒周围的抹灰表面应整齐、光滑;管道后面的抹灰表面应平整。

检验方法:观察。

(3) 抹灰层的总厚度应符合设计要求;水泥砂浆不得抹在石灰砂浆层上;罩面石膏灰不得抹在水泥砂浆层上。

检验方法:检查施工记录。

(4) 抹灰分格缝的设置应符合设计要求,宽度和深度应均匀,表面应光滑,棱角应整齐。

检验方法:观察;尺量检查。

(5) 有排水要求的部位应做滴水线(槽)。滴水线(槽)应整齐顺直,滴水线应内高外低,滴水槽的宽度和深度均不应小于10 mm。

检验方法:观察;尺量检查。

(6) 一般抹灰工程质量的允许偏差和检验方法应符合表9-1的规定。

表 9-1　一般抹灰的允许偏差和检验方法

项次	项　　目	允许偏差/mm		检验方法
		普通抹灰	高级抹灰	
1	立面垂直度	4	3	用 2 m 垂直检测尺检查
2	表面平整度	4	3	用 2 m 靠尺和塞尺检查
3	阴阳角方正	4	3	用直角检测尺检查
4	分格条(缝)直线度	4	3	拉 5 m 线,不足 5 m 拉通线,用钢直尺检查
5	墙裙、勒脚上口直线度	4	3	拉 5 m 线,不足 5 m 拉通线,用钢直尺检查

注:① 普通抹灰,本表第 3 项阴角方正可不检查;
② 顶棚抹灰,本表第 2 项表面平整度可不检查,但应平顺。

9.2.3　装饰抹灰工程

1) 主控项目

(1) 抹灰前基层表面的尘土、污垢、油渍等应清除干净,并应洒水润湿。

检验方法:检查施工记录。

(2) 装饰抹灰工程所用材料的品种和性能应符合设计要求。水泥的凝结时间和安定性复验应合格。砂浆的配合比应符合设计要求。

检验方法:检查产品合格证书、进场验收记录、复验报告和施工记录。

(3) 抹灰工程应分层进行。当抹灰总厚度大于或等于 35 mm 时,应采取加强措施。不同材料基体交接处表面的抹灰,应采取防止开裂的加强措施,当采用加强网时,加强网与各基体的搭接宽度不应小于 100 mm。

检验方法:检查隐蔽工程验收记录和施工记录。

(4) 各抹灰层之间及抹灰层与基体之间必须粘接牢固,抹灰层应无脱层、空鼓和裂缝。

检验方法:观察;用小锤轻击检查;检查施工记录。

2) 一般项目

(1) 装饰抹灰工程的表面质量应符合下列规定:

① 水刷石表面应石粒清晰、分布均匀、紧密平整、色泽一致,应无掉粒和接槎痕迹。

② 斩假石表面剁纹应均匀顺直、深浅一致,应无漏剁处;阳角处应横剁并留出宽窄一致的不剁边条,棱角应无损坏。

③ 干粘石表面应色泽一致、不露浆、不漏粘,石粒应粘结牢固、分布均匀,阳角处应无明显黑边。

④ 假面砖表面应平整、沟纹清晰、留缝整齐、色泽一致,应无掉角、脱皮、起砂等缺陷。

检验方法:观察;手摸检查。

(2) 装饰抹灰分格条(缝)的设置应符合设计要求,宽度和深度应均匀,表面应平整光滑,棱角应整齐。

检验方法:观察。

(3) 有排水要求的部位应做滴水线(槽)。滴水线(槽)应整齐顺直,滴水线应内高外低,滴水槽的宽度和深度均不应小于10 mm。

检验方法:观察;尺量检查。

(4) 装饰抹灰工程质量的允许偏差和检验方法应符合表9-2的规定。

表9-2 装饰抹灰的允许偏差和检验方法

项次	项目	允许偏差/mm				检验方法
		水刷石	斩假石	干粘石	假面砖	
1	立面垂直度	5	4	5	5	用2 m垂直检测尺检查
2	表面平整度	3	3	5	4	用2 m靠尺和塞尺检查
3	阳角方正	3	3	4	4	用直角检测尺检查
4	分格条(缝)直线度	3	3	3	3	拉5 m线,不足5 m拉通线,用钢直尺检查
5	墙裙、勒脚上口直线度	3	3	—	—	拉5 m线,不足5 m拉通线,用钢直尺检查

9.2.4 清水砌体勾缝工程

1) 主控项目

(1) 清水砌体勾缝所用水泥的凝结时间和安定性复验应合格。砂浆的配合比应符合设计要求。

检验方法:检查复验报告和施工记录。

(2) 清水砌体勾缝应无漏勾。勾缝材料应粘结牢固、无开裂。

检验方法:观察。

2) 一般项目

(1) 清水砌体勾缝应横平竖直,交接处应平顺,宽度和深度应均匀,表面应压实抹平。

检验方法:观察;尺量检查。

(2) 灰缝应颜色一致,砌体表面应洁净。

检验方法:观察。

9.3 门窗工程

9.3.1 门窗产品

平开铝合金门有50、55、70系列。推拉铝合金门有70、90系列。铝合金地弹门有70、100系列。平开铝合金窗有40、50、70系列。推拉铝合金窗有55、60、70、90、90－1系列。

塑钢门有平开门、推拉门、固定门。平开门有50、58系列;推拉门有80、85、85A、95系列;固定门有50、58系列。

塑钢窗有固定窗、平开窗、中悬窗、推拉窗。固定窗有45、50、58系列;平开窗有45、

45A、50、58 系列；中悬窗有 50、58 系列；推拉窗有 75、80、85、85A、95、95A 系列。

9.3.2 一般规定

（1）门窗工程验收时应检查下列文件和记录：

① 门窗工程的施工图、设计说明及其他设计文件。

② 材料的产品合格证书、性能检测报告、进场验收记录和复验报告。

③ 特种门及其附件的生产许可文件。

④ 隐蔽工程验收记录。

⑤ 施工记录。

（2）各分项工程的检验批应按下列规定划分：

① 同一品种、类型和规格的木门窗、金属门窗、塑料门窗及门窗玻璃每 100 樘应划分为一个检验批，不足 100 樘也应划分为一个检验批。

② 同一品种、类型和规格的特种门每 50 樘应划分为一个检验批，不足 50 樘也应划分为一个检验批。

（3）检查数量应符合下列规定：

① 木门窗、金属门窗、塑料门窗及门窗玻璃，每个检验批应至少抽查 5%，并不得少于 3 樘，不足 3 樘时应全数检查；高层建筑的外窗，每个检验批应至少抽查 10%，并不得少于 6 樘，不足 6 樘时应全数检查。

② 特种门每个检验批应至少抽查 50%，并不得少于 10 樘，不足 10 樘时应全数检查。

9.3.3 木门窗制作与安装工程

1）主控项目

（1）木门窗的木材品种、材质等级、规格、尺寸、框扇的线型及人造木板的甲醛含量应符合设计要求。

检验方法：观察；检查材料进场验收记录和复验报告。

（2）木门窗应采用烘干的木材，含水率应符合《建筑木门、木窗》（JG/T 122—2000）的规定。

检验方法：检查材料进场验收记录。

（3）木门窗的防火、防腐、防虫处理应符合设计要求。

检验方法：观察；检查材料进场验收记录。

（4）木门窗的结合处和安装配件处不得有木节或已填补的木节。木门窗如有允许限值以内的死节及直径较大的虫眼时，应用同一材质的木塞加胶填补。对于清漆制品，木塞的木纹和色泽应与制品一致。

检验方法：观察。

（5）门窗框和厚度大于 50 mm 的门窗扇应用双榫连接。榫槽应采用胶料严密嵌合，并应用胶楔加紧。

检验方法：观察；手扳检查。

（6）胶合板门、纤维板门和模压门不得脱胶。胶合板不得刨透表层单板，不得有戗槎。制作胶合板门、纤维板门时，边框和横楞应在同一平面上，面层、边框及横楞应加压胶结。横楞和上、下冒头应各钻两个以上的透气孔，透气孔应通畅。

检验方法：观察。

(7) 木门窗的品种、类型、规格、开启方向、安装位置及连接方式应符合设计要求。

检验方法：观察；尺量检查；检查成品门的产品合格证书。

(8) 木门窗框的安装必须牢固。预埋木砖的防腐处理、木门窗框固定点的数量、位置及固定方法应符合设计要求。

检验方法：观察；手扳检查；检查隐蔽工程验收记录和施工记录。

(9) 木门窗扇必须安装牢固，并应开关灵活，关闭严密，无倒翘。

检验方法：观察；开启和关闭检查；手扳检查。

(10) 木门窗配件的型号、规格、数量应符合设计要求，安装应牢固，位置应正确，功能应满足使用要求。

检验方法：观察；开启和关闭检查；手扳检查。

2) 一般项目

(1) 木门窗表面应洁净，不得有刨痕、锤印。

检验方法：观察。

(2) 木门窗的割角、拼缝应严密平整。门窗框、扇裁口应顺直，刨面应平整。

检验方法：观察。

(3) 木门窗上的槽、孔应边缘整齐，无毛刺。

检验方法：观察。

(4) 木门窗与墙体间缝隙的填嵌材料应符合设计要求，填嵌应饱满。寒冷地区外门窗(或门窗框)与砌体间的空隙应填充保温材料。

检验方法：轻敲门窗框检查；检查隐蔽工程验收记录和施工记录。

(5) 木门窗批水、盖口条、压缝条、密封条的安装应顺直，与门窗结合应牢固、严密。

检验方法：观察；手扳检查。

(6) 木门窗制作的允许偏差和检验方法应符合表 9-3 的规定。

表 9-3 木门窗制作的允许偏差和检验方法

项次	项目	构件名称	允许偏差/mm		检验方法
			普通	高级	
1	翘曲	框	3	2	将框、扇平放在检查平台上，用塞尺检查
		扇	2	2	
2	对角线长度差	框、扇	3	2	用钢尺检查，框量裁口里角，扇量外角
3	表面平整度	扇	2	2	用 1 m 靠尺和塞尺检查
4	高度、宽度	框	0；−2	0；−1	用钢尺检查，框量裁口里角，扇量外角
		扇	+2；0	+1；0	
5	裁口、线条结合处高低差	框、扇	1	0.5	用钢直尺和塞尺检查
6	相邻棂子两端间距	扇	2	1	用钢直尺检查

（7）木门窗安装的留缝限值、允许偏差和检验方法应符合表 9－4 的规定。

表 9－4　木门窗安装的留缝限值、允许偏差和检验方法

项次	项目		留缝限值/mm		允许偏差/mm		检验方法
			普通	高级	普通	高级	
1	门窗槽口对角线长度差		—	—	3	2	用钢尺检查
2	门窗框的正、侧面垂直度		—	—	2	1	用 1 m 垂直检测尺检查
3	框与扇、扇与扇接缝高低差		—	—	2	1	用钢直尺和塞尺检查
4	门窗扇对口缝		1～2.5	1.5～2	—	—	用塞尺检查
5	工业厂房双扇大门对口缝		2～5	—	—	—	用塞尺检查
6	门窗扇与上框间留缝		1～2	1～1.5	—	—	
7	门窗扇与侧框间留缝		1～2.5	1～1.5	—	—	
8	窗扇与下框间留缝		2～3	2～2.5	—	—	
9	门扇与下框间留缝		3～5	3～4	—	—	
10	双层门窗内外框间距		—	—	4	3	用钢尺检查
11	无下框时门扇与地面间留缝	外门	4～7	5～6	—	—	用塞尺检查
		内门	5～8	6～7	—	—	
		卫生间门	8～12	8～10	—	—	
		厂房大门	10～20	—	—	—	

9.3.4　金属门窗安装工程

1）主控项目

（1）金属门窗的品种、类型、规格、尺寸、性能、开启方向、安装位置、连接方式及铝合金门窗的型材壁厚应符合设计要求。金属门窗的防腐处理及填嵌、密封处理应符合设计要求。

检验方法：观察；尺量检查；检查产品合格证书、性能检测报告、进场验收记录和复验报告；检查隐蔽工程验收记录。

（2）金属门窗框和副框的安装必须牢固。预埋件的数量、位置、埋设方式、与框的连接方式必须符合设计要求。

检验方法：手扳检查；检查隐蔽工程验收记录。

（3）金属门窗扇必须安装牢固，并应开关灵活、关闭严密，无倒翘。推拉门窗扇必须有防脱落措施。

检验方法：观察；开启和关闭检查；手扳检查。

（4）金属门窗配件的型号、规格、数量应符合设计要求，安装应牢固，位置应正确，功能应满足使用要求。

检验方法：观察；开启和关闭检查；手扳检查。

2）一般项目

（1）金属门窗表面应洁净、平整、光滑、色泽一致，无锈蚀。大面应无划痕、碰伤。漆膜或保护层应连续。

检验方法：观察。

(2) 铝合金门窗推拉门窗扇开关力应不大于100 N。

检验方法：用弹簧秤检查。

(3) 金属门窗框与墙体之间的缝隙应填嵌饱满，并采用密封胶密封。密封胶表面应光滑、顺直，无裂纹。

检验方法：观察；轻敲门窗框检查；检查隐蔽工程验收记录。

(4) 金属门窗扇的橡胶密封条或毛毡密封条应安装完好，不得脱槽。

检验方法：观察；开启和关闭检查。

(5) 有排水孔的金属门窗，排水孔应畅通，位置和数量应符合设计要求。

检验方法：观察。

(6) 钢门窗安装的留缝限值、允许偏差和检验方法应符合表9-5的规定。

表9-5 钢门窗安装的留缝限值、允许偏差和检验方法

项次	项目		留缝限值/mm	允许偏差/mm	检验方法
1	门窗槽口宽度、高度	≤1 500 mm	—	2.5	用钢尺检查
		>1 500 mm	—	3.5	
2	门窗槽口对角线长度差	≤2 000 mm	—	5	用钢尺检查
		>2 000 mm	—	6	
3	门窗框的正、侧面垂直度		—	3	用1 m垂直检测尺检查
4	门窗横框的水平度		—	3	用1 m水平尺和塞尺检查
5	门窗横框标高		—	5	用钢尺检查
6	门窗竖向偏离中心		—	4	用钢尺检查
7	双层门窗内外框间距		—	5	用钢尺检查
8	门窗框、扇配合间隙		≤2	—	用塞尺检查
9	无下框时门扇与地面间留缝		4～8	—	用塞尺检查

(7) 铝合金门窗安装的允许偏差和检验方法应符合表9-6的规定。

表9-6 铝合金门窗安装的允许偏差和检验方法

项次	项目		允许偏差/mm	检验方法
1	门窗槽口宽度、高度	≤1 500 mm	1.5	用钢尺检查
		>1 500 mm	2	
2	门窗槽口对角线长度差	≤2 000 mm	3	用钢尺检查
		>2 000 mm	4	
3	门窗框的正、侧面垂直度		2.5	用1 m垂直检测尺检查

项　次	项　　　目	允许偏差(mm)	检　验　方　法
4	门窗横框的水平度	2	用1m水平尺和塞尺检查
5	门窗横框标高	5	用钢尺检查
6	门窗竖向偏离中心	5	用钢尺检查
7	双层门窗内外框间距	4	用钢尺检查
8	推拉门窗扇与框搭接量	1.5	用钢直尺检查

(8) 涂色镀锌钢板门窗安装的允许偏差和检验方法应符合表9-7的规定。

表9-7　涂色镀锌钢板门窗安装的允许偏差和检验方法

项　次	项　　　目		允许偏差/mm	检　验　方　法
1	门窗槽口宽度、高度	≤1 500 mm	2	用钢尺检查
		>1 500 mm	3	
2	门窗槽口对角线长度差	≤2 000 mm	4	用钢尺检查
		>2 000 mm	5	
3	门窗框的正、侧面垂直度		3	用1m垂直检测尺检查
4	门窗横框的水平度		3	用1m水平尺和塞尺检查
5	门窗横框标高		5	用钢尺检查
6	门窗竖向偏离中心		5	用钢尺检查
7	双层门窗内外框间距		4	用钢尺检查
8	推拉门窗扇与框搭接量		2	用钢直尺检查

9.3.5　塑料门窗安装工程

1) 主控项目

(1) 塑料门窗的品种、类型、规格、尺寸、开启方向、安装位置、连接方式及填嵌密封处理应符合设计要求，内衬增强型钢的壁厚及设置应符合国家现行产品标准的质量要求。

检验方法：观察；尺量检查；检查产品合格证书、性能检测报告、进场验收记录和复验报告；检查隐蔽工程验收记录。

(2) 塑料门窗框、副框和扇的安装必须牢固。固定片或膨胀螺栓的数量与位置应正确，连接方式应符合设计要求。固定点应距窗角、中横框、中竖框150～200 mm，固定点间距应不大于600 mm。

检验方法：观察；手扳检查；检查隐蔽工程验收记录。

(3) 塑料门窗拼樘料内衬增强型钢的规格、壁厚必须符合设计要求，型钢应与型材内腔紧密吻合，其两端必须与洞口固定牢固。窗框必须与拼樘料连接紧密，固定点间距应不大于600 mm。

检验方法：观察；手扳检查；尺量检查；检查进场验收记录。

(4) 塑料门窗扇应开关灵活、关闭严密，无倒翘。推拉门窗扇必须有防脱落措施。

检验方法:观察;开启和关闭检查;手扳检查。

(5) 塑料门窗配件的型号、规格、数量应符合设计要求,安装应牢固,位置应正确,功能应满足使用要求。

检验方法:观察;手扳检查;尺量检查。

(6) 塑料门窗框与墙体间缝隙应采用闭孔弹性材料填嵌饱满,表面应采用密封胶密封。密封胶应粘结牢固,表面应光滑、顺直、无裂纹。

检验方法:观察;检查隐蔽工程验收记录。

2) 一般项目

(1) 塑料门窗表面应洁净、平整、光滑,大面应无划痕、碰伤。

检验方法:观察。

(2) 塑料门窗扇的密封条不得脱槽。旋转窗间隙应基本均匀。

(3) 塑料门窗扇的开关力应符合下列规定:

① 平开门窗扇平铰链的开关力应不大于 80 N;滑撑铰链的开关力应不大于 80 N,并不小于 30 N。

② 推拉门窗扇的开关力应不大于 100 N。

检验方法:观察;用弹簧秤检查。

(4) 玻璃密封条与玻璃及玻璃槽口的接缝应平整,不得卷边、脱槽。

检验方法:观察。

(5) 排水孔应畅通,位置和数量应符合设计要求。

检验方法:观察。

(6) 塑料门窗安装的允许偏差和检验方法应符合表 9-8 的规定。

表 9-8 塑料门窗安装的允许偏差和检验方法

项次	项目		允许偏差/mm	检验方法
1	门窗槽口宽度、高度	≤1 500 mm	2	用钢尺检查
		>1 500 mm	3	
2	门窗槽口对角线长度差	≤2 000 mm	3	用钢尺检查
		>2 000 mm	5	
3	门窗框的正、侧面垂直度		3	用 1 m 垂直检测尺检查
4	门窗横框的水平度		3	用 1 m 水平尺和塞尺检查
5	门窗横框标高		5	用钢尺检查
6	门窗竖向偏离中心		5	用钢直尺检查
7	双层门窗内外框间距		4	用钢尺检查
8	同樘平开门窗相邻扇高度差		2	用钢直尺检查
9	平开门窗铰链部位配合间隙		+2;-1	用塞尺检查
10	推拉门窗扇与框搭接量		+1.5;-2.5	用钢直尺检查
11	推拉门窗扇与竖框平行度		2	用 1 m 水平尺和塞尺检查

9.3.6 特种门安装工程

1）主控项目

（1）特种门的质量和各项性能应符合设计要求。

检验方法：检查生产许可证、产品合格证书和性能检测报告。

（2）特种门的品种、类型、规格、尺寸、开启方向、安装位置及防腐处理应符合设计要求。

检验方法：观察；尺量检查；检查进场验收记录和隐蔽工程验收记录。

（3）带有机械装置、自动装置或智能化装置的特种门，其机械装置、自动装置或智能化装置的功能应符合设计要求和有关标准的规定。

检验方法：启动机械装置、自动装置或智能化装置，观察。

（4）特种门的安装必须牢固。预埋件的数量、位置、埋设方式、与框的连接方式必须符合设计要求。

检验方法：观察；手扳检查；检查隐蔽工程验收记录。

（5）特种门的配件应齐全，位置应正确，安装应牢固，功能应满足使用要求和特种门的各项性能要求。

检验方法：观察；手扳检查；检查产品合格证书、性能检测报告和进场验收记录。

2）一般项目

（1）特种门的表面装饰应符合设计要求。

检验方法：观察。

（2）特种门的表面应洁净，无划痕、碰伤。

检验方法：观察。

（3）推拉自动门安装的留缝限值、允许偏差和检验方法应符合表 9－9 的规定。

表 9－9　推拉自动门安装的留缝限值、允许偏差和检验方法

项次	项目		留缝限值/mm	允许偏差/mm	检验方法
1	门槽口宽度、高度	≤1 500 mm	—	1.5	用钢尺检查
		>1 500 mm	—	2	
2	门槽口对角线长度差	≤2 000 mm	—	2	用钢尺检查
		>2 000 mm	—	2.5	
3	门框的正、侧面垂直度		—	1	用 1 m 垂直检测尺检查
4	门构件装配间隙		—	0.3	用塞尺检查
5	门梁导轨水平度		—	1	用 1 m 水平尺和塞尺检查
6	下导轨与门梁导轨平行度		—	1.5	用钢尺检查
7	门扇与侧框间留缝		1.2～1.8	—	用塞尺检查
8	门扇对口缝		1.2～1.8	—	用塞尺检查

（4）推拉自动门的感应时间限值和检验方法应符合表 9－10 的规定。

表 9-10 推拉自动门的感应时间限值和检验方法

项次	项目	感应时间限值/s	检验方法
1	开门响应时间	≤0.5	用秒表检查
2	堵门保护延时	16～20	用秒表检查
3	门扇全开启后保持时间	13～17	用秒表检查

（5）旋转门安装的允许偏差和检验方法应符合表 9-11 的规定。

表 9-11 旋转门安装的允许偏差和检验方法

项次	项目	允许偏差/mm		检验方法
		金属框架玻璃旋转门	木质旋转门	
1	门扇正、侧面垂直度	1.5	1.5	用 1 m 垂直检测尺检查
2	门扇对角线长度差	1.5	1.5	用钢尺检查
3	相邻扇高度差	1	1	用钢尺检查
4	扇与圆弧边留缝	1.5	2	用塞尺检查
5	扇与上顶间留缝	2	2.5	用塞尺检查
6	扇与地面间留缝	2	2.5	用塞尺检查

9.3.7 门窗玻璃安装工程

门窗玻璃安装工程包括平板、吸热、反射、中空、夹层、夹丝、磨砂、钢化、压花玻璃等玻璃安装工程。

1）主控项目

（1）玻璃的品种、规格、尺寸、色彩、图案和涂膜朝向应符合设计要求。单块玻璃大于 1.5 m^2 时应使用安全玻璃。

检验方法：观察；检查产品合格证书、性能检测报告和进场验收记录。

（2）门窗玻璃裁割尺寸应正确。安装后的玻璃应牢固，不得有裂纹、损伤和松动。

检验方法：观察；轻敲检查。

（3）玻璃的安装方法应符合设计要求。固定玻璃的钉子或钢丝卡的数量、规格应保证玻璃安装牢固。

检验方法：观察；检查施工记录。

（4）镶钉木压条接触玻璃处，应与裁口边缘平齐。木压条应互相紧密连接，并与裁口边缘紧贴，割角应整齐。

检验方法：观察。

（5）密封条与玻璃、玻璃槽口的接触应紧密、平整。密封胶与玻璃、玻璃槽口的边缘应粘结牢固、接缝平齐。

检验方法：观察。

（6）带密封条的玻璃压条，其密封条必须与玻璃全部贴紧，压条与型材之间应无明显缝隙，压条接缝应不大于 0.5 mm。

检验方法：观察；尺量检查。

2）一般项目

（1）玻璃表面应洁净，不得有腻子、密封胶、涂料等污渍。中空玻璃内外表面均应洁净，玻璃中空层内不得有灰尘和水蒸气。

检验方法：观察。

（2）门窗玻璃不应直接接触型材。单面镀膜玻璃的镀膜层及磨砂玻璃的磨砂面应朝向室内。中空玻璃的单面镀膜玻璃应在最外层，镀膜层应朝向室内。

检验方法：观察。

（3）腻子应填抹饱满、粘结牢固；腻子边缘与裁口应平齐。固定玻璃的卡子不应在腻子表面显露。

检验方法：观察。

第二篇 建筑工程安全管理

1 施工安全概论

1.1 安全保护与安全生产

1.1.1 劳动保护

劳动保护是指国家采用立法、技术和管理等一系列综合措施，消除生产过程中的不安全、不卫生因素，保护劳动者在生产过程中的安全和健康，保护和发展生产力。具体内容包括下列几个方面：

(1) 劳动保护综合管理是指通过采取立法、组织和运用现代科学管理手段，最大限度地消除人为错误造成的人身伤害事故。

(2) 安全技术措施是指为了消除工伤事故，减轻劳动强度，创造良好的劳动环境而采取的各种技术措施。

(3) 劳动卫生技术措施是指为了降低劳动者在施工生产过程中发生职业中毒和职业病的危害，保护劳动者身体健康而采取的各种技术措施。

(4) 个人保护措施是指为了保护劳动者在施工生产过程中的安全、健康而对劳动者个人采取的保护性措施。

1.1.2 安全生产

安全生产是指在生产过程中保障人身安全和设备安全。安全生产包括两个方面的含义：一是在生产过程中保护职工的安全和健康，防止工伤事故和职业病危害；二是在生产过程中防止其他各类事故的发生，确保生产设备的连续、稳定、安全运转，保护国家财产不受损失。

1.2 安全生产法律制度

(1) 安全生产法规是指国家关于改善劳动条件，实现安全生产，为保护劳动者在生产过程中的安全和健康而采取的各种措施的总和，是必须执行的法律规范。

(2) 技术规范是指人们关于合理利用自然力、生产工具、交通工具和劳动对象的行为规则。如：操作规范、技术规范、标准和规定等。安全技术规范是强制性的标准。

(3) 规章制度是指国家各主管部门及其地方政府的各种法规性文件制定的各方面的条例、办法、制度、规程、规则和章程等，它们各具有不同的约束力和法律效力。企业制定的规章制度是为了保证国家法律的实施和加强企业内部管理，使生产正常而有序地进行而制定的相应措施和办法。

1.3 安全员的工作职责

1）积极做好预防工作，把事故消灭在萌芽状态

预防为主是做好安全工作的关键。只有做好预防工作，才能事事主动，而立于不败之地。作为一名安全员，既要熟悉国家有关安全生产的方针政策和法律法规以及安全方面的基本知识和管理制度，也要熟悉生产流程、操作方法以及本单位职工的实际状况，否则，就会忙忙碌碌，处处被动，无从预防。只有踏踏实实先把工作做到家，才能达到争取主动，预防事故的目的。

2）坚持安全生产规章制度，加强宣传教育，增强责任心

（1）加强贯彻执行安全生产法规的宣传教育

① 加强安全生产、劳动保护的宣传教育工作，就要大力宣传国家的安全生产方针政策和法律法规。在安全思想工作中，以真人真事为题材，采取广播、黑板报、标语等宣传形式编制安全生产快报，举办安全活动日、安全生产图片展览等向职工进行遵守规程、遵守制度的教育。

② 组织劳动保护学术讨论，召开安全生产座谈会、报告会。用本单位或其他单位历年工伤事故中的教训及劳动保护用品用具所发挥的巨大作用的实际事例，来提高职工的安全生产意识，树立安全生产、文明生产的正确思想。

③ 用事故教训、树立样板、表演先进等方式进行安全教育。抓住正反典型事故，就地召开现场会，说服力强，印象深刻。结合安全生产方针、政策、规章制度，可画成图片、组画，举办展览，既是生动的事例教育，又认真贯彻了安全规章制度。

④ 开展安全技术培训。定期或不定期组织领导干部、专兼职安全员、特种作业人员（如起重、电气、爆破等），进行安全技术训练或安全操作的培训，通过有计划地组织安全技术讲座，实际操作表演等方法进行安全教育，从而提高职工的安全技术知识和安全操作水平。

（2）认真贯彻执行安全生产规章制度

安全生产规章制度是我们开展安全生产工作的行动指南，是指导安全工作的准则。

① 工程开工前，应坚持由技术、施工部门编制施工中各个阶段的安全生产措施。安全生产措施力求具体明确，切实可行。

② 在各个生产阶段，都要想方设法提醒教育职工在生产中注意安全作业。如针对工程性质、工种，写有警示性的大字标语张贴，以此提醒作业人员按施工程序和操作规程作业，确保安全；或针对具体情况，利用喊话筒，广播喊话，提醒职工注意安全生产。

③ 新工人、代培工人和实习工人进入生产现场前，需严格执行入场安全教育和岗位安全教育，必要时指定有实际经验的老师进行安全操作指导。

总之，认真贯彻执行安全生产规章制度，形式可以是多种多样的。既要让生产人员易于接受、领会，又要能很快地付之于行动。因此，掌握生产进程，抓住一切安全生产中的实际事例，开展一定形式的活动，这样既达到了教育的目的，同时也将安全生产规章制度在正常生产活动中得到认真贯彻。

我们强调坚持按安全规程办事，按制度办事，决不意味着“生搬硬套”，不是把复杂问题作简单处理，而是要按照规程、制度的要求，事先宣传教育，掌握情况，发现问题，热情帮助施工人员共同研究，提出措施来搞好安全生产，达到预防事故的目的。我们应当树立起既要坚持原则的顽强精神，又要有艰苦细致、办事负责、脚踏实地的工作作风，这样才能真正做到按规程办事、按制度办事、按原则办事。

3）依靠党的领导，充分发挥群众管好安全生产

做好安全工作最根本的一条就是要依靠党的领导，离开党的领导，必然是束手无策，一事无成。

发动群众、宣传群众、组织群众是落实“安全生产，人人有责”的原则、搞好安全生产管理的重要环节。只有依靠大家出主意、想办法，安全生产工作才会生气勃勃。事实上，直接参加生产的广大群众最熟悉生产过程，最了解现场情况，也最能提出切实可行的安全措施。

充分发动群众，一定要落实在行动上，要形成既有领导又有群众、上下结合的安全生产局面。

（1）组织安全生产快报，各生产班组安全生产中的先进事迹及安全技术革新等，由广大群众写成文字报道，交由广播站播报或板报张贴。

（2）开展安全技术交底，班组安全员、安全值日检查活动和群众安全自检互检等活动，形成有布置、有交底，有检查的群众性的安全生产活动网。

（3）除组织定期性的安全大检查外，不定期的组织以老工人为主，班组安全员参加的安全生产检查，凡检查出的问题，都必须采取定人、定时间、定措施的办法切实解决。

（4）定期开展百日无事故竞赛，促使各班组在安全生产活动中，你追我赶，群策群力，找事故苗头，查事故隐患，积极采取措施，保证安全生产。

（5）提出某一安全生产课题、项目，广泛发动群众攻关、创新。

（6）遇有重大工程或特殊工程施工，为保证安全生产，应在领导的支持下，组织技术、施工职能干部和广大职工共同制定安全技术措施。

4）认真调查事故原因，掌握事故发生的规律

要经常总结经验，掌握生产特点，摸清事故规律，抓住薄弱环节，采取预防措施，争取安全生产主动权。为了吸取教训，总结经验，改进安全生产工作，对发生任何大小事故以及未遂事故，都应严肃认真的进行调查，分析原因、吸取教训，达到教育领导和教育群众的目的，并从中找出事故的规律，订出预防措施，认真贯彻执行，以减少和预防事故的再次发生。

（1）雷雨季节，施工现场上临时建筑物基础不牢固，电气、机械设备的防雷接地不好等，容易引起坍塌、坠落、雷击、触电等事故；在盛夏酷热季节，露天作业常发生中暑现象等，室内或金属槽罐内作业，易造成昏晕和休克。

（2）工程竣工收尾时，往往比工程开工和进入施工高峰时，更容易发生事故；高空作业和深坑作业，易发生坠落、坍塌事故；夜班比白班、后半夜比前半夜更易发生事故。

（3）节日、假日、探亲前后，职工精力分散，放松安全生产的警惕，易于发生事故；重点危险工程，安全措施落实，管理抓得紧，思想高度集中，事故少，相反在一般工程和修补工程上，事故发生较多，原因在于领导重视不够，缺少具体安全措施，或作业人员不以为然，不按安全操作规程施工等。

（4）新工人安全技术知识不足，热情高，劲头大，好奇心理强，猛冲蛮干，对安全生产防

护用具使用不当或不愿使用,忽视安全生产,从而造成事故者相对较多。

上述事故规律及预防措施,都是用鲜血和生命总结出来的,值得认真研究和探索。为此,我们应在安全生产工作中,切实抓好"三基"、"三种人"、"三个时间"、"三件事"、"二结合"、"三发言"、"六防"安全工作。

"三基" ① 抓好基础工作,加强安全思想教育,特别要抓住真人真事,抓好现实思想基础的教育,打好安全生产的思想基础;② 抓好基层工作,健全班组安全组织,充分发挥班组安全员作用;③ 抓好基本功,使每个职工都熟悉安全生产基本要求,平时知道怎样操作,遇事知道怎样处理。

"三种人" ① 做好新工人,生产技能较低的工人和已遂、未遂事故责任者的工作,加强对他们的教育,注意他们情绪的变化,帮助他们解决思想上和技术上的问题;② 做好干部和技术人员的工作,严格要求,具体帮助,使他们真正做到安全工作和生产工作的紧密结合和同步发展;③ 做好安全生产积极分子和先进人物的工作,及时推广他们的经验,表扬他们的先进事迹,加强对他们的培养,充分发挥他们的模范带头作用。

"三个时间" ① 节前节后思想容易波动;② 任务紧张时为了赶时间,容易忽视安全;③ 天气或生产条件变化时,施工人员对新环境不熟悉、不习惯,容易出事故。要采取各种措施,做好这三个时间的工作。

"三件事" 每月做好"三件事":① 抓好安全工作计划措施的制定;② 抓好安全工作计划、措施的落实;③抓好安全工作总结评比。每天抓好"三件事":① 班前抓好安全讲话;② 班中抓好安全巡视;③ 交班抓好安全检查。每项工作抓好"三件事":① 开工前抓好安全工作的布置和交底;② 施工过程中抓好现场安全情况的检查和事故的严肃处理;③ 完工后抓好安全生产经验的总结和工作质量的验收。

"二结合" ① 安全工作和其他工作相结合;② 安全教育与技术培训相结合。

"三发言" ① 班组安全员班前会上发言,介绍班组安全情况,交代安全注意事项;② 班组安全员班中发言,积极进行安全喊话,发现问题及时提出意见;③ 班组安全员月终总结会上发言,如实反映每个人在安全生产方面的表现,提出表扬评定意见。

"六防" 采取有效措施,做好防触电、防爆炸、防高处坠落、防物体打击、防机械伤害、防坍塌等事故工作。

上述工作情况表明,安全工作任务越来越繁重,随着生产的发展,安全生产工作还要不断加强,它是一项经常性、长期性的工作,绝不是什么临时性的工作,更不是可有可无的事。

5) 安全员的权利、任务和责任

(1) 安全员的权利

① 遇有严重隐患或违反规章制度的行为,有可能造成重大伤亡事故或出现特别紧急的不安全情况时,有权指令先行停止生产,并且立即报告领导研究处理。

② 有权检查所在单位对安全生产方针或上级指示贯彻执行的情况。

③ 对不认真执行指示的单位或个人,有权越级向上汇报。

(2) 安全员的任务

① 参加编制年度安全措施计划以及安全操作规程、制度的制定工作。

② 指导生产班组安全员开展安全工作。

③ 会同有关部门做好安全生产宣传教育和培训,总结和推广安全生产的先进经验。

④ 参加伤亡事故的调查和处理，做好工伤事故的统计、分析和报告，协助有关部门人员提出防止事故的措施，并督促他们按期实现。

⑤ 经常对现场、车间的安全进行检查，及时发现各种不安全问题。

⑥ 督促有关部门人员按规定及时分发和合理使用个人防护用品、保健食品和清凉饮料。

⑦ 会同有关部门人员做好防尘、防毒、防暑降温和女工保护工作。

(3) 安全员的责任

① 所在单位如安全工作长期存在严重问题，既没有提出意见，又没有向上级汇报，因而发生了事故，要承担责任。

② 安全检查工作不深入细致，放过了严重事故隐患，造成了事故，要承担责任。

③ 在安全评比工作中，由于掌握的资料不真实，以致影响评比工作，要承担责任。

2 建筑施工项目安全管理

2.1 建筑施工项目安全管理内容

安全生产是企业的头等大事，它关系到国家的财产和人员生命安全，甚至关系到经济的发展和社会稳定。因此在施工中必须贯彻“安全第一、预防为主”的总方针，切实加强安全管理工作。

2.1.1 建筑施工安全特点

(1) 建筑施工多数是露天作业，受环境、气候的影响较大，工作条件差，安全管理难度较大。

(2) 建筑施工多为多工种立体作业，人员多，工种复杂。施工人员多为季节工、临时工等，没有受过专业培训，技术水平低，安全观念淡薄，施工中由于违反操作规程而引发的安全事故较多。

(3) 建筑安全技术涉及面广，它涉及高处作业、电气、起重、运输、机械加工和防火、防爆、防尘、防毒等多工种、多专业，组织安全技术培训难度较大。

(4) 建筑施工流动性大，施工设施、防护设施多为临时性的，容易使施工人员产生临时观念，忽视施工设施的质量，不能及时消除安全隐患，以致发生事故。建筑工地一般是事故多发区。

(5) 建筑施工现场安全防范的重点是高空坠落、起重伤害、触电、坍塌和物体打击等。

2.1.2 建筑施工安全管理的内容

1) 施工安全制度管理

施工项目确立以后，施工单位就要根据国家及行业有关安全生产的政策、法规、规范和标准，建立一整套符合项目工程特点的安全生产管理制度，包括安全生产责任制度、安全生产教育制度、安全生产检查制度、现场安全管理制度、电气安全管理制度、防火和防爆安全管理制度、高处作业安全管理制度、劳动卫生安全管理制度等。用制度约束施工人员的行为，达到安全生产的目的。

2) 施工安全组织管理

为保证国家有关安全生产的政策、法规及施工现场安全管理制度的落实，企业应建立健全安全管理机构，并对安全管理机构的构成、职责及工作模式作出规定。企业还应重视安全档案管理工作，及时整理和完善安全档案、安全资料，对预防、预测、预报安全事故提供依据。

3）施工现场设施管理

根据国家建设部颁发的《建筑工程施工现场管理规定》中对施工现场的运输道路，附属加工设施，给排水、动力及照明、通信等管线，临时性建筑（仓库、工棚、食堂、水泵房、变电所等），材料、构件、设备及工器具的堆放点，施工机械的行进路线，安全防火设施等一切施工所必需的临时工程设施进行合理设计、有序摆放和科学管理。

4）施工人员操作规范化管理

施工单位要严格按照国家及行业的有关规定，按各工种操作规程及工作条例的要求规范施工人员的行为，坚决贯彻执行各项安全管理制度，杜绝由于违反操作规程而引发的工伤事故。

5）施工安全技术管理

在施工生产过程中，为了防止和消除伤亡事故，保障职工的安全，企业应根据国家及行业的有关规定，针对工程特点、施工现场环境、使用机械以及施工中可能使用的有毒有害材料，提出安全技术和防护措施。安全技术措施在开工前应根据施工图编制。施工前必须以书面形式对施工人员进行安全技术交底，对不同工程特点可能造成的安全事故，从技术上采取措施，消除危险，保证施工安全。施工中对各项安全技术措施要认真组织实施，经常进行监督检查。对施工中出现的新问题，技术人员和安全管理人员要在调查分析的基础上，提出新的安全技术措施。

2.2 建筑施工安全管理制度

为了认真贯彻落实国家制定的安全生产方针政策，牢固树立“安全第一、预防为主”的思想，首先要建立健全各项安全生产管理制度，从制度上保证安全工作的落实。

2.2.1 安全生产责任制度

(1) 按照“管生产必须管安全”的原则，企业要从上到下地建立安全生产责任制。公司与分公司或项目经理部、分公司与项目经理部、项目部与生产班组都要订立安全生产责任状。公司、分公司的各级管理部门都要在工作职责中明确安全管理责任，如分管生产的行政负责人，对生产过程中的劳动安全工作负直接领导责任，总工程师或技术负责人，对劳动安全工作负技术责任，分管其他业务的负责人，对分管业务范围内的劳动安全工作负责，项目经理对所承担工程项目的安全生产负直接责任等。通过建立责任制，明确各级领导、各职能部门和各类管理人员在生产中应负的安全职责。

(2) 在制定生产经营责任目标的同时，制定安全责任目标。只有把安全和生产从组织领导上统一起来，将安全指标作为各级施工管理机构、管理人员以及施工现场生产负责人责任目标的重要内容，才能增强各级生产管理人员的安全责任心，确保国家有关安全生产和劳动保护政策得到贯彻落实。

(3) 在检查施工进度的同时，检查各级领导、各职能部门的安全生产指标完成情况，把安全生产指标的完成情况作为各级领导、各级管理人员工作业绩考核的重要内容，作为年终评比的主要条件之一。实行重大安全事故一票否决制。

2.2.2 安全生产教育制度

安全教育的目的，是通过给施工人员灌输安全生产知识，安全技术业务知识，安全生产制度和法规等，提高全员安全素质。

(1) 企业要经常组织工程项目管理人员脱产或半脱产学习国家、行业及企业有关安全生产、劳动保护的规定和规章制度。在组织施工生产时，要树立"安全第一、预防为主"的指导思想，增强安全意识，把安全工作渗透到生产管理的各个环节中去，实实在在地做好安全工作。

(2) 定期对基层管理人员和专兼职安全员进行培训，组织他们学习国家及行业有关安全政策、法规、条例、操作规程等。对基层管理人员和安全员进行安全知识及安全技能培训，按照建设部的规定，施工现场专职安全员每年要集中培训 40 学时，经考试合格才能上岗。经过培训，使安全员不仅懂政策，而且熟悉和掌握本行业的安全知识和操作规程，在施工中能及时发现事故苗头，把事故消灭在萌芽状态。发生事故后，能采取正确的措施及时处理，把事故的危害控制在最小的范围内。基层专兼职安全员的职业技术能力和工作责任心是企业搞好安全工作的重要保证。

(3) 不仅项目经理、施工负责人、安全员要进行安全培训和安全教育，参加施工的所有工人在进入岗位前，均要进行入场安全教育和岗位安全技术教育。特种作业人员(如电工、架子工、起重工、电焊工等)还要经专业培训考核，持证上岗。除了以上这些基础安全教育工作外，还要对全体场内施工人员进行上岗后的经常性安全教育，使职工经常保持较高的安全生产意识。只有全体施工人员高度重视安全工作，才能将工伤事故的发生率降下来。

(4) 新工人进场应组织"三级安全教育"，公司安全技术科负责进厂安全教育，分公司(处、厂、站、队)要根据本单位特点，讲解安全操作规程和现场必须遵守的安全生产规章制度等。新工人到达班组，班组要进行工种岗位教育，提出本工种安全操作要求，未掌握安全操作要领前，不能独立工作。

(5) 对从事有尘、毒危害作业的工人，要进行专业安全教育。教育内容包括尘、毒的危害，企业采取的防护措施，职工个人需掌握的防治知识和防护技术等。防护技术需反复演练。

2.2.3 安全生产检查制度

1) 安全生产检查的基本内容

安全生产检查的基本内容是根据建筑施工的特点及国家的有关规定，查思想、查制度、查事故隐患、查机械设备、查安全设施、查安全教育培训、查操作行为、查劳保用品使用、查伤亡事故处理、查现场文明施工等。

2) 综合性安全大检查

公司一级的安全大检查，由公司安全部门牵头，主管领导参加，主要检查各施工工地安全措施的落实情况。公司一级的安全大检查每季度组织一次，分公司每月组织一次安全检查，施工现场由项目经理、总工长组织的安全检查，每周进行一次，专职安全员日查并随时巡查。通过层层安全检查，能够及时发现施工生产中的不安全因素，从而采取有效措施，消除事故隐患，保障安全生产。建立定期安全检查制度，是搞好安全生产的前提和保障。

3）专项、重点检查

在进行综合性检查的同时，还应定期或不定期的组织专项安全检查，对容易发生事故的工种和设备，如锅炉工、架子工、压力容器、大型吊装设备、大型土方处理设施、升降机等，以及复杂的施工条件，经常组织专业性安全大检查。

4）特殊日子和特殊季节的安全检查

重大节假日，如元旦、春节、五一国际劳动节、国庆节等假日加班的职工要重点进行安全教育，同时要认真检查节假日期间安全防范措施的落实。

在雨季、风季、冬季、夏季等特殊季节，要检查防冻、防滑、防潮、防触电、防中暑、防坠落、防倒塌和防洪等特殊防护措施的落实情况。

2.2.4 高处作业安全管理制度

高处作业是指在坠落高度离基准面 2 m 以上（含 2 m），有可能坠落的高处进行的作业。建筑工程施工中，高处作业占有很大的比重，稍不留意就可能发生安全事故。

(1) 各级领导要高度重视高处作业的安全工作，组织有关部门，根据国家建设部关于《建筑施工高处作业安全技术规范》(JG 80—91)和《建筑安装工人安全技术操作规程》中有关高处作业的规定，制定出一套符合本工地实际的高处作业安全制度或纪律，制定落实措施，强制执行。

(2) 凡从事高处作业的职工，都要参加上岗前学习和培训，内容为：

① 党和国家有关安全生产的方针政策，国家、行业有关高处作业的操作规程、规范等。

② 本单位有关高处作业安全管理的规章制度、纪律。

③ 在高处作业的相关工种的安全生产基本知识，如钢筋、架子、电焊、起重吊装、机械、电气等工种的安全技术操作规程等。各工种应分别培训。

④ 介绍施工现场安全防范措施、防护设施、防护用品使用的基本知识。

⑤ 发生紧急情况后如何抢险、排险、自救等方面的知识。

(3) 加大宣传力度，把有关高处作业安全方面的规定、纪律制成醒目的标语，广为张贴、宣传，使职工增强安全意识，严格按操作规程办事。

(4) 安全检查要重点检查高处作业，定期检查与每日巡查相结合，评比与奖惩相结合，切实把安全工作做好。

2.2.5 电气安全管理制度

施工现场电气安全管理是建筑工程施工安全管理的重要内容。

(1) 建筑施工工地用电多为临时用电，操作人员容易产生临时观念。工地要经常对电工或兼职电工进行思想教育和安全教育，教育他们增强工作责任心，严格按照国家关于《施工现场临时用电安全技术规范》(JGJ 46—2005)的要求办事，坚决杜绝违规操作。

(2) 临时用电设备 5 台至 5 台以上或总容量在 50 kW 及 50 kW 以上者，应编制临时用电施工组织设计，将临时用电管理规范化。

(3) 结合施工现场临时用电实际情况，制定安全用电技术措施和电气防火措施。该项措施的实施应具有强制性。

(4) 定期对电气设备进行检查（每月一次），对不安全和有损坏的电气设备要及时维修，破损、老化的电线要及时更换。每年在雨季前，还要对电气设备进行一次全面检查，对配电箱、闸箱等室外电器应装设漏电保护器和防雨设施。

(5) 对所有职工进行安全用电常识的宣传教育，使其掌握触电急救的方法。

2.2.6 防火防爆安全管理制度

施工现场人员、设备非常集中，各种机械、工具交叉使用，如果管理不善，容易酿成火灾和爆炸事故。火灾和爆炸事故均为重大安全事故，不仅会给工程带来巨大损失，还会造成人员伤亡，企业也会因此承受不可估量的经济损失，有些甚至还要承担法律责任。为了防止火灾和爆炸事故的发生，必须建立和健全防火防爆安全管理制度。

(1) 组织施工人员认真学习《中华人民共和国消防条例》和公安部《关于建筑工地防火的基本措施》，要教育参加施工的全体职工认真贯彻执行消防法规，增强全员的法律意识。

(2) 在拟定施工组织设计的同时，要拟定现场防火措施，配备足够的消防灭火器具，并在施工平面图上标定现场消防通道。根据工程情况，设计合理的专用消防水管网，配备消防栓。

(3) 定期对职工进行消防技能培训，使所有施工人员都懂得基本防火防爆知识，掌握安全技术，能熟练使用工地上配备的防火防爆器具，能掌握正确的灭火方法。

(4) 施工现场应统筹规划，严格按规定划分用火作业区、易燃材料区、生活区等，保持防火间距。对现场的临建设施和仓库更要严格管理。存放易燃液体和易燃易爆材料的库房，要设置专门的防火防爆设备，采取消除静电等防火防爆措施，防止火灾、爆炸等恶性事故的发生。

(5) 建立现场明火管理制度。施工现场未经主管领导批准，任何人不准擅自动用明火。从事电焊、气焊的作业人员要持证上岗(用火证)，在批准的范围内作业。要从技术上采取安全措施，消除火源。

(6) 施工现场内严禁吸烟，工地要树立警示牌，现场可设立吸烟室，室内放置必要的消防器具。对违反规定者要从重处罚。

2.2.7 劳动(工业)卫生安全管理制度

劳动(工业)卫生安全管理是为了改善劳动条件，保护职工的健康，防止和消除高温、粉尘、高湿、有毒气体或其他有害因素对职工健康的危害而采取的预防和卫生保健措施，通过加强管理而减轻或消除危害。

劳动(工业)卫生安全管理制度包括如下内容：

(1) 在编制设计方案时，对有毒、有害或粉尘环境的施工条件要设计预防措施，确保职工的安全卫生和健康。

(2) 对在有毒、有害场所作业的工种以及在粉尘环境作业的职工，要坚持每天检查，查安全防护用品是否安全可靠，预防措施和卫生保健技术措施是否落实，确保一线工人在生产作业中的安全和健康。

(3) 定期组织在有毒、有害场所作业的工种以及在粉尘环境作业的职工进行体检，查出问题的职工要及时送往医院治疗。

(4) 特殊季节要做好防寒、防冻、防暑降温、预防煤气中毒等工作。施工现场必须有安全技术措施和必要的设备。

2.2.8 职工伤亡事故报告制度

(1) 职工发生负伤并使其工作中断超过一个工作日以上的都属伤亡事故，负伤人员和最先发现的人应该立刻报告班组长、工长或项目经理。工长或项目经理必须在下班前报告分公司、公司经理，并按规定在事故发生48小时内填写《伤亡事故登记表》，分送安全部门和工会，作为原始记录存档，不得隐瞒不报或故意拖延报告。

(2) 施工现场发生死亡或重伤事故时，不论是白天还是晚上，都应迅速逐级上报。施工负责人在组织抢救的同时，应及时召集现场目击者或当事人询问情况，做好记录，并将初步调查情况写成报告，内容应包括事故发生的时间、地点，伤亡者的姓名、年龄、工种、职称，事故发生原因及简要经过，并提供当时在场的目击者及事故责任人（或肇事嫌疑人）等，在24小时内报主管上级部门和当地劳动部门、工会，必要时还应向检察部门或公安、交通部门报告。

(3) 各单位应在每月的三日前，将上月的死亡、重伤、轻伤数字汇总，填报事故月报表，报上级主管部门及省市劳动部门。

(4) 发生死亡、重伤事故应及时处理结案，填报《职工伤亡事故调查报告书》上报有关部门。

职工伤亡事故报告制度是劳动保护工作的重要环节，坚持伤亡事故报告制度，有利于上级部门查明事故原因，分清事故责任，拟定改进措施，有效地防止同类事故的发生。

2.2.9 安全值班制度

1) 安全值班的人员和时间

公司一级应由公司正副经理、安全科负责人轮流担任安全值班任务。每月由安全科排出值班表，下发到各分公司和项目经理部；分公司、处、厂的领导也要轮流值班，每天要有一位领导负责安全生产工作；项目经理或工长对自己负责的工程项目的安全生产全面负责，坚持每天安排、检查安全工作。坚持安全值班制度，就能够保证施工现场的安全工作天天有人抓，处处有人管，隐患有整改，措施能落实。

2) 值班人员职责

各级安全值班人员在值班期间负责本单位的安全生产工作。其职责范围包括：

(1) 督促、检查各项安全制度、措施的落实。

(2) 解决和处理施工中碰到的安全生产方面的问题。

(3) 纠正施工中的违章指挥和违规操作行为。

(4) 对基层发现的事故隐患，主管领导决不能掉以轻心，要及时指派技术人员或者亲赴现场排除隐患。

(5) 值班期间发生重大事故、未遂重大事故，要及时向上级主管部门和主管领导汇报，并以最快的速度赶赴事故现场，组织排险或抢救伤员。

(6) 做好值班记录，如实记载施工现场安全情况、事故隐患整改情况、事故或未遂事故的处理情况等。

3) 交接班制度

各级值班人员在交班时，要将本班所做的工作、已经解决的问题，下一班应当注意的问题和需要继续解决的问题，向下一班值班人员做交代。接班人员要及时处理上一班移交的、尚未解决的问题，并将处理情况做详细记录。

4）主管领导负责制

（1）公司主管安全生产的领导，负责领导和检查各级安全值班人员的工作，对企业发生的重大伤亡事故负领导责任。

（2）主管安全生产的领导，首先要提高自身的安全生产意识，把安全工作当作头等大事来抓，落实各项安全措施，扎扎实实地做好安全工作。

（3）定期或不定期地检查安全值班人员上岗情况、岗位职责履行情况，发现值班人员有脱岗或不负责任等行为，要给予严厉批评，及时撤换不称职的安全值班人员。

（4）经常深入工地，及时处理各级安全值班人员反映的问题，排除事故隐患。

（5）通过宣传、教育、培训、检查、表彰、处罚和现场会等方式，提高各级安全值班人员的安全意识和工作责任心。

2.2.10 外包工程的安全管理

外包工程，特别是包给县以下（三级以下）施工队伍的工程，一定要加强安全管理，做好各类事故的预防工作，保障劳动者的安全和健康。

（1）凡是外包工程，在签订承包工程协议书时，必须同时签订安全责任协议书。协议书内容应包括：职工的安全教育与培训，施工中应采取的安全技术措施，安全设施的搭建与管理，劳保用品的发放、管理，伤亡事故的处理、责任和费用，安全责任的划分以及对责任人的经济处罚等。

（2）凡是外包工程，项目经理部有责任对包工队的施工人员进行检查，特殊工种、危险工种的工人必须持证上岗。凡属国标 GB 5306—85 标准规定的特殊工种从业人员，必须经过安全技术培训，经考核合格、发给操作证，方准独立操作，达不到国家规定的标准不能上岗。

（3）凡外包工程，外包工队伍的负责人对施工安全负全部责任，但公司领导、项目经理有责任要求他们按照国家有关安全生产的规定组织生产，建立安全生产责任制度，对职工进行安全教育，定期组织安全检查，确保施工安全。

（4）分公司、项目经理部的领导以及负责安全的工作人员，应经常对包工队的安全生产情况进行监督检查，纠正违章指挥、违章操作、违反劳动纪律的人和事。发现重大事故隐患及时提出整改意见和签发整改通知单，对整改不力或拖延者，应给予经济处罚，直至停工。情节严重的可辞退或终止合同。

2.3 建筑施工安全管理组织

建立以企业厂长（经理）为领导，总工程师为技术总负责，有各职能部门参加的，以项目经理（或主任、总工长）为第一责任人，以班组长和安全员为执行人的安全管理网络体系，是保障安全生产的重要组织手段。没有规章制度，就没有准绳，就无章可循。有管理制度，没有组织保证体系，制度就是一纸空文，没有任何意义。

2.3.1 施工安全管理组织

施工安全管理网络体系可以分为两大系统，一是以企业经理(厂长)为领导的、有各职能部门参加的安全生产管理系统；二是以项目经理(或主任、总工长)为第一责任人的安全生产管理制度执行系统。

2.3.2 安全生产管理责任制

1) 职能部门安全管理职责

(1) 安全生产委员会暨安全领导小组安全管理职责

① 认真贯彻执行国家有关安全生产的法律、法令、法规、条例以及操作规程等，并根据国家有关规定，主持制定本企业安全生产管理制度，组织编制安全技术措施。

② 建立和完善基层安全管理组织体系，选拔业务好、责任心强的同志担任各级安全管理工作。

③ 定期组织安全教育培训，使各级干部和广大职工都懂得国家有关政策，懂操作规程，并自觉按照操作规程办事。

④ 定期组织安全检查和总结评比，发现事故苗头及时纠正，对安全工作做得好的工地和个人给予表彰和奖励。

⑤ 负责对伤亡事故的调查和处理，主持安全事故分析会，总结经验教训，对于出现问题的环节，积极采取补救措施，把事故消灭在萌芽状态。

安全领导小组由企业经理、主管安全工作的副经理、安全部门负责人等构成，代替安全委员会行使日常管理职能，是安全生产委员会的执行机构，负责安全委员会的重大决策以及日常安全检查工作的贯彻落实，负责伤亡事故的调查和处理。

(2) 安全部门安全管理职责

① 企业的安全科、室是专职从事安全管理的职能部门，在安全生产委员会和安全领导小组的领导下，做好安全生产的宣传教育和管理工作。

② 组织制定修改企业安全生产管理制度，参加审查施工组织设计和编制安全技术措施计划，并对执行情况进行监督检查。

③ 深入基层，指导下级安全员的工作，掌握安全生产情况，调查研究，组织评比，总结推广先进经验。

④ 定期组织安全检查，发现事故隐患限期整改，及时向上级领导汇报安全生产情况。

⑤ 抓好专、兼职安全员的业务培训工作，会同有关部门共同做好新工人、特殊工种工人的安全技术培训、考核、复审、发证工作。

⑥ 参加工伤事故的调查、处理和分析研究，做好工伤事故的统计上报工作。做好事故档案的管理工作。

⑦ 制止违章指挥和违章作业，遇到严重违章并出现险情时，有权决定暂停生产，并报告上级处理。在必要的情况下，有权越级上告。

(3) 设备(动力)部门安全管理职责

① 认真贯彻执行国家关于机械、电气、起重设备、锅炉、压力容器等设备的安全操作规程，并根据国家有关规定制定本单位安全运行制度，负责该制度的检查落实。

② 各类机械设备必须配齐安全保护装置，按规定严格执行维修保养制度，易损零部件定时更换制度，确保机械设备安全运转。

③ 负责机械、电气、起重、锅炉、压力容器等设备的安全管理，按照安全技术规范的要求，定期检查安全防护装置及一切附件，保证全部设备处于良好状态。

④ 新购置的机械、锅炉、压力容器等，必须符合安全技术要求。负责组织投产使用前的鉴定验收。新设备(包括自制设备)使用前都要按照国家有关规定制定安全操作规程，并严格按操作规程办事。操作新设备的工人，上岗前要进行岗位培训。

⑤ 负责组织对机械、电气、起重设备的操作人员，锅炉、受压容器的运行人员定期培训、考核，成绩合格者，按有关规定发给技能培训合格证，杜绝无证上岗。

⑥ 参与机电设备事故的调查处理，在调查研究的基础上提出技术与管理方面的改进措施。对违章作业人员要严肃处理。

(4) 教育部门安全管理职责

① 凡举办各种技能培训班时，都必须安排相关的安全教育课程。通过职工教育渠道，广泛开展安全生产宣传教育活动，普及安全知识，增加职工的安全意识。

② 将安全技术教育纳入职工培训计划，定期举办安全技术培训班，通过理论学习和现场演练，使施工人员都能自觉地遵守安全生产规章制度，按操作规程办事。教育部门有责任配合有关部门做好新工人入场、老工人换岗和临时工、合同工、农民工、机械操作工，特种作业人员的培训、考核、发证工作。

(5) 行政(后勤)部门安全管理职责

① 后勤部门岗位多，人员复杂，也是安全问题多发区。行政(后勤)部门领导要经常对本单位职工进行安全教育，转变那种只有工地才有安全问题的错误观念，使后勤职工都能增强安全意识，自觉做好安全工作。

② 对行政(后勤)部门管理的机电设备，炊事机具、取暖设备，要指定专人负责，定期检查维修，保证安全防护措施齐全、灵敏、有效。

③ 夏季要向工地足额供应符合卫生要求的清凉饮料，做好防暑降温工作。保证饭菜质量，防止食物中毒。冬季要做好防寒保暖工作。

④ 督促有关部门做好劳动保护用品、防暑降温用品以及防寒保暖材料的采购、保管、加工、发放工作。

⑤ 会同保卫部门定期组织对宿舍、食堂、仓库的安全工作大检查。防止垮塌、爆炸、食物中毒和交通事故的发生。食堂和仓库要重点防止火灾。

(6) 人事劳资部门安全管理职责

① 负责新工人招工、体格检查与职工干部的教育，会同有关部门共同做好新工人入场安全教育。

② 负责对实习培训人员、临时工、合同工的安全教育、考核发证工作，未经考核或考核不及格者不予分配工作。

③ 负责对劳保用品发放标准的执行情况进行监督检查，并根据上级有关规定，修改和制定劳保用品发放标准实施细则。

④ 负责审查认证外来民工队的安全技术资质证书，审查不合格者不予签订劳动承包合同书。

⑤ 会同安全部门共同做好特殊作业人员的安全技术培训工作，保持特殊作业人员的稳定，对不适宜从事特殊作业的人员负责另行安排工作。合理安排劳动组合，严格控制加班加点。加强女工劳动保护，禁止使用童工。

⑥ 加强职工劳动纪律教育，对严重违反劳动纪律的职工及违章指挥的干部，经说服教育仍屡教不改者，应提出处理意见。参加重大伤亡事故的调查，对工伤者提出鉴定意见和善后处理意见。

(7) 医疗卫生部门安全管理职责

① 经常深入施工现场，对职工进行安全卫生教育。定期聘请卫生技术部门对施工现场进行测毒、测尘工作，提出预防措施，降低职业病发生率。

② 定期组织从事有毒、有害、高温、高空作业的人员以及新工人进行健康检查，做好职业病的治疗工作和建档、建卡工作。

③ 普及现场急救知识，做好食品卫生的质量检查和炊事人员、清凉饮料制作人员的体检工作。

④ 发生工伤事故后，积极采取抢救、治疗措施，并向事故调查部门提供工伤人员伤残程度鉴定。

(8) 材料供应部门安全管理职责

① 供应施工现场、车间使用的各种防护用品、机具和附件等，在购入时必须有出厂合格证明。发放时必须保证符合安全要求，回收后必须检修。

② 对危险品的发放，应建立严格的管理制度并认真执行。

对施工现场提供的一切机电设备都要符合安全要求。复杂或容易发生事故的设备、机具购买时应与厂家订立安全协议，并要求厂家派人定期检查。

③ 施工现场安全设施所用材料应纳入计划，及时供应。超过使用期限、老化的设施也应纳入计划，及时更换。

(9) 保卫部门安全管理职责

① 协同有关部门对职工进行安全防火教育，开展群众性安全生产活动。

② 主动配合有关部门开展安全大检查，狠抓事故苗头，消除事故隐患。

③ 重点抓好防火、防爆、防毒工作。对已发生的重大事故，协同有关部门组织抢救，查明性质。对性质不明的事故要参与调查，一查到底。对破坏和破坏嫌疑事故，要协助公安部门调查处理。

(10) 总包和分包单位安全管理职责

总包单位安全管理职责如下：

① 总包单位对整个工程施工过程中的安全问题负领导和管理责任。

② 负责审查分包单位的施工方案中是否具备安全生产保证体系，安全生产设施是否到位，不具备安全生产条件的，不予发包工程。

③ 负责向分包工程单位做详细的技术交底，提出明确的安全要求，并认真监督检查。

④ 在承包合同中要明确总、分包单位各自应承担的安全责任，发现分包单位有违反安全规定冒险蛮干或安全设施偷工减料等现象，总包单位有权勒令其停产。

⑤ 对施工中发生的伤亡事故负管理责任，并参与处理分包单位的伤亡事故。

分包单位安全管理职责如下：

① 承担合同规定的安全生产责任，负责搞好本单位的安全生产管理工作。

② 服从总包单位的安全生产管理，执行总包单位有关安全生产的规章制度。

③ 定期向总包单位汇报合同规定的安全措施落实情况，及时报告伤亡事故，并按承包合同规定处理伤亡事故。

2）施工现场生产组织机构安全管理职责

（1）项目经理部安全管理职责

① 根据国家及行业的有关规定，结合施工现场的具体情况，建立一整套安全管理制度，使工地的安全工作有章可循，把施工现场的安全管理工作制度化、规范化。

② 成立以项目经理（工地负责人）为主的，有安全员、施工员、机械员、班组长等参加的安全管理机构，制定工作计划。

③ 建立轮流值班制度，使施工现场安全工作每天都有专人管理。把安全生产目标与经济效益挂起钩来。

④ 在每天日常检查的基础上，定期组织综合性的安全大检查，同时进行检查评比，表彰先进，对存在的问题及时纠正。坚决杜绝违章指挥。

（2）基层班组安全生产职责

① 每天上班前，对当天的作业环境，气候条件，本班的主要工作内容，各工种的质量技术要求、操作工艺流程及特殊工种的技术要求等进行技术交底。

② 对施工中容易出现问题及已经发现事故苗头的工种、工序，及时加强安全措施，排除事故隐患，并引以为戒，反复强调安全问题，引起施工人员从思想上对安全工作的高度重视。

③ 每天上班后应首先检查施工人员劳保用品的正确使用情况，机械设备是否完好，各项安全技术措施是否落实。

④ 做好安全记录，如上岗前安全交底情况，安全检查中发现的问题及采取的防护措施，下一班应注意的问题等。

3）企业各级管理人员及一线工人安全生产责任制

（1）企业经理（厂长）和主管生产的副经理安全管理职责

① 公司经理（厂长）和主管生产的副经理，对本企业的安全生产和劳动保护工作负总的领导责任。

② 认真贯彻执行国家有关安全生产和劳动保护的政策、法令及各类规章制度，把安全生产列入企业的重要议事日程，在计划、布置、检查、总结和评比生产工作的同时，必须计划、布置、检查、总结和评比安全工作。

③ 主持制定企业各项安全生产管理制度以及各级管理人员的安全生产责任制，制定本年度安全生产工作计划和奖罚措施，建立健全安全生产管理组织体系，组织审批安全技术措施，落实安全管理工作经费。

④ 定期向企业职工代表大会报告安全生产情况。

⑤ 深入施工第一线，在调查研究的基础上，总结经验和教训，分析安全生产中的问题，研究解决措施，消除事故隐患，贯彻落实预防为主的方针。

⑥ 定期组织安全生产检查，开展安全竞赛活动，对安全工作做得好的部门和工地大张旗鼓地进行表彰，推广其先进经验。问题较多的部门和工地要给予批评，限期整改。

⑦ 组织安全培训，对各级管理人员，特别是一线管理人员及现场专、兼职安全员进行培训，组织他们学习国家关于安全生产方面的文件、政策，掌握有关的业务知识。对职工进行安全技术培训和遵纪守法的教育。

⑧ 主持重大伤亡事故和重大机械设备事故的调查分析，按照“三不放过”的原则及时严肃处理，并向上级报告。做好伤亡事故的善后处理工作。

(2) 总工程师安全管理职责

① 总工程师对本企业的安全技术工作负领导责任。

② 在施工组织设计编制和审批过程中，负责组织制定和审批相应的安全技术操作规程，采用新技术、新工艺、新设备、新材料时，必须编制安全技术措施。

③ 提出改善劳动条件的项目和实施措施，并付诸实践。

④ 负责对职工进行安全技术教育，及时解决施工中出现的安全技术问题。

⑤ 对安全生产方面的技术革新项目，负责组织技术鉴定。

⑥ 参加重大伤亡事故和重大机械设备事故的调查分析，提出技术性的鉴定意见和安全技术方面的预防、改进措施。

(3) 安全部门负责人安全管理职责

① 在企业安全委员会和安全领导小组的领导下，负责企业的安全管理工作。负责组织本科室人员和基层专、兼职安全技术人员的政治、业务学习，主持每月一次的安全工作例会。

② 根据国家有关政策，制定本企业的安全生产规章制度并组织实施。

③ 负责组织本科室工作人员和专、兼职安全员的业务技术培训，会同有关部门做好新工人和特殊工种工人的培训、考核、发证工作。

④ 组织开展安全方面的宣传教育活动，定期组织安全大检查，发现问题及时向安全委员会和安全领导小组汇报，并迅速采取防范措施，防止伤亡事故的发生。

⑤ 主持制定安全管理奖惩条例，参与伤亡事故的调查和处理。

(4) 安全科科员安全管理职责

① 在科长领导下，认真贯彻执行国家有关安全生产、劳动保护的政策、法令，参加制定和修改企业安全生产管理制度。

② 做好安全生产的宣传教育工作。组织基层专、兼职安全员的业务技术培训。

③ 参与编制和审查安全技术防范措施，协助有关部门做好新工人的安全技术培训与特殊工种人员的考核、发证工作。

④ 搞好安全生产月报、季报、年报的统计工作。

⑤ 参加安全生产检查，参与伤亡事故的调查、处理和分析工作。

⑥ 做好档案管理工作。

(5) 项目经理安全管理职责

① 按照“管生产必须管安全”的原则，项目经理既是工程项目施工的最大责任者，也是安全工作的最大责任者。项目经理(总工长)对所承担的施工项目的安全生产负直接领导责任。

② 在公司安全委员会和安全科的领导下，认真贯彻执行国家和企业制定的各项安全法规，自觉接受上级机关对安全工作的检查监督。

③ 认真落实施工组织设计中安全技术管理的各项措施，严格执行安全技术措施审批制

度、施工项目安全交底制度和设施，设备交接验收使用制度。

④ 定期组织有工地“六大员”参加的安全检查（每月两次），按照国家建设部部颁标准对施工现场安全工作进行检查评分，并组织评比。及时采取措施纠正不安全因素，防患于未然。

⑤ 认真执行国家及企业有关安全工作的奖惩办法，定期检查工长和管理人员对安全技术交底工作的落实执行情况，对违章指挥、违章作业、违反劳动纪律的班组和个人进行经济处罚，对安全工作做得好的工号、班组和个人给予表彰奖励。

⑥ 发生重大事故后，要立即组织人员保护现场，抢救伤员，并立即向主管上级报告，配合有关部门搞好调查。

(6) 工长、施工员、工区主任、项目负责人安全管理职责

① 工长、施工员、工区主任、项目负责人是安全措施的执行人，对所承担的那部分施工项目的安全生产负直接责任。

② 组织落实安全技术措施，进行安全技术交底，对施工现场搭设的架子以及电气、机械等设备的安全防护装置，都要组织检查验收，合格的方能使用。不违章指挥。

③ 坚持安全第一、预防为主的方针，组织职工认真学习本工种安全技术操作规程，坚持安全操作，不违章作业。

④ 发生工伤事故后，要立即组织排险、上报、抢救伤员，并保护好现场，参加调查，负责整改措施的落实。

⑤ 每周组织一次安全讲评工作。

(7) 基层班组长安全生产职责

① 要严格遵守安全生产规章制度，带领本班组安全作业。

② 认真执行安全技术交底，做好班前、工作中和班后的安全检查及教育工作。

③ 有权拒绝违章指挥。发现问题及时采取改进措施，把事故消灭在萌芽状态。

④ 组织召开安全日学习活动，开好班前安全生产会，做好收工前的安全检查，组织每周的安全讲评活动。

⑤ 发生工伤事故要立即组织抢救，保护好现场并向工长报告。如实反映现场情况，配合调查组搞好事故调查。

(8) 生产工人安全生产职责

① 严格按照安全技术操作规程办事，服从各级安全管理人员的管理，积极参加各项安全生产活动。

② 遵守劳动纪律，进入现场一定要戴安全帽，危险作业应挂安全带。施工中应严格按要求使用安全防护用品。

③ 积极参加安全技术交底和安全工作评比活动，经常向管理人员提合理化建议。坚决杜绝违章作业。当危险作业面交底不清、防护设施不完备、不能保障生产者人身安全时，可拒绝接受任务，并立即向上级主管部门报告。

2.4 施工现场安全员职责

安全生产工作关系到整个工程的顺利进行和职工的安危与健康，任何工作上的失职、疏

忽和失误，都有可能导致重大安全事故的发生，所以安全员的责任重大。

2.4.1 安全员职责

(1) 施工现场安全员是协助项目经理履行安全生产职责的专职助理，其主要职责是协助项目经理做好安全管理工作，指导班组开展安全生产。

(2) 认真贯彻落实安全生产责任制，执行各项安全生产规章制度，会同有关部门搞好安全生产的宣传教育和培训，组织安全工作检查评比，总结推广安全工作先进经验。组织好施工现场的安全竞赛或"百日"(千日)无事故活动。

(3) 忠于职守，坚持原则，督促一线施工人员严格按照安全操作规程办事，认真做好安全技术交底，对违反操作规程的行为给予及时制止。

(4) 参加编制施工方案和安全技术防范措施，每日进行安全巡查，发现事故隐患及时纠正。如遇紧急情况，可当机立断，要求立即停止生产，及时向上级报告情况。有权拒绝违章指挥。

(5) 参加伤亡事故的调查处理，做好工伤事故统计、分析和报告，协助有关部门提出预防措施。根据施工现场实际情况，经常向安全管理部门和有关领导提出改善安全生产和改进安全管理的建议。

2.4.2 安全员应知应会

(1) 熟悉安全生产方针政策，了解国家及行业有关安全生产的所有法律、法规、条例、操作规程、安全技术要求等。熟悉工程所在地建筑管理部门的有关规定。

(2) 熟悉施工现场各项安全生产制度，有较强的事业心和责任感，敢于坚持原则，秉公执法。

(3) 懂技术，有一定的专业知识和操作技能，熟悉施工现场各道工序的技术要求，熟悉生产流程，了解各工种各工序之间的衔接，善于协调各工种、工序之间的关系。

(4) 有施工现场工作经验，经常分析工地安全技术资料，善于总结经验和教训，有洞察力和预见性，及时发现事故苗头并提出改进措施。

(5) 有现场组织能力，有分析问题和解决问题的能力，胆大心细，对突发事故能够沉着应对。

(6) 有一定的防火防爆知识和技术，能够熟练地使用工地上配备的消防器材。懂得防尘防毒的基本知识，会使用防护设施和劳保用品。

(7) 对工地上经常使用的机械设备和电气设备的性能和工作原理有一定的了解，发现问题能够正确处理。

(8) 对起重、吊装、脚手架、爆破等容易出事故的工种或工序应有一定程度的了解，懂得脚手架的负荷计算、架子的架设和拆除程序，土方开挖坡度计算和架设支撑，电气设备接零接地的一般要求等。

(9) 大工程和特殊工程施工现场安全员应该具有建筑力学、结构力学、建筑施工技术等学科的一般知识。

2.4.3 安全员日常工作

(1) 编制安全计划

安全员在月、季、年度末时，要编制下一月、季、年度安全计划。根据施工特点和季节特点，提出每月、每季度和每年度安全工作重点。针对存在问题，提出改进措施和重点注意事项。在特殊情况下，还要提出每一旬的安全工作要点。

(2) 开展安全宣传工作

利用工地的宣传栏、围墙以及有线广播等一切方式，大张旗鼓地开展安全宣传工作。要首先做好整体规划，围墙上刷醒目的安全标语和警示口号，宣传栏上宣传有关安全的法规、条例和操作规程，有线广播公布评比结果。表扬注重安全的好人好事，批评违反操作规程的现象。总之，安全问题要年年讲、月月讲、天天讲，要宣传得家喻户晓，深入人心，形成人人重视安全工作的好风气。

(3) 每日巡查现场

每日巡查现场是安全员的日常工作，每日的巡查一定要认真、仔细，不能流于形式。巡查的内容为：安全计划的落实情况，安全技术措施的执行情况，安全防护设施是否齐备，是否完好，劳动保护用品的使用情况。对于巡查中发现的不安全因素，及时采取补救措施，排除险情。纠正施工中的违章指挥和违章作业，配合技术人员及时解决施工过程中暴露出来的安全技术方面的问题，发现事故隐患及时向上级报告。

(4) 班前安全技术交底

每天开工前，安全员要进行安全技术交底：强调每一岗位的安全技术要求，各道工序的安全注意事项，上一班遗留下来的、本班应引起重视的容易引起安全事故的问题以及特殊工种之间的配合等等。安全员每日班前讲话，是防止施工现场安全事故的一项有效措施。

(5) 防火防爆

每周一到两次检查防火防爆设施是否完好，能否正常使用，冬季是否有防冻措施，检查电气设备和线路是否完好，有无漏电或短路。易燃易爆物品是否有专人管理，管理制度是否落实。施工现场明火管理制度是否健全，电、气焊作业面、厨房、茶炉应远离易燃易爆品仓库，防止火星飞出引起爆炸事故或火灾。在易燃易爆物品存放地是否备有足够的灭火器材。建立严禁吸烟制度，必要时应建立吸烟室。

(6) 季节施工安全工作重点

冬期、雨季是建筑工程施工中事故多发季节，冬期施工要做好保温、防冻、防滑工作，下雪天要及时组织人员清扫清理现场，脚手架和高大设备要增加防滑措施。高处作业和深坑作业，雨季、冬期容易发生坠落和坍塌，要经常检查安全网和支撑架。雨季每天检查电动工具、露天设备、电闸箱的防雨、防潮措施和漏电装置是否齐备，检查电线接头是否有胶布脱落或渗水，防止漏电。雷雨季节高大设施如起重机、脚手架、龙门吊等要做好防雷保护。较大较空旷的施工现场要有避雷设施。高温季节应加强施工现场的通风和降温措施，施工现场一定要有茶水亭和茶水桶，有杯子并配备消毒设备。

3 建筑工程分部分项安全技术

3.1 建筑工程安全生产的一般规定

3.1.1 施工现场安全防护

1）安全防护技术的概念

建筑工程施工由于高处作业多、立体交叉作业多、作业面变化多、地下作业多、临时人员多和受气候的影响大等特点，加上安全生产管理和安全防护技术落后于其他行业，所以伤亡事故频率一直很高。据有关部门统计，建筑业因工伤亡的人数，大体占工业企业整个行业因工伤亡人数的50%左右，因而建筑业的安全防护任重道远。

安全防护技术，是劳动保护学的三个组成部分之一，是研究施工中的安全问题的重要技术措施。它是针对施工生产中的不安全因素，研究采取相应的防护和技术措施，保护人和作业面的安全，以预防事故的发生。

安全防护技术就是针对不同工程的施工特点，为实现安全生产，对作业面和施工人员必须采取的防护、保护的技术措施。包括如下内容：

（1）施工中的安全技术　这部分内容将在本章的下面几节作详细的介绍。

（2）防患于未然的防护措施（包括人的自我防护）　在建筑施工现场发生的伤亡事故中，除了施工现场没有安全防护或安全防护不当造成作业环境不安全这个直接因素外，操作人员违反操作规程，造成人的不安全行为也是大部分工伤事故发生的直接原因。

提高人的自我防护能力，就是提高人在生产中对出现不安全因素的敏感、预见、控制和排除能力。

① 影响职工自我防护能力的因素

a. 安全意识的强弱；

b. 安全技术操作的熟练程度和实践经验的多寡；

c. 心理状态的自我调节、控制能力；

d. 身体疲劳的程度；

e. 周围环境的状态。

② 提高职工自我防护能力的途径

a. 加强企业领导人、工地承包负责人、工长和工人的安全系统培训。

b. 对职工认真进行岗前和施工中的安全技术操作规程的培训和检查。

c. 从严管理好施工现场，要有完善的制度和铁的纪律。

d. 提高专职安全人员的知识水平，把好安全关；重点搞好高空作业人员、特种作业人员的自我安全防护。

e. 加强安全心理学的研究和培训。

(3) 建立和健全与上述内容相配套的安全管理措施，包括安全生产责任制、安全生产教育、安全生产检查等方面的系统措施。

2) 安全防护技术的重要性

安全防护技术在安全生产中具有十分重要的意义，对提高企业的施工技术水平和管理水平，提高企业的经济效益和推动企业的施工现代化都有至关重要的作用。

安全防护技术的重要性具体反映在以下几个方面。

(1) 可以有效地降低工伤事故的发生频率。工伤事故发生的各种原因中，安全防护技术的好坏是主要原因。只要做好了人的防护和作业面的防护，搞好配套的安全防护技术和管理措施，就可以将事故防患于未然，有效地避免伤亡事故的发生。

(2) 可以促进企业施工技术和管理水平的提高，从而提高企业的经济效益。安全防护技术工作搞好了，可以节约大量劳动力和材料，加快施工进度。这样不仅促进企业施工技术和管理水平的提高，而且还可以大大提高企业的经济效益。

(3) 安全防护技术的现代化是企业施工技术现代化的重要组成部分。

与发达国家相比，我国的建筑施工设备和技术有很多地方是笨重的、粗糙的、手工式的，与现代化的轻便、精致、定型、机械和自动的要求还有很大的差距。安全防护技术不能实现现代化，施工技术的现代化也只能是一句空话。因此工程技术人员和安全技术人员的一个重要任务，就是不断改进安全防护技术，将安全防护技术逐步向标准化、科学化、现代化方向推进。

3.1.2 施工现场安全操作规定

1) 安全生产六大纪律

(1) 进入现场必须戴好安全帽，扣好帽带；并正确使用个人劳动防护用品。

(2) 2 m 以上的高处、悬空作业，无安全设施的必须戴好安全带、扣好保险钩。

(3) 高处作业时，不准往下或向上乱抛材料和工具等物件。

(4) 各种电动机械设备必须有可靠有效的安全接地和防雷装置，方能开动使用。

(5) 不懂电气和机械的人员，严禁使用和玩弄机电设备。

(6) 吊装区域非操作人员严禁入内，吊装机械必须完好，扒杆垂直下方不准站人。

2) 十项安全技术措施

(1) 按规定使用安全"三宝"。

(2) 机械设备防护装置一定要齐全有效。

(3) 塔吊等起重设备必须有限位保险装置，不准"带病"运转，不准超负荷作业，不准在运转中维修保养。

(4) 架设电线线路必须符合当地电业局的规定，电气设备必须全部接零接地。

(5) 电动机械和手持电动工具要设置漏电掉闸装置。

(6) 脚手架材料及脚手架的搭设必须符合规程要求。

(7) 各种缆风绳及其设置必须符合规程要求。

(8) 在建工程的楼梯口、电梯口、预留洞口、通道口,必须有防护设施。

(9) 严禁赤脚或穿高跟鞋、拖鞋进入施工现场,高空作业不准穿硬底和带钉易滑的鞋靴。

(10) 施工现场的悬崖、陡坎等危险地区应设警戒标志,夜间要设红灯示警。

3) 起重吊装的"十不吊"规定

(1) 起重臂和吊起的重物下面有人停留或行走时不准吊。

(2) 起重指挥应由技术培训合格的专职人员担任,无指挥或信号不清不准吊。

(3) 钢筋、型钢、管材等细长和多根物件必须捆扎牢靠,多点起吊。单头"千斤"或捆扎不牢靠不准吊。

(4) 多孔板、积灰斗、手推翻斗车不用四点吊或大模板外挂板不用卸甲不准吊。预制钢筋混凝土楼板不准双拼吊。

(5) 吊砌块必须使用安全可靠的砌块夹具,吊砖必须使用砖笼,并堆放整齐。木砖、预埋件等零星物件要用盛器堆放稳妥,叠放不齐不准吊。

(6) 楼板、大梁等吊物上站人不准吊。

(7) 埋入地面的板桩、井点管等以及粘连、附着的物件不准吊。

(8) 多机作业,应保证所吊重物距离不小于 3 m,在同一轨道上多机作业,无安全措施不准吊。

(9) 六级以上强风区不准吊。

(10) 斜拉重物或超过机械允许荷载不准吊。

4) 气割、电焊的"十不烧"规定

(1) 焊工必须持证上岗,无特种作业人员安全操作证的人员,不准进行焊、割作业。

(2) 凡属一、二、三级动火范围的焊、割作业,未经办理动火审批手续,不准进行焊、割。

(3) 焊工不了解焊、割现场周围情况,不得进行焊、割。

(4) 焊工不了解焊件内部是否安全时,不得进行焊、割。

(5) 各种装过可燃气体、易燃液体和有毒物质的容器,未经彻底清洗,排除危险性之前,不准进行焊、割。

(6) 用可燃材料作保温层、冷却层、隔热设备的部位,或火星能飞溅到的地方,在未采取切实可靠的安全措施之前,不准焊、割。

(7) 有压力或密闭的管道、容器,不准焊、割。

(8) 焊、割部位附近有易燃易爆物品,在未作清理或未采取有效的安全措施之前,不准焊、割。

(9) 附近有与明火作业相抵触的工种在作业时,不准焊、割。

(10) 与外单位相连的部位,在没有弄清有无险情,或明知存在危险而未采取有效的措施之前,不准焊、割。

5) 防止违章和事故的十项操作要求

(1) 新工人未经三级安全教育,复工换岗人员未经安全岗位教育,不盲目操作。

(2) 特殊工种人员、机械操作工未经专门安全培训,无有效安全上岗操作证,不盲目操作。

(3) 施工环境和作业对象情况不清，施工前无安全措施或作业安全交底不清，不盲目操作。

(4) 新技术、新工艺、新设备、新材料、新岗位无安全措施，未进行安全培训教育、交底，不盲目操作。

(5) 安全帽和作业所必需的个人防护用品不落实，不盲目操作。

(6) 脚手、吊篮、塔吊、井字架、龙门架、外用电梯、起重机械、电焊机、钢筋机械木工平刨、圆盘锯、搅拌机、打桩机等设施设备和现浇混凝土模板支撑、搭设安装后，未经验收合格，不盲目操作。

(7) 作业场所安全防护措施不落实，安全隐患不排除，威胁人身和国家财产安全时，不盲目操作。

(8) 凡上级或管理干部违章指挥，有冒险作业情况时，不盲目操作。

(9) 高处作业、带电作业、禁火区作业、易燃易爆作业、爆破性作业、有中毒或窒息危险的作业和科研实验等其他危险作业的，均应由上级指派，并经安全交底；未经指派批准、未经安全交底和无安全防护措施，不盲目操作。

(10) 隐患未排除，有自己伤害自己，自己伤害他人，自己被他人伤害的不安全因素存在时，不盲目操作。

6) 施工现场行走或上下的“十不准”

(1) 不准从正在起吊、运吊中的物件下通过。

(2) 不准从高处往下跳或奔跑作业。

(3) 不准在没有防护的外墙和外壁板等建筑物上行走。

(4) 不准站在小推车等不稳定的物体上操作。

(5) 不得攀登起重臂、绳索、脚手架、井字架、龙门架和随同运料的吊盘及吊装物上下。

(6) 不准进入挂有“禁止出入”或设有危险警示标志的区域、场所。

(7) 不准在重要的运输通道或上下行走通道上逗留。

(8) 未经允许不准私自进入非本单位作业区域或管理区域，尤其是存有易燃易爆物品的场所。

(9) 严禁在无照明设施，无足够采光条件的区域、场所内行走、逗留。

(10) 不准无关人员进入施工现场。

7) 防止高处坠落、物体打击的十项基本安全要求

(1) 高处作业人员必须着装整齐，严禁穿硬塑料底等易滑鞋、高跟鞋，工具应随手放入工具袋。

(2) 高处作业人员严禁相互打闹，以免失足发生坠落危险。

(3) 在进行攀登作业时，攀登用具结构必须牢固可靠，使用必须正确。

(4) 各类手持机具使用前应检查，确保安全牢靠。洞口临边作业应防止物件坠落。

(5) 施工人员应从规定的通道上下，不得攀爬脚手架、跨越阳台，在非规定通道进行攀登、行走。

(6) 进行悬空作业时，应有牢靠的立足点并正确系挂安全带；现场应视具体情况配置防护栏网、栏杆或其他安全设施。

(7) 高处作业时，所有物料应该堆放平稳，不可放置在临边或洞口附近，并不可妨

碍通行。

(8) 高处拆除作业时，对拆卸下的物料、建筑垃圾都要加以清理和及时运走，不得在走道上任意乱置或向下丢弃，保持作业走道畅通。

(9) 高处作业时，不准往下或向上乱抛材料和工具等物件。

(10) 各施工作业场所内，凡有坠落可能的任何物料，都应先行拆除或加以固定，拆卸作业要在设有禁区、有人监护的条件下进行。

8) 防止车辆伤害的十项基本安全要求

(1) 未经劳动、公安交通部门培训合格持证人员，不熟悉车辆性能者不得驾驶车辆。

(2) 应坚持做好保护工作，车辆制动器、喇叭、转向系统、灯光等影响安全的部件如作用不良不准出车。

(3) 严禁翻斗车、自卸车车厢乘人，严禁人货混装，车辆载货应不超载、超高、超宽，捆扎应牢固可靠、应防止车内物体失稳跌落伤人。

(4) 乘坐车辆应坐在安全处，头、手、身不得露出车厢外，要避免车辆启动制动时跌倒。

(5) 车辆进出施工现场，在场内掉头、倒车，在狭窄场地行驶时应有专人指挥。

(6) 现场行车进场要减速，并做到“四慢”，即：道路情况不明要慢，线路不良要慢，起步、会车、停车要慢，在狭路、桥梁弯路、坡路、岔道、行人拥挤地点及出入大门时要慢。

(7) 在临近机动车道的作业区和脚手架等设施，以及在道路中的路障应加设安全色标、安全标志和防护措施，并要确保夜间有充足的照明。

(8) 装卸车作业时，若车辆停在坡道上，应在车轮两侧用楔形木块加以固定。

(9) 人员在场内机动车道应避免右侧行走，并做到不平排结队有碍交通；避让车辆时，应不避让于两车交会之中，不站于旁有堆物无法退让的死角。

(10) 机动车辆不得牵引无制动装置的车辆，牵引物体时物体上不得有人，人不得进入正在牵引的物与车之间，坡道上牵引时，车和被牵引物下方不得有人作业和停留。

9) 防止机械伤害的“一禁、二必须、三定、四不准”

(1) 不懂电器和机械的人员严禁使用和摆弄机电设备。

(2) 机电设备应完好，必须有可靠有效的安全防护装置。

(3) 机电设备停电、停工休息时必须拉闸关机，按要求上锁。

(4) 机电设备应做到定人操作，定人保养、检查。

(5) 机电设备应做到定机管理、定期保养。

(6) 机电设备应做到定岗位和岗位职责。

(7) 机电设备不准带病运转。

(8) 机电设备不准超负荷运转。

(9) 机电设备不准在运转时维修保养。

(10) 机电设备运行时，操作人员不准将头、手、身伸入运转的机械行程范围内。

10) 防止触电伤害的十项基本安全操作要求

根据安全用电“装得安全、拆得彻底、用得正确、修得及时”的基本要求，为防止触电伤害的操作要求有以下要求：

(1) 非电工严禁拆接电气线路、插头、插座、电气设备、电灯等。

(2) 使用电气设备前必须要检查线路、插头、插座、漏电保护装置是否完好。

(3) 电气线路或机具发生故障时，应找电工处理，非电工不得自行修理或排除故障。

(4) 使用振捣器等手持电动机械和其他电动机械从事湿作业时，要由电工接好电源，安装上漏电保护器，操作者必须穿戴好绝缘鞋、绝缘手套后再进行作业。

(5) 搬迁或移动电气设备必须先切断电源。

(6) 搬运钢筋、钢管及其他金属物时，严禁触碰到电线。

(7) 禁止在电线上挂晒物料。

(8) 禁止使用照明器烘烤、取暖，禁止擅自使用电炉和其他电加热器。

(9) 在架空输电线路附近工作时，应停止输电，不能停电时，应有隔离措施，要保持安全距离，防止触碰。

(10) 电线必须架空，不得在地面、施工楼面随意乱拖，若必须通过地面、楼面时应有过路保护，物料、车、人不准压踏、碾磨电线。

3.1.3 施工现场防火规定

1) 防火制度的建立

(1) 施工现场都要建立、健全防火检查制度。

(2) 建立义务消防队，人数不少于施工总人员的10%。

(3) 建立动用明火审批制度，按规定划分级别审批手续完善，并有监护措施。

2) 消防器材的配备

(1) 临时搭设的建筑物区域内，每100 m^2 配备2只10 L灭火机。

(2) 大型临时设施总面积超过1 200 m^2，应备有专供消防用的太平桶、积水桶(池)、黄沙池等设施，上述设施周围不得堆放物品。

(3) 临时木工间、油漆间和木、机具间等每25 m^2 配备一只种类合适的灭火机，油库危险品仓库应配备足够数量、种类合适的灭火机。

(4) 24 m高度以上高层建筑施工现场，应设置具有足够扬程的高压水泵或其他防火设备和设施。

3) 施工现场的防火要求

(1) 各单位在编制施工组织设计时，施工总平面图、施工方法和施工技术均要符合消防安全要求。

(2) 施工现场应明确划分用火作业、易燃可燃材料堆场、仓库、易燃废品集中站和生活区等区域。

(3) 施工现场夜间应有照明设备；保持消防车通道畅通无阻，并要安排力量加强值班巡逻。

(4) 施工作业期间需搭设临时性建筑物，必须经施工企业技术负责人批准，施工结束应及时拆除。但不得在高压架空下面搭设临时性建筑物或堆放可燃物品。

(5) 施工现场应配备足够的消防器材，指定专人维护、管理、定期更新，保证完整好用。

(6) 在土建施工时，应先将消防器材和设施配备好，有条件的，应敷设好室外消防水管和消防栓。

(7) 焊、割作业点与氧气瓶、电石桶和乙炔发生器等危险物品的距离不得少于10 m，与易燃易爆物品的距离不得少于30 m；如达不到上述要求的，应执行动火审批制度，并采取有效的安全隔离措施。

(8) 乙炔发生器和氧气瓶的存放之间距离不得小于 2 m;使用时,二者的距离不得小于 5 m。

(9) 氧气瓶、乙炔发生器等焊割设备上的安全附件应完整有效,否则不准使用。

(10) 施工现场的焊、割作业,必须符合防火要求,严格执行"十不烧"规定。

(11) 冬季施工采用保温加热措施时,应符合以下要求:

① 采用电热器加温,应设电压调整器控制电压;导线应绝缘良好,连接牢固,并在现场设置多处测量点。

② 采用锯沫生石灰蓄热,应选择安全配比,并经工程技术人员同意后方可使用。

③ 采用保温或加热措施前,应进行安全教育;施工过程中,应安排专人巡逻检查,发现隐患及时处理。

(12) 施工现场的动火作业,必须执行审批制度。

① 一级动火作业由所在单位行政负责人填写动火申请表,编制安全技术措施方案,报公司保卫部门及消防部门审查批准后,方可动火。

② 二级动火作业由所在工地、车间的负责人填写动火申请表,编制安全技术措施方案,报本单位主管部门审查批准后,方可动火。

③ 三级动火作业由所在班组填写动火申请表,经工地、车间负责人及主管人员审查批准后,方可动火。

④ 古建筑和重要文物单位等场所动火作业,按一级动火手续上报审批。

3.1.4 高处作业的基本规定

根据《建筑施工高处作业安全技术规范》(JGJ 80—91)规定:凡在坠落高度基准面 2 m 以上(含 2 m)有可能坠落的高处进行的作业称为高处作业。

(1) 高处作业的安全技术措施及其所需料具,必须列入工程的施工组织设计。

(2) 单位工程施工负责人应对工程的高处作业安全技术负责并建立相应的责任制。

施工前,应逐级进行安全技术教育及交底,落实所有安全技术措施和人身防护用品,未经落实时不得进行施工。

(3) 高处作业中的安全标志、工具、仪表、电气设备和各种设备,必须在施工前加以检查,确认其完好,方能投入使用。

(4) 攀登和悬空高处作业人员以及搭设高处作业安全设施的人员,必须经过专业技术培训及专业考试合格,持证上岗,并必须定期进行体格检查。

(5) 施工中对高处作业的安全技术设施,发现有缺陷和隐患时,必须及时解决;危及人身安全时必须停止作业。

(6) 施工作业场所有坠落可能的物件,应一律先行拆除或加以固定。

高处作业中所用的物料,均应堆放平稳,不妨碍通行和装卸。工具应随手放入工具袋;作业中的走道、通道板和登高用具,应随时清扫干净;拆卸下的物件及余料和废料均应及时清理运走,不得任意乱置或向下丢弃,传递物件禁止抛掷。

(7) 雨天和雪天进行高处作业时,必须采取可靠的防滑、防寒和防冻措施。凡水、冰、霜、雪均应及时清除。

对进行高处作业的高耸建筑物，应事先设置避雷设施。遇有六级以上强风、浓雾等恶劣气候，不得进行露天攀登与悬空高处作业。暴风雪及台风暴雨后，应对高处作业安全设施逐一加以检查，发现有松动、变形、损坏或脱落等现象，应立即修理完善。

(8) 因作业必需，临时拆除或变动安全防护设施时，必须经施工负责人同意，并采取相应的可靠措施，作业后应立即恢复。

(9) 防护棚搭设与拆除时，应设警戒区，并应派专人监护。严禁上下同时拆除。

(10) 高处作业安全设施的主要受力杆件，力学计算按一般结构力学公式、强度及挠度计算按现行有关规范进行，但钢受弯构件的强度计算不考虑塑性影响，构造上应符合现行的相应规范的要求。

3.2 基础工程安全技术管理

3.2.1 土方工程的安全要求

(1) 挖土前根据安全技术交底了解地下管线、人防及其他构筑物情况和具体位置；地下构筑物外露时，必须进行加固保护；作业过程中应避开管线和构筑物。在现场电力、通信电缆 2m 范围内和现场燃气、热力、给排水等管道 1m 范围内挖土时，必须在主管单位人员监护下采取人工开挖。

(2) 开挖槽、坑、沟深度超过 1.5m，必须根据土质和深度情况按安全技术交底放坡或加可靠支撑，遇边坡不稳、有坍塌危险征兆时，必须立即撤离现场，并及时报告施工负责人，采取安全可靠排险措施后，方可继续挖土。

(3) 槽、坑、沟必须设置人员上下坡道或安全梯。严禁攀登固壁支撑上下，或直接从沟、坑边壁上挖洞攀登爬上或跳下。间歇时，不得在槽、坑坡脚下休息。

(4) 挖土过程中遇有古墓、地下管道、电缆或其他不能辨认的异物和液体、气体时，应立即停止作业，并报告施工负责人，待查明处理后，再继续挖土。

(5) 槽、坑、沟边 1m 以内不得堆土、堆料、停置机具。堆土高度不得超过 1.5m。槽、坑、沟与建筑物、构筑物的距离不得小于 1.5m。开挖深度超过 2m 时，必须在周边设两道牢固护身栏杆，并立挂密目安全网。

(6) 人工开挖土方，两人横向间距不得小于 2m，纵向间距不得小于 3m。严禁掏洞挖土，搜底挖槽。

(7) 钢钎破冻土、坚硬土时，扶钎人应站在打锤人侧面用长把夹具扶钎，打锤范围内不得有其他人停留。锤顶应平整，锤头应安装牢固。钎子应直且不得有飞刺。打锤人不得戴手套。

(8) 从槽、坑、沟中吊运送土至地面时，绳索、滑轮、钩子、箩筐等垂直运输设备、工具应完好牢固。起吊、垂直运送时，下方不得站人。

(9) 配合机械挖土清理槽底作业时，严禁进入铲斗回转半径范围。必须待挖掘机停止作业后，方准进入铲斗回转半径范围内清土。

(10) 夜间施工时，应合理安排施工项目，防止挖方超挖或铺填超厚。施工现场应根据需要安设照明设施，在危险地段应设置红灯警示。

(11) 挖土方前对周围环境要认真检查，不能在危险岩石或建筑物下面进行作业。

(12) 用挖土机施工时，挖土机的工作范围内，不得有人进行其他工作，多台机械开挖，挖土机间距应大于 10 m，挖土要自上而下，逐层进行，严禁先挖坡脚的危险作业。

(13) 基坑开挖应严格按要求放坡，操作时应随时注意边坡的稳定情况，如发现有裂纹或部分塌落现象，要及时进行支撑或改缓放坡，并注意支撑的稳固和边坡的变化。

3.2.2 基坑支护的安全要求

(1) 基坑开挖遇有下列情况之一时，应设置坑壁支护结构：

① 因放坡开挖工程量过大而不符合技术经济要求；

② 因附近有建(构)筑物而不能放坡开挖；

③ 边坡处于容易丧失稳定的松散土或饱和软土；

④ 地下水丰富而又不宜采用井点降水的场地；

⑤ 地下结构的外墙为承重的钢筋混凝土地下连续墙。

(2) 基坑支护结构，应根据开挖深度、土质条件、地下水位、邻近建(构)筑物、施工环境和方法等情况进行选择和设计。大型深基坑可选用钢木支撑、钢板桩围堰、地下连续墙、排桩式挡土墙、旋喷墙等作结构支护，必要时应设置支撑或拉锚系统予以加强。在地下水丰富的场地，宜优先选用钢板桩围堰、地下连续墙等防水较好的支护结构。

(3) 采用钢(木)坑壁支撑时，应随挖随撑，且加以撑牢。坑壁支撑宜选用正规材料，木支撑应采用松木或杉木，不宜采用杂木条。随着土压力的增加，支撑结构将发生变形，故应经常注意检查，如有松动、变形现象时，应及时进行加固或更换。加固方法可用三角木楔打紧受力较小的横撑，或增加立木及横撑等。在雨季或化冻期更应加强检查。

(4) 钢(木)支撑的拆除，应按回填次序进行。多层支撑应自下而上逐层拆除，随拆随填。拆除支撑时，应防止附近建筑物和构筑物等产生下沉和破坏，必要时采取加固措施。

(5) 采用钢(木)板桩、钢筋混凝土预制桩或灌注桩作坑壁支撑时，应符合下列要求：

① 应尽量减少打桩时产生的振动和噪声对邻近建筑物、构筑物、仪器设备和城市环境的影响；

② 桩的制作、运输、打桩或灌注桩的施工安全要求应按相关规范的有关要求执行；

③ 当土质较差，开挖后土可能从桩间挤出时，宜采用啮合式板桩；

④ 在桩附近挖土时，应防止桩身受到损伤；

⑤ 采用钢筋混凝土灌注桩时，应在桩的混凝土强度达到设计强度等级后，方可挖土；

⑥ 拔除桩后的孔穴应及时回填和夯实。

(6) 采用钢(木)板桩、钢筋混凝土桩作坑壁支撑并加设锚杆时，应符合下列要求：

① 锚杆宜选用螺纹钢筋，使用前应清除油污和浮锈，以便增强粘结的握裹力和防止发生意外；

② 锚固段应设置在稳定性较好的土层或岩层中，长度应大于或等于计算规定；

③ 钻孔时不得损坏已有的管沟、电缆等地下埋设物；

④ 施工前应作抗拔试验，测定锚杆的抗拔拉力，验证可靠后，方可施工；

⑤ 锚固段应用水泥砂浆灌注密实；

⑥ 应经常检查锚头紧固和锚杆周围的土质情况。

(7) 采用旋喷或定喷的防渗墙作基坑开挖的支护时，应事先提出施工方案，旋喷注浆的施工安全应符合下列要求：

① 施钻前，应对地下埋设的管线调查清楚，以防地下管线受损发生事故。

② 高压液体和压缩机管道的耐久性应符合要求，管道连接应牢固可靠，防止软管破裂、接头断开，导致浆液飞溅和软管甩出的伤人事故。

③ 操作人员必须戴防护眼镜，防止浆液射入眼睛内。如有浆液射入眼睛时，必须进行充分冲洗，并及时到医院治疗。

④ 使用高压泵前，应对安全阀进行检查和测定，其运行必须安全可靠。

⑤ 电动机运转正常后，方可开动钻机，钻机操作必须专人负责。

⑥ 应有防止高压水或高压浆液从风管中倒流进入储气罐的安全措施。

⑦ 施工完毕或下班后，必须将机具、管道冲洗干净。

(8) 采用锚杆喷射混凝土作深基坑开挖的支护结构时，其施工安全和防尘措施，应符合下列要求：

① 施工前，应认真进行技术交底，应认真检查和处理锚喷支护作业区的危石。施工中应明确分工，统一指挥。

② 施工机具应设置在安全地带，各种设备应处于完好状态，张拉设备应牢靠，张拉时应采取防范措施，防止夹具飞出伤人。机械设备的运转部位应有安全防护装置。

③ 在Ⅳ、Ⅴ类围岩中进行锚喷支护施工时，应遵守下列要求：

a. 锚喷支护必须紧跟工作面；

b. 先喷后锚，喷射混凝土厚度不应小于 50 mm；喷射作业中，应有专人随时观察围岩变化情况；

c. 锚杆施工宜在喷射混凝土终凝 3 h 后进行。

④ 施工中，应定期检查电源电路和设备的电器部件；电器设备应设接地、接零，并由持证人员安装操作，电缆、电线必须架空，严格遵守《施工现场临时用电安全技术规范》(JGJ 46—2005)中的有关规定，确保用电安全。

⑤ 锚杆钻机应安设安全可靠的反力装置。在有地下承压水地层中钻进，孔口必须安设可靠的防喷装置，一旦发生漏水、涌沙时能及时堵住孔口。

⑥ 喷射机、水箱、风包、注浆罐等应进行密封性能和耐压试验，合格后方可使用。

喷射混凝土施工作业中，要经常检查出料弯头、输料管、注浆管和管路接头等有无磨薄、击穿或松脱现象，发现问题，应及时处理。

⑦ 处理机械故障时，必须使设备断电、停风。向施工设备送电、送风前，应通知有关人员。

⑧ 喷射作业中处理堵管时，应将输料管顺直，必须紧按喷头防止摆动伤人，疏通管路的工作风压不得超过 0.4 MPa。

⑨ 喷射混凝土施工用的工作台应牢固可靠，并应设置安全护栏。

⑩ 向锚杆孔注浆时，注浆罐内应保持一定数量的砂浆，以防罐体放空，砂浆喷出伤人。

⑪ 非操作人员不得进入正在进行施工的作业区。施工中，喷头和注浆管前方严禁站人。

⑫ 施工前操作人员的皮肤应避免与速凝剂、树脂胶泥直接接触，严禁树脂胶接触明火。

⑬ 钢纤维喷射混凝土施工中，应采取措施，防止钢纤维扎伤操作人员。

3.2.3 降低地下水位的安全要求

(1) 开挖低于地下水位的基坑(槽)、管沟和其他挖方时。应根据施工区域内的工程地质、水文地质资料、开挖范围和深度以及防塌陷防流沙的要求，分别选用集水坑降水、井点降水或两者结合降水等措施降低地下水位，施工期间应保证地下水位经常低于开挖底面0.5 m以上。

(2) 基坑顶四周地面应设置截水沟。坑壁(边坡)处如有阴沟或局部渗漏水时，应设法堵截或引出坡外，防止边坡受冲刷而坍塌。

(3) 采用集水坑降水时，应符合下列要求：

① 根据现场地质条件，应能保持开挖边坡的稳定；

② 集水坑和集水沟一般应设在基础范围以外，防止地基土结构遭受破坏，大型基坑可在中间加设小支沟与边沟连通；

③ 集水坑应比集水沟、基坑底面深一些，以利于集排水；

④ 集水坑深度以便于水泵抽水为宜，坑壁可用竹筐、钢筋网外加碎石过滤层等方法加以围护，防止堵塞抽水泵；

⑤ 排泄从集水坑抽出的泥水时，应符合环境保护要求；

⑥ 边坡坡面上如有局部渗出地下水时，应在渗水处设置过滤层，防止土粒流失，并应设置排水沟，将水引出坡面；

⑦ 土层中如有局部流沙现象，应采取防止措施。

(4) 采用井点降水时，应根据含水层土的类别及其渗透系数、要求降水深度、工程特点、施工设备条件和施工期限等因素进行技术经济比较，选择适当的井点装置。

(5) 降水前应考虑在降水影响范围内的已有建筑物和构筑物可能产生的附加沉降、位移或供水井水位下降，以及在岩溶土洞发育地区可能引起的地面塌陷，必要时应采取防护措施，在降水期间，应定期进行沉降和水位观测并作出记录。

(6) 在第一个管井井点或第一组轻型井点安装完毕后，应立即进行抽水试验，如不符合要求时，应根据试验结果对设计参数作适当调整。

(7) 采用真空泵抽水时，管路系统应严密，确保无漏水或漏气现象，经试运转后，可正式使用。

(8) 降水期间应经常观测并记录水位，以便发现问题及时处理。

(9) 井点降水工作结束后所留的井孔，必须用砂砾或粘土填实。如井孔位于建筑物或构筑物基础以下，且设计对地基有特殊要求时，应按设计要求回填。

(10) 在地下水位高而采用板桩作支护结构的基坑内抽水时，应注意因板桩的变形、接缝不密或桩端处透水等原因而造成渗水量大的情况，必要时应采取有效措施堵截板桩的渗漏水，防止因抽水过多使板桩外的土随水流入板桩内，从而淘空板桩外原有建(构)筑物的地基，危及建(构)筑物的安全。

3.3 钢筋工程安全技术管理

3.3.1 钢筋运输与堆放安全要求

（1）人工搬运钢筋时，步伐要一致。当上下坡（桥）或转弯时，要前后呼应，步伐稳、慢。注意钢筋头尾摆动，防止碰撞物体或打击人身，特别防止碰挂周围和上下的电线。上肩或卸料时要互相打招呼，注意安全。

（2）人工垂直传递钢筋时，送料人应站立在牢固平整的地面或临时构筑物上，接料人应有护身栏杆或防止前倾的牢固物体，必要时挂好安全带。

（3）机械垂直吊运钢筋时，应捆扎牢固，吊点应设在钢筋束的两端。有困难时，才在该束钢筋的重心处设吊点，钢筋要平稳上升，不得超重起吊。

（4）起吊钢筋或钢筋骨架时，下方禁止站人，待钢筋骨架降落至离楼地面或安装标高1 m以内，人员方准靠近操作，待就位放稳或支撑好后，方可摘钩。

（5）临时堆放钢筋，不得过分集中，应考虑模板或桥道的承载能力。在新浇筑楼板混凝土凝固尚未达到1.2 MPa强度前，严禁堆放钢筋。

（6）钢筋在运输和储存时，必须保留标牌，并按批分别堆放整齐，避免锈蚀和污染。

（7）注意钢筋切勿碰触电源，严禁钢筋靠近高压线路，钢筋与电源线路应保持安全距离。

3.3.2 钢筋加工安全要求

（1）作业前必须检查机械设备、作业环境、照明设施等，并且试运行符合安全要求。

（2）脚手架上不得集中码放钢筋，应随使用随运送。

（3）操作人员必须熟悉钢筋机械的构造性能和用途，并应按照清洁、调整、紧固、防腐、润滑的要求，维修保养机械。

（4）机械运行中停电时，应立即切断电源。收工时应按顺序停机、拉闸，锁好闸箱门，清理作业场所。电路故障必须由专业电工排除，严禁非电工接、拆、修电气设备。

（5）操作人员作业时必须扎紧袖口，理好衣角，扣好衣扣，严禁戴手套。女工应戴工作帽，将发挽入帽内不得外露。

（6）机械明齿轮、皮带轮等高速运转部分，必须安装防护罩或防护板。

（7）电动机械的电闸箱必须按规定安装漏电保护器，并应灵敏有效。

（8）工作完毕后，应用工具将铁屑、钢筋头清除，严禁用手擦抹或嘴吹。切好的钢材、半成品必须按规格码放整齐。

3.3.3 钢筋绑扎与安装安全要求

（1）在高处（2 m或2 m以上）、深坑绑扎钢筋和安装钢筋骨架，必须搭设脚手架或操作平台，临边应搭设防护栏杆。

（2）绑扎立柱和墙体钢筋时，不得站在钢筋骨架上或攀登骨架上下。

（3）绑扎在建筑工程的圈梁、挑梁、挑檐、外墙和边柱等钢筋时，应站在脚手架或操作平台上作业。无脚手架必须搭设水平安全网。悬空大梁钢筋的绑扎，必须站在满铺脚手板或操作平台上操作。

(4) 绑扎基础钢筋，应设钢筋支架或马凳，深基础或夜间施工应使用低压照明灯具。

(5) 钢筋骨架安装，下方严禁站人，必须待骨架降落到楼、地面 1 m 以内方准靠近，就位支撑好，方可摘钩。

(6) 绑扎和安装钢筋，不得将工具、箍筋或短钢筋随意放在脚手架或模板上。

(7) 在高处楼层上拉钢筋调向时，必须事先观察运行上方或周围附近是否有高压线，严防碰触。

3.4 模板工程安全技术管理

3.4.1 模板安装

模板安装应遵守下列规定：

(1) 作业前应认真检查模板、支撑等构件是否符合要求，钢模板有无严重锈蚀或变形，木模板及支撑材质是否合格。

(2) 地面上的支模场地必须平整夯实，并同时排除现场的不安全因素。

(3) 模板工程作业高度在 2 m 或 2 m 以上时，必须设置安全防护设施。

(4) 操作人员登高必须走人行梯道，严禁利用模板支撑攀登上下，不得在墙顶、独立梁及其他高处狭窄而无防护的模板面上行走。

(5) 模板的立柱顶撑必须设牢固的拉杆，不得与门窗等不牢靠的临时物件相连接。模板安装过程中，不得间歇，柱头、搭头、立柱顶撑、拉杆等必须安装牢固成整体后，作业人员才允许离开。

(6) 基础及地下工程模板安装，必须检查基坑土壁边坡的稳定状况，基坑上口边沿 1 m 以内不得堆放模板及材料。向槽(坑)内运送模板构件时，严禁抛掷，使用溜槽或起重机械运送，下方操作人员必须远离危险区域。

(7) 组装立柱模板时，四周必须设牢固支撑，如柱模在 6 m 以上，应将几个柱模连成整体。支设独立梁模应搭砌临时操作平台，不得站在柱模上操作和在主梁底模上行走及立侧模。

3.4.2 模板拆除

模板拆除应遵守下列规定：

(1) 拆模必须满足拆模时所需混凝土强度，经工程技术领导同意，不得因拆模而影响工程质量。

(2) 拆模的顺序和方法，应按照先支后拆、后支先拆的顺序；先拆非承重模板，后拆承重的模板及支撑；在拆除用小钢模板支撑的顶板模板时，严禁将支柱全部拆除后，一次性拉拽拆除。已拆活动的模板，必须一次连续拆除完，方可停歇，严禁留下不安全隐患。

(3) 拆模作业时，必须设警戒区，严禁下方有人进入。拆模作业人员必须站在平稳牢固可靠的地方，保持自身平衡，不得猛撬，以防失稳坠落。

(4) 严禁用吊车直接吊除没有撬松动的模板，吊运大型整体模板时必须拴结牢固，且吊点平衡，吊装、运大钢模时必须用卡环连接，就位后必须拉接牢固方可卸除吊环。

(5) 拆除电梯井及大型孔洞模板时，下层必须支搭安全网等可靠防坠落措施。

(6) 拆除的模板支撑等材料，必须边拆、边清、边运、边码垛。楼层高处拆下的材料严禁向下抛掷。

3.5 混凝土工程安全技术管理

3.5.1 材料运输安全要求

(1) 搬运袋装水泥时，必须逐层从上往下阶梯式搬运，严禁从下抽拿。存放水泥时，必须压碴码放，并不得码放过高(一般不超过10袋为宜)。水泥袋码放不得靠近墙壁。

(2) 使用手推车运料，向搅拌机料斗内倒砂石时，应设挡掩，不得撒把倒料；运送混凝土时，装运混凝土量应低于车厢5～10 cm，不得抢跑，空车应让重车；并及时清扫遗撒落地的材料，保持现场环境整洁。

(3) 垂直运输使用井架、龙门架、外用电梯运送混凝土时，车把不得超出吊盘(笼)以外，车轮挡掩，稳起稳落；用塔吊运送混凝土时，小车必须焊有牢固吊环，吊点不得少于4个，并保持车身平衡；使用专用吊斗时吊环应牢固可靠，吊索具应符合起重机械安全规程要求。

3.5.2 混凝土浇灌安全要求

(1) 浇灌混凝土使用的溜槽节间必须连接牢靠，操作部位应设护身栏杆，不得直接站在溜放槽帮上操作。

(2) 浇灌高度2 m以上的框架梁、柱混凝土应搭设操作平台，不得站在模板或支撑上操作。不得直接在钢筋上踩踏、行走。

(3) 浇灌拱形结构，应自两边拱脚对称同时进行；浇灌圈梁、雨篷、阳台应设置安全防护设施。

(4) 使用输送泵输送混凝土时，应由2人以上人员牵引布料杆。管道接头、安全阀、管架等必须安装牢固，输送前应试送，检修时必须卸压。

(5) 预应力灌浆应严格按照规定压力进行，输浆管道应畅通，阀门接头应严密牢固。

(6) 混凝土振捣器使用前必须经电工检验确认合格后方可使用。开关箱内必须装设漏电保护器，插座插头应完好无损，电源线不得破皮漏电；操作者必须穿绝缘鞋(胶鞋)，戴绝缘手套。

3.5.3 混凝土养护安全要求

(1) 使用覆盖物养护混凝土时，预留孔洞必须按规定设牢固盖板或围栏，并设安全标志。

(2) 使用电热法养护应设警示牌、围栏，无关人员不得进入养护区域。

(3) 用软管浇水养护时，应将水管接头连接牢固，移动皮管不得猛拽，不得倒行拉移皮管。

(4) 蒸汽养护、操作和冬施测温人员，不得在混凝土养护坑(池)边沿站立和行走。应注意脚下孔洞与磕绊物等。

(5) 覆盖物养护材料使用完毕后，必须及时清理并存放到指定地点，码放整齐。

3.6 脚手架工程安全技术管理

3.6.1 基本安全要求

(1) 脚手架搭设前，必须制定施工方案和搭设的安全技术措施。

(2) 脚手架搭设或拆除人员必须由符合劳动部颁发的《特种作业人员安全技术培训考核管理规定》，经考核合格，领取《特种作业人员操作证》的专业架子工进行。

(3) 脚手架与高压线路的水平距离和垂直距离必须符合规范规定。

(4) 大雾及雨、雪天气和 6 级以上大风时，不得进行脚手架上的高处作业。雨、雪天后作业，必须采取安全防滑措施。

(5) 脚手架搭设作业时，应按形成基本构架单元的要求逐排、逐跨和逐步地进行搭设，矩形周边脚手架宜从其中的一个角部开始向两个方向延伸搭设。确保已搭部分稳定。

(6) 在架上作业人员应穿防滑鞋和佩挂好安全带，脚下应铺设必要数量的脚手板，并应铺设平稳，且不得有探头板。

(7) 架上作业人员应作好分工和配合，不要用力过猛，以免引起人身或杆件失衡。

(8) 作业人员应佩戴工具袋，工具用后装于袋中，不要放在架子上，以免掉落伤人。

(9) 架设材料要随上随用，以免放置不当时掉落。

(10) 在搭设作业进行中，地面上的配合人员应避开可能落物的区域。

(11) 在脚手架上进行电气焊作业时，应有防火措施。

(12) 除搭设过程中必要的 1～2 步架的上下外，作业人员不得攀缘脚手架上，下应走房屋楼梯或另设安全人梯。

(13) 钢管脚手架的高度超过周围建筑物或在雷暴较多的地区施工时，应安设防雷装置。其接地电阻应不大于 4Ω。

(14) 较重的施工设备(如电焊机等)不得放置在脚手架上。

3.6.2 材料要求

(1) 钢管：应有产品质量合格证，必须涂有防锈漆并严禁打孔。

(2) 扣件：采用可锻造铸铁制作的扣件，其材质应符合现行国家标准《钢管脚手架扣件》(GB 15831—2005)的规定。新扣件必须有产品合格证。

旧扣件使用前应进行质量检查，有裂缝、变形的严禁使用，出现滑丝的螺栓必须更换。

(3) 脚手板：脚手板可采用钢、木两种材料，每块重量不宜大于 30 kg。

冲压新钢脚手板，必须有产品质量合格证。板长度为 1.5～3.6 m，厚 2～3 mm，肋高 5 cm，宽 23～25 cm，其表面锈蚀斑点直径不大于 5 mm，并沿横截面方向不得多于 3 处。脚手板一端应压连接卡口，以便铺设时扣住另一块的端部，板面应冲有防滑圆孔。

木脚手板应采用杉木或松木制作，其长度为 2～6 m，厚度不小于 5 cm，宽 23～25 cm，不得使用有腐朽、裂缝、斜纹及大横透节的板材。两端应设直径为 4 mm 的镀锌钢丝箍两道。

（4）安全网：宽度不得小于 3 m，长度不得大于 6 m，网眼不得大于 10 cm，必须使用维纶、锦纶、尼龙等材料，严禁使用损坏或腐朽的安全网和丙纶网。密目安全网只准做立网使用。

3.6.3 扣件式钢管脚手架安全要求

（1）扣件式钢管脚手架：

① 脚手架应由立杆（冲天），纵向水平杆（大横杆、顺水杆），横向水平杆（小横杆），剪刀撑（十字盖），抛撑（压栏子），纵、横扫地杆和拉结点等组成，脚手架必须有足够的强度、刚度和稳定性，在允许施工荷载作用下，确保不变形、不倾斜、不摇晃。

② 脚手架搭设前应清除障碍物、平整场地、夯实基土、做好排水，根据脚手架专项安全施工组织设计（施工方案）和安全技术措施交底的要求，基础验收合格后，放线定位。

③ 垫板宜采用长度不少于 2 跨，厚度不小于 5 cm 的木板，也可采用槽钢，底座应准确放在定位位置上。

（2）结构承重的单、双排脚手架

① 搭设高度不超过 20 m，构造主要参数见 3－1 表。

表 3－1　扣件式钢管脚手架构造参数

结构形式	用　途	宽度/m	立杆间距/m	步距(m)	横向水平杆间距
单排架	承重	1～1.2	1.5	1.2	1 m，一端伸入墙体不少于 240 mm
	装修	1～1.2	1.5	1.2	1 m，一端伸入墙体不少于 240 mm
双排架	承重	2～2.5	1.5	1.2	1 m
	装修	2～2.5	1.5	1.2	1 m

② 立杆应纵成线、横成方，垂直偏差不得大于架高的 1/200。立杆接长应使用对接扣件连接，相邻的两根立杆接头应错开 500 mm，不得在同一步架内。立杆下脚应设纵、横向扫地杆。

③ 纵向水平杆在同一步架内纵向水平高差不得超过全长的 1/300，局部高差不得超过 50 mm；纵向水平杆应使用对接扣件连接，相邻的两根纵向水平杆接头错开 500 mm，不得在同一跨内。

④ 横向水平杆应设在纵向水平杆与立杆的交点处，与纵向水平杆垂直。横向水平杆端头伸出外立杆应大于 100 mm，伸出里立杆为 450 mm。

⑤ 架高 20 m 以上时，从两端每 7 根立杆（一组）从下到上设连续式的剪刀撑，架高 20 m 以下可设间断式剪刀撑（斜支撑），即从架子两端转角处开始（每 7 根立杆为一组）从下到上连续设置。剪刀撑钢管接长应用两只旋转扣件搭接，接头长度不小于 500 mm，剪刀撑与地面夹角为 45°～60°。剪刀撑每节两端应用旋转扣件与立杆或横向水平杆扣牢。

⑥ 脚手架与在建建筑物拉结点必须用双股 8 号铅丝或 ϕ 6 钢筋与结构拉结牢固，拉结点之间水平距离不大于 6 m，垂直距离不大于 4 m。高度超过 20 m 的脚手架不得使用柔性材料进行拉结，在拉结点设可靠支顶。

⑦ 高层施工脚手架(高 20 m 以上)在搭设过程中，必须以 15～18 m 为一段，根据实际情况，采取撑、挑、吊等分阶段将荷载卸到建筑物的技术措施。

⑧ 铺、翻脚手板：脚手板铺设于架子的作业层上。脚手板有木、钢两种，不得使用竹编脚手板。脚手板必须满铺、铺严、铺稳，不得有探头板和飞跳板。铺脚手板可对头或搭接铺设，对头铺脚手板，搭接处必须是双横向水平杆，且两根间隙 200～250 mm，有门窗口的地方应设吊杆和支柱，吊杆间距超过 1.5 m 时，必须增加支柱。

搭接铺脚手板时，两块板端头的搭接长度应不小于 200 mm，如有不平之处要用木块垫在纵、横水平杆相交处，不得用碎砖块塞垫。

翻脚手板应两人操作，配合要协调，要按每档由里逐块向外翻，到最外一块时，站到邻近的脚手板把外边一块翻上去。翻、铺脚手板时必须系好安全带。脚手板翻板后，下层必须留一层脚手板或兜一层水平安全网，作为防护层。不铺板时，横向水平杆间距不得大于 3 m。

3.6.4 工具式脚手架安全要求

(1) 插口式脚手架(简称插口架)：

① 插口架允许负荷最大不得超过 1 176 N/m^2，脚手架上严禁堆放物料，人员不得集中停留。

② 插口架提升或降落，应使用塔式起重机等起重机械，必须用卡环吊运，严禁任何人站在架子上随架子升降。

③ 插口架不得超过建筑物两个开间，最长不得超过 8 m，宽度不得超过 1 m。钢管组装的插口架，其立杆间距不得大于 2 m，大、小面均需设斜支撑；焊接的插口架，定型边框为立杆的，其立杆间距不得大于 2.5 m，大面要设剪刀撑。

④ 插口架上下两步脚手板，必须铺满、铺平、固定牢固。下步不铺板时要满挂水平安全网。上下两步都要设两道护身栏，立挂密目安全网，横向水平杆间距以 0.5～1 m 为宜。

⑤ 插口架外侧要接高挂网，其高度应高出施工作业层 1 m，要设剪刀撑，并用密目安全网从上至下封严，安全网下脚要封死扎牢。相邻插口架应在同一平面，接口处应封闭严密。

⑥ 甲型插口架别杠应为大于 10 cm×10 cm 的优质木方。别杠要别于窗口的上下口，每边长度要长出窗口 200 mm。上下别杠的立杆与横杆连接处应用双扣件；丙型插口架(挂架子)穿墙螺栓端部的螺纹应采用梯形螺纹扣，用双螺母锁牢。

⑦ 插口架安装操作顺序：甲型插口架应“先别后摘”，“先挂后拆”(即在安装时，应先别好别杠，后摘去卡环；在拆除时，应先挂好卡环，后拆掉别杠)。丙型插口架应在安装时先锁紧螺母，后摘去卡环；在拆除时，应先挂好卡环，后拆掉螺母。

⑧ 结构外墙是现浇钢筋混凝土的，其强度应达到 70%以上，才能安装插口架。

⑨ 插口架安装后必须经过检查验收，合格签字，才能使用。

(2) 吊篮式脚手架

① 吊篮搭设构造必须遵照专项安全施工组织设计规定，组装或拆除时，应三人配合操作，严格按搭设程序作业，任何人不允许改变方案。

② 吊篮的负载不得超过 1 176 N/m^2 (120 kg/m^2)，吊篮上的作业人员和材料要对称分布，不得集中在一头，保持吊篮负载平衡。

③ 升降吊篮的手扳葫芦应用 3 t 以上的专用配套的钢丝绳。使用倒链应用 2 t 以上的，

承重的钢丝绳直径不小于12.5 mm，吊篮两端应设保险绳，其直径与承重钢丝绳相同。绳卡不得少于3个，严禁使用有接头钢丝绳。

④ 承重钢丝绳与挑梁连接必须牢靠，并应有预防钢丝绳受剪的保护措施。

⑤ 吊篮的位置和挑梁的设置应根据建筑物实际情况而定。挑梁挑出的长度与吊篮的吊点必须保持垂直，安装挑梁时，应使挑梁探出建筑物一端稍高于另一端。挑梁在建筑物内外的两端应用杉槁或钢管连接牢固，成为整体。阳台部位的挑梁在挑出部分的顶端要加斜撑抱桩，斜撑下要加垫板，并且将受力的阳台板和以下的两层阳台板设立柱加固。

⑥ 吊篮可根据工程的需要组装单层或双层吊篮，双层吊篮要设爬梯，留出活动盖板，以便人员上下。

⑦ 吊篮长度一般不得超过8 m，宽度以0.8～1 m为宜。单层吊篮高度以2 m、双层吊篮高度以3.8 m为宜。用钢管为立杆的吊篮，立杆间距不得超过2.5 m，单层吊篮至少设三道横杆，双层吊篮至少设五道横杆。

⑧ 以钢管组装的吊篮大、小面均需设戗，以焊接预制框架组装的吊篮，长度超过3 m的大面要设戗。

⑨ 吊篮的脚手板必须铺平、铺严，并与横向水平杆固定牢，横向水平杆的间距可根据脚手板厚度而定，一般以0.5～1 m为宜。吊篮作业层外排和两端小面均应设两道护身栏，并挂密目安全网封严，锁死下角，里侧应设护身栏。

⑩ 以手扳葫芦为吊具的吊篮，钢丝绳穿好后，必须将保险板把卸掉，系牢保险绳或安全销，并将吊篮与建筑物拉牢。

⑪ 吊篮里侧距建筑物100 mm为宜，两吊篮之间间距不得大于200 mm。不得将两个或几个吊篮连在一起同时升降，两个吊篮接头处应与窗口、阳台作业面错开。

⑫ 升降吊篮时，必须同时摇动所有手扳葫芦或拉动倒链，各吊点必须同时升降，保持吊篮平衡。吊篮升降时不要碰撞建筑物，特别是阳台、窗户等部位，应有专人负责推动吊篮，防止吊篮挂碰建筑物；

⑬ 吊篮使用期间，应经常检查吊篮防护、保险、挑梁、手扳葫芦、倒链和吊索等，发现隐患，立即解决，

⑭ 吊篮组装、升降、拆除、维修必须由专业架子工进行。

(3) 门式脚手架

① 脚手架搭设前必须对门架、配件、加固件按规范进行检查验收，不合格的严禁使用。

② 脚手架搭设场地应进行清理、平整夯实，并做好排水。

③ 地基基础施工应按门架专项安全施工组织设计(施工方案)和安全技术措施交底进行。基础上应先弹出门架立杆位置线，垫板、底座安放位置应准确。

④ 不配套的门架与配件不得混合使用于同一脚手架。门架安装应自一端向另一端延伸，不得相对进行，搭完一步后，应检查、调整其水平度与垂直度。

⑤ 交叉支撑、水平架和脚手板应紧随门架的安装及时设置。连接门架与配件的锁臂、搭钩必须锁住、锁牢，水平架和脚手板应在同一步内连续设置，脚手板必须铺满、铺严，不准有空隙。

⑥ 底层钢梯的底部应加设钢管并用扣件扣紧在门架的立杆上，钢梯的两侧均应设置扶手，每段梯可跨越两步或三步门架再行转折。

⑦ 护身栏杆、立挂密目安全网应设置在脚手架作业层外侧，门架立杆的内侧。

⑧ 加固杆、剪刀撑必须与脚手架同步搭设。水平加固杆应设于门架立杆内侧，剪刀撑应设于门架立杆外侧，并扣接牢固。

⑨ 连墙件的搭设必须随脚手架搭设同步进行，严禁滞后设置或搭设完毕后补做。当脚手架作业层高出相邻连墙件已两步的，应采取确保稳定的临时拉结措施，直到连墙件搭设完毕后，方可拆除。

⑩ 加固件、连墙件等与门架采用扣件连接，扣件规格必须与所连钢管外径相匹配，扣件螺栓拧紧，扭力矩宜为 50～60 N・m，并不得小于 40 N・m。

⑪ 脚手架搭设完毕或分段搭设完毕必须进行验收检查，合格签字后，交付使用。

⑫ 脚手架拆除必须按拆除方案和拆除安全技术措施交底规定进行。拆除前应清除架子上材料、工具和杂物，拆除时应设置警戒区和挂警戒标志，并派专人负责监护。

⑬ 拆除的顺序，应从一端向另一端，自上而下逐层地进行，同一层的构配件和加固件应按先上后下，先外后里的顺序进行，最后拆除连墙件。连墙件、通长水平杆和剪刀撑等必须在脚手架拆除到相关门架时，方可拆除。

⑭ 拆除的工人必须站在临时设置的脚手板上进行拆卸作业。拆除工作中，严禁使用榔头等硬物击打、撬挖。拆卸连接部件时，应先将锁座上的锁板与卡钩上的锁片旋转至开启位置，然后拆除，不得硬拉、敲击。

⑮ 拆下的门架、钢管与配件，应成捆用机械吊运或由井架传送至地面，防止碰撞，严禁抛掷。

3.6.5 坡道安全要求

（1）脚手架运料坡道宽度不得小于 1.5 m，坡度以 1∶6（高∶长）为宜。人行坡道，宽度不得小于 1 m，坡度不得大于 1∶3.5。

（2）立杆、纵向水平杆间距应与结构脚手架相适应，单独坡道的立杆、纵向水平杆间距不得超过 1.5 m。横向水平杆间距不得大于 1 m，坡道宽度大于 2 m 时，横向水平杆中间应加吊杆，并每隔 1 根立杆在吊杆下加绑托杆和八字戗。

（3）脚手板应铺严、铺牢。对头搭接时板端部分应用双横向水平杆。搭接板的板端应搭过横向水平杆 200 mm，并用三角木填顺板头凸棱。斜坡坡道的脚手板应钉防滑条，防滑条厚度 30 mm，间距不得大于 300 mm。

（4）之字坡道的转弯处应搭设平台，平台面积应根据施工需要，但宽度不得小于 1.5 m。平台应绑剪刀撑或八字戗。

（5）坡道及平台必须绑两道护身栏杆和 180 mm 高度的挡脚板。

3.6.6 安全网

（1）搭设好的水平安全网在承受 100 kg 重、表面积 2 800 kg/cm^2 的砂袋假人，从 10 m 高处的冲击后，网绳、系绳、边绳不断。搭设安全网支撑杆间距不得大于 4 m。

（2）无外脚手架或采用单排外脚手架和工具式脚手架时，凡高度在 4 m 以上的建筑物，首层四周必须支固定 3 m 宽的水平安全网（20 m 以上的建筑物搭设 6 m 宽双层安全网），网底距下方物体表面不得小于 3 m（20 m 以上的建筑物不得小于 5 m）。安全网下方不得堆物品。

(3) 20 m 以上的建筑每隔 4 层(10 m)要固定一道 3 m 宽的水平安全网。安全网的外边沿要明显高于内边沿 50～60 cm。

(4) 扣件式钢管外脚手架，必须立挂密目安全网，沿外架子内侧进行封闭，安全网之间必须连接牢固，并与架体固定。

(5) 工具式脚手架必须立挂密目安全网，沿外排架子内侧进行封闭，并按标准搭设水平安全网防护。

(6) 20 m 以上建筑施工的安全网一律用组合钢管角架挑支，用钢丝绳绷拉，其外沿要高于内口，并尽量绷直，内口要与建筑物锁牢。

(7) 电梯井、采光井、螺旋式楼梯口，除必须设金属可开启式安全防护门外，还应在井口内首层并每隔 4 层固定一道水平安全网。

(8) 无法搭设水平安全网的，必须逐层立挂密目安全网全封闭。搭设的水平安全网，直至没有高处作业时方可拆除。

3.6.7 脚手架拆除安全要求

(1) 脚手架拆除程序，应由上而下按层按步的拆除，先拆护身栏、脚手板和横向水平杆，再依次拆剪刀撑的上部扣件和接杆。拆除全部剪刀撑、抛撑以前，必须搭设临时加固斜支撑，预防架倾倒。

(2) 拆脚手架杆件，必须由 2～3 人协同操作，拆纵向水平杆时，应由站在中间的人向下传递，严禁向下抛掷。

(3) 拆除作业区的周围及进出口处，必须派专人瞭望，严禁非作业区人员进入危险区域，拆除大片架子应加临时围栏。作业区内电线及其他设备有妨碍时，应事先与有关部门联系拆除、转移或加防护。

3.7 砌筑工程安全技术管理

3.7.1 基本安全要求

(1) 在深度超过 1.5 m 砌筑基础时，应检查槽帮有无裂缝、水浸或坍塌的危险隐患。送料、砂浆要设有溜槽，严禁向下猛倒和抛掷物料工具等。

(2) 距槽帮上口 1 m 以内，严禁堆积土方和材料。砌筑 2 m 以上深基础时，应设有梯或坡道，不得攀跳槽、沟、坑上下，不得站在墙上操作。

(3) 砌筑使用的脚手架，未经交接验收不得使用。验收使用后不准随便拆改或移动。

(4) 在架子上用刨锛斩砖，操作人员必须面向里，把砖头斩在架子上。挂线用的坠物必须绑扎牢固。作业环境中的碎料、落地灰、杂物、工具集中下运，做到日产日清、自产自清、活完料净场地清。

(5) 脚手架上堆放料量不得超过规定荷载(均布荷载每平方米不得超过 3 kN，集中荷载不超过 1.5 kN)。

(6) 采用里脚手架砌墙时，不准站在墙上清扫墙面和检查大角垂直等作业。不准在刚砌好的墙上行走。

(7) 在同一垂直面上上下交叉作业时，必须设置安全隔离层。

(8) 用起重机吊运砖时，当采用砖笼往楼板上放砖时，要均匀分布，并必须预先在楼板底下加设支柱及横木承载。砖笼严禁直接吊放在脚手架上。

(9) 在地坑、地沟砌砖时，严防塌方并注意地下管线、电缆等。在屋面坡度大于25°时，挂瓦必须使用移动板梯，板梯必须有牢固挂钩。檐口应搭设防护栏杆，并立挂密目安全网。

(10) 屋面上瓦应两坡同时进行，保持屋面受力均衡，瓦要放稳。屋面无望板时，应设通道，不准在桁条、瓦条上行走。

(11) 在石棉瓦等不能承重的轻型屋面上作业时，必须搭设临时走道板，并应在屋架下弦搭设水平安全网，严禁在石棉瓦上作业和行走。

(12) 冬期施工有霜、雪时，必须将脚手架等作业环境的霜、雪清除后方可作业。

3.7.2 砌砖施工安全要求

(1) 基础砌砖时，应经常注意和检查基坑土质变化情况，有无崩裂和塌陷现象。当基坑装设挡板支顶时，操作人员应设梯子上下，不应攀爬支顶和踩踏砌体上下；运料下坑不得碰撞支顶。

(2) 基坑边堆放材料距离坑边不得少于1 m。尚应按土质的坚实程度确定。当发现土出现水平或垂直裂缝时，应即将材料搬离并进行基坑加固处理。

(3) 脚手架站脚处的高度，应低于已砌砖的高度。

(4) 不准站在墙上做划线、称角、清扫墙面等工作。上下脚手架应走斜道，严禁踏窗台出入平桥。

(5) 砖垛上取砖时，应先取高处后取低处，防止垛倒砸人。

(6) 砍砖时应面向内打，注意砖碎弹出伤人。

(7) 砌砖在一层以上或高度超过2 m时，若建筑物外边没有架设脚手架平桥，则应支安全网或护身栏杆。

(8) 砌砖使用的工具、材料应放在稳妥的地方，工作完毕应将脚手板和砖墙上的碎灰浆等清扫干净，防止掉落伤人。

3.7.3 中、小型砌块施工安全要求

(1) 砌块施工宜组织专业小组进行。施工人员必须认真执行有关安全技术规程和工种的操作规程。

(2) 吊装砌块和构件时应注意其重心位置，禁止用起重拔杆拖运砌块，不得起吊破裂脱落危险的砌块。起重拔杆回转时，严禁将砌块停留在操作人员的上空或在空中整修、加工砌块。吊装较长构件时应加稳绳。吊装时不得在其下一层楼内进行任何工作。

(3) 堆放在楼板上的砌块不得超过楼板的允许承载力。采用内脚手架施工时，在楼面以上必须沿建筑物四周设置安全网，并随施工高度逐层提升，屋面工程未完工前拆除。

(4) 安装砌块时，不准站在墙上操作和墙上设置支撑、缆绳等。在施工过程中，定性较差的窗间墙、独立柱应加稳定支撑。

3.8 防水工程安全技术管理

3.8.1 基本安全要求

（1）材料存放于专人负责的库房，严禁烟火并应挂有醒目的警告标志。

（2）施工现场和配料场地应通风良好，操作人员应穿软底鞋、工作服、扎紧袖口，并应佩戴手套及鞋盖。涂刷处理剂和胶粘剂时，必须戴防毒口罩和防护眼镜。外露皮肤应涂擦防护膏。操作时严禁用手直接揉擦皮肤。

（3）患有皮肤病、眼病、刺激过敏者，不得参加防水作业。施工过程中发生恶心、头晕、过敏等现象时，应停止作业。

（4）用热玛琋脂粘铺卷材时，浇油和铺毡人员，应保持一定距离，浇油时，檐口下方不得有人行走或停留。

（5）使用液化气喷枪及汽油喷灯点火时，火嘴不准对人。汽油喷灯加油不得过满，打气不能过足。

（6）装卸溶剂的容器，必须配软垫，不准猛推猛撞。使用容器后，其容器盖必须及时盖严。

（7）高处作业屋面周围边沿和预留孔洞，必须按"洞口、临边"防护规定进行安全防护。

（8）防水卷材采用热熔粘结，使用明火（如喷灯）操作时，应申请办理用火证，并设专人看火，配有灭火器材，周围 30 m 以内不准有易燃物。

（9）雨、雪、霜天应待屋面干燥后施工。六级以上大风应停止室外作业。

（10）下班清洗工具。未用完的溶剂，必须装入容器，并将盖盖严。

3.8.2 熬油施工安全要求

（1）熬油炉灶必须距建筑物 10 m 以上，上方不得有电线，地下 5 m 内不得有电缆，炉灶应设在建筑物的下风方向。

（2）炉灶附近严禁放置易燃、易爆物品，并应配备锅盖或铁板、灭火器、砂袋等消防器材。

（3）加入锅内的沥青不得超过锅容量的 3/4。

（4）熬油的作业人员应严守岗位，注意沥青温度变化，随着沥青温度变化，应慢火升温。沥青熬制到由白烟转黄烟到红烟时，应立即停火。如着火，应用锅盖或铁板覆盖。地面着火，应用灭火器、干砂等扑灭，严禁浇水。

（5）配制、贮存、涂刷冷底子油的地点严禁烟火，并不得在 30 m 以内进行电焊、气焊等明火作业。

（6）装运油的桶壶，应用铁皮咬口制成，严禁用锡焊桶壶，并应设桶壶盖。

（7）运输设备及工具，必须牢固可靠，竖直提升，平台的周边应有防护栏杆，提升时应拉牵引绳，防止油桶摇晃，吊运时油桶下方 10 m 半径范围内严禁站人。

（8）不允许两人抬送沥青，桶内装油不得超过桶高的 2/3。

（9）在坡度较大的屋面运油，应穿防滑鞋，设置防滑梯，清扫屋面上的砂粒等。油桶下设桶垫,必须放置平稳。

3.8.3 卷材铺贴施工安全要求

卷材铺贴施工中熬油施工安全见3.8.2条。

(1) 屋面四周没有女儿墙和未搭设外脚手架时,施工前必须搭设好防护栏杆,其高度应高出沿周边1.2 m。防护栏杆应牢固可靠。

(2) 浇倒热沥青时,必须注意屋面的缝隙和小洞,防止沥青漏落。浇至屋面四周边沿时,要随时拦扫下淌的沥青,以免流落下方,并应通知下方人员注意避开。檐口下方不得有人行走或停留,以防沥青流落伤人。

(3) 浇倒热沥青与铺贴卷材的操作人员应保持一定距离,并根据风向错位,壶嘴要向下,不准对人,浇至四周边沿时,要侧身操作,以避免热沥青飞溅烫伤。

(4) 避免在高温烈日下施工。

(5) 运上屋面的材料,如卷材、鱼眼砂等,应平均分散堆放,随用随运,不得集中堆料。在坡度较大的屋面上堆放卷材时,应采取措施,防止滑落。

(6) 在地下室,基础、池壁、管道、容器内等地方进行有毒、有害的涂料和涂抹沥青防水等作业时,应有通风设备和防护措施,并应定时轮换操作。

(7) 地下室防水施工的照明用电,其电源电压应不大于36 V;在特别潮湿的场所,其电源电压不得大于12 V。

(8) 配制速凝剂时,操作人员必须戴口罩和手套。

(9) 处理漏水部位,须用手接触掺促凝剂的砂浆时,要戴胶皮手套或胶皮手指套。

(10) 使用喷灯时,应清除周围的易燃物品;必须远离冷底子油,严禁在涂刷冷底子油区域内使用喷灯。喷灯煤油不得过满,打气不应过足,并必须在用火地点备有防火器材。

(11) 铺贴垂直墙面卷材,其高度超过1.5 m时,应搭设牢固的脚手架。

3.9 抹灰饰面工程安全技术管理

3.9.1 基本安全要求

(1) 脚手架使用前应检查脚手板是否有空隙、探头板、护身栏、挡脚板,确认合格方可使用,吊篮架的升降由架子工负责,非架子工不得擅自拆改或升降。

(2) 外饰面工序上、下层同时操作时,脚手架与墙身的空隙部位应设遮隔措施。

(3) 脚手架上的工具、材料要分散放稳,不得超过允许荷载。

(4) 采用井字架、龙门架、外用电梯垂直运送材料时,预先检查卸料平台通道的两侧边安全防护是否齐全、牢固,吊盘(笼)内小推车必须加挡车掩,不得向井内探头张望。

(5) 外装饰必须设置可靠的安全防护隔离层。贴面使用的预制件、大理石、瓷砖等,应堆放整齐、平稳,边用边运。安装时要稳拿稳放,待灌浆凝固稳定后,方可拆除临时支撑。废料、边角料严禁随意抛掷。

(6) 脚手板不得搭设在门窗、暖气片、洗脸池等非承重的物器上。阳台通廊部位抹灰,外侧必须挂设安全网。严禁踩踏脚手架的护身栏杆和阳台栏板进行操作。

(7) 室内抹灰采用高凳上铺脚手板时，宽度不得少于两块脚手板，间距不得大于 2 m，移动高凳时上面不得站人，作业人员最多不得超过两人。高度超过 2 m 时，应由架子工搭设脚手架。

(8) 在高大门、窗旁作业时，必须将门窗扇关好，并插上插销。

(9) 夜间或阴暗处作业，应用 36 V 以下安全电压照明。

(10) 瓷砖墙面作业时，瓷砖碎片不得向窗外抛扔。剔凿瓷砖应戴防护镜，

(11) 使用电钻、砂轮等手持电动机具，必须装有漏电保护器，作业前应试机检查，作业时应戴绝缘手套。

(12) 遇有六级以上强风、大雨、大雾，应停止室外高处作业。

3.9.2 干挂饰面板施工安全要求

(1) 严格剔除有开裂、隐伤的块材。

(2) 金属挂件所采用的构造方式、数量，要同块材外形规格的大小及其重量相适应。

(3) 所有块材、挂件及其零件均应按常规方法进行材质定量检验。

(4) 应配备专职检测人员及专用测力扳手，随时检测挂件安装的操作质量，务必排除结构基层上有松动的螺栓和紧固螺母的旋紧力未达到设计要求的情况，其抽检数量按 1/3 进行。

(5) 一切用电设备必须遵守《施工现场临时用电安全技术规范》(JCJ46—2005)的规定。

(6) 现场平台或脚手架，必须安全牢固，脚手板上只准堆放单层石材，不得堆放与干挂施工无关的物品；需要上下交叉作业时，应互相错开，禁止上下同一工作面操作，并应戴好安全帽。

(7) 室内外运输道路应平整，石块材料放在手推车上运输时应垫以松软材料，两侧宜有人扶持，以免碰花、碰损和砸脚伤人。

(8) 块材钻孔、切割应在固定的机架上，并应由经过专业岗位培训的人员操作，操作时应戴防护眼镜。

3.10 油漆工程安全技术管理

3.10.1 各种油漆材料

各种油漆材料(汽油、漆料、稀料)应单独存放在专用库房内，不得与其他材料混放。库房应通风良好。易挥发的汽油、稀料应装入密闭容器中，严禁在库内吸烟和使用任何明火。

3.10.2 油漆工程施工安全要求

(1) 油漆涂料的配制应遵守以下规定：

① 调制油漆应在通风良好的房间内进行。调制有害油漆涂料时，应戴好防毒口罩、护目镜，穿好与之相适应的个人防护用品；工作完毕应冲洗干净。

② 工作完毕，各种油漆涂料的溶剂桶(箱)要加盖封严。

③ 操作人员应进行体检，患有眼病、皮肤病、气管炎、结核病者不宜从事此项作业。

(2) 使用人字梯应遵守以下规定：

① 高度 2 m 以下作业(超过 2 m 按规定搭设脚手架)使用的人字梯应四脚落地，摆放平稳，梯脚应设防滑橡皮垫和保险拉链。

② 人字梯上搭铺脚手板，脚手板两端搭接长度不得少于 20 cm。脚手板中间不得同时两人操作，梯子挪动时，作业人员必须下来，严禁站在梯子上踩高跷式挪动。人字梯顶部铰轴不准站人、不准铺设脚手板。

③ 人字梯应经常检查，发现开裂、腐朽、榫头松动、缺档等不得使用。

(3) 使用喷灯应遵守以下规定：

① 使用喷灯前应首先检查开关及零部件是否完好，喷嘴要畅通。

② 喷灯加油不得超过容量的 4/5。

③ 每次打气不能过足。点火应选择在空旷处，喷嘴不得对人。气筒部分出现故障，应先熄灭喷灯，再行修理。

(4) 外墙、外窗、外楼梯等高处作业时，应系好安全带。安全带应高挂低用，挂在牢靠处，油漆窗户时，严禁站在或骑在窗栏上操作，刷封檐板或水落管时，应使用脚手架或在专用操作平台架上进行。

(5) 刷坡度大于 25°的铁皮屋面时，应设置活动跳板、防护栏杆和安全网。

(6) 刷耐酸、耐腐蚀的过氯乙烯涂料时，应戴防毒口罩。打磨砂纸时必须戴口罩。

(7) 在室内或容器内喷涂，必须保持良好的通风。喷涂时严禁对着喷嘴察看。

(8) 空气压缩机压力表和安全阀必须灵敏有效。高压气管各种接头应牢固，修理料斗气管时应关闭气门，试喷时不准对人。

(9) 喷涂人员作业时，如出现头痛、恶心、心闷和心悸等现象时，应停止作业，到户外通风处换气。

3.11 玻璃工程安全技术管理

(1) 裁割玻璃应在房间内进行。边角余料要集中堆放，并及时处理。

(2) 搬运玻璃应戴手套或用布、纸垫着玻璃，将手及身体裸露部分隔开，散装玻璃运输必须采用专门夹具(架)，玻璃应直立堆放，不得水平堆放。

(3) 安装玻璃所用工具应放入工具袋内，严禁将铁钉含在口内。

(4) 悬空高处作业必须系好安全带，严禁腋下挟住玻璃，同时另一手扶梯攀登上下。

(5) 安装窗扇玻璃时，严禁上下两层垂直交叉同时作业。安装天窗及高层房屋玻璃时，作业下方严禁走人或停留。碎玻璃不得向下抛掷。

(6) 玻璃幕墙安装应利用外脚手架或吊篮架子从上往下逐层安装，拿放玻璃时应用橡皮吸盘。

(7) 门窗等安装好的玻璃应平整、牢固、不得有松动。安装完毕必须立即将风钩挂好或插上插销。

(8) 安装完毕，所剩残余玻璃，必须及时清扫，集中堆放到指定地点。

3.12 拆除工程安全技术管理

（1）拆除工程在施工前，应该对建筑物的现状进行详细调查，并且编制施工组织设计，经总工程师批准后，才可以动工。较简单的拆除工程，也要制定切合实际的安全措施。

（2）拆除工程在施工前，要组织技术人员和工人学习施工组织设计和安全操作规程。

（3）拆除工程的施工，必须在工程负责人员的统一领导和经常监督下进行。

（4）拆除工程在施工前，应该将电线、煤气管道、水管道、供热设备管道等干线通向该建筑物的支线切断或者迁移。

（5）工人从事拆除工作的时候，应该站在脚手架或者其他稳固的结构部分上操作。

（6）拆除建筑物，应该按自上而下顺序进行，禁止数层同时拆除。当拆除某一部分的时候，应该防止其他部分发生坍塌。

（7）拆除建筑物的栏杆、楼梯和楼板等，应该和整体拆除程度相配合，不能先行拆掉。建筑物的承重支柱和横梁，要等待它所承担的全部结构和荷重拆掉后才可以拆除。

（8）拆除建筑物一般不采用推倒方法，遇有特殊情况必须采用推倒方法的时候，必须遵守下列规定：

① 砍切墙根的深度不能超过墙厚的三分之一，墙的厚度小于两块半砖的时候，不许进行掏掘。

② 为防止墙壁向掏掘方向倾倒，在掏掘前，要用支撑撑牢。

③ 建筑物推倒前，应该发出信号，待全体工作人员避至安全地带后，才能进行。

（9）用爆破方法拆毁建筑物的时候，应该按照《土方爆破工程及验收规范》有关爆破规定执行。用爆破方法拆毁建筑物部分结构的时候，应该保证其他结构部分的良好状态。爆破后，如果发现保留的结构部分有危险征兆，要采取安全措施后，才能进行工作。

（10）拆除建筑物的时候，楼板上不许有多人聚集和堆放材料，以免发生危险。

（11）在高处进行拆除工程，要设置流放槽（溜槽），以便散碎废料顺槽流下。拆下较大的或者过重的材料，要用吊绳或者起重机械及时吊下或者运走，禁止向下抛掷，拆卸下来的各种材料要及时清理，分别堆放于一定处所。

4 建筑机械施工安全技术

4.1 建筑机械的一般安全要求

(1) 建筑机械设备应按其技术性能和有关规定正确使用。缺少安全装置或安全装置已失效的机械设备不得使用。

(2) 严禁拆除机械设备上的自动控制机构、力矩限位器等安全装置以及监测指示仪表、警报器等自动报警、信号装置。其调试和故障的排除应由专业人员负责进行。

(3) 机械设备应按时进行保养。当发现有漏保、失修或超载、带病运转等情况时,有关部门应停止其使用。严禁在作业中对机械设备进行维修、保养或调整等作业。

(4) 机械设备的操作人员必须身体健康,并经过专业培训考试合格,取得有关部门颁发的操作证或特殊工种操作证后,方可独立操作。

(5) 操作人员有权拒绝执行违反安全技术规程的命令。由于发令人强制违章作业造成事故者,应追究发令人的责任,直至追究刑事责任。

(6) 机械操作人员和配合作业人员,必须按规定穿戴劳动保护用品,长发不得外露。高处作业必须系安全带,不得穿硬底鞋和拖鞋。严禁从高处往下投掷物件。

(7) 机械作业时,操作人员不得擅自离开工作岗位或将机械交给非本机操作人员操作。严禁无关人员进入作业区和操作室。工作时,思想要集中,严禁酒后操作。

(8) 两班以上作业的机械设备均须未遂事故时,应及时抢救,保护现场,并立即报告。

(9) 机械进入作业地点后,施工技术人员应向机械操作人员进行施工任务及安全技术措施交底。操作人员应熟悉作业环境和施工条件,听从指挥,遵守现场安全规定。

(10) 现场施工负责人应为机械作业提供道路、水电、临时机棚或停机场地等必须的条件,并消除对机械作业有妨碍或不安全的因素。夜间作业必须设置有充足的照明。

(11) 在有碍机械安全和人身健康的场所作业时,机械设备应采用相应的安全措施。操作人员必须配备适用的安全防护用品。

(12) 当使用机械设备与安全发生矛盾时,应首先服从安全要求。

当机械设备发生事故或未遂事故时,应及时抢救,保护现场,并立即报告领导和有关部门。

4.2 土方工程机械使用安全要求

4.2.1 蛙式夯实机使用安全要求

(1) 蛙式夯实机应适用于夯实灰土和素土的地基、地坪及场地平整，不得夯实坚硬或软硬不一的地面、冻土及混有砖石碎块的杂土。

(2) 蛙式夯实机作业前重点检查项目应符合下列要求：

① 除接零或接地外，应设置漏电保护器，电缆线接头绝缘良好；

② 传动皮带松紧度合适，皮带轮与偏心块安装牢固；

③ 转动部分有防护装置，并进行试运转，确认正常后，方可作业。

(3) 夯实机作业时，扶手上的按钮开关和电动机的接线均应绝缘良好。当发现有漏电现象时，应立即切断电源，进行检修。

(4) 夯实机作业时，应一人扶夯，一人传递电缆线且必须戴绝缘手套和穿绝缘鞋。递线人员应跟随夯机后或在两侧调顺电缆线，电缆线不得扭结或缠绕，且不得张拉过紧，应保持有 3～4 m 的余量。

(5) 夯实机作业时，应防止电缆线被夯击。移动时，应将电缆线移至夯机后方，不得隔机抢扔电缆线，当转向倒线困难时，应停机调整。

(6) 夯实机作业时，手握扶手应保持机身平衡，不得用力向后压，并应随时调整行进方向。转弯时不得用力过猛，不得急转弯。

(7) 夯实填高土方时，应在边缘以内 100～150 mm 夯实 2～3 遍后，再夯实边缘。

(8) 夯实机在较大基坑作业时，不得在斜坡上夯行，应避免造成夯头后折。

(9) 夯实房心土时，夯板应避开房心内地下构筑物、钢筋混凝土基桩、机座及地下管道等。

(10) 夯实机在建筑物内部作业时，夯板或偏心块不得打在墙壁上。

(11) 多机作业时，其平列间距不得小于 5 m，前后间距不得小于 10 m。

(12) 夯机前进方向和夯机四周 1 m 范围内，不得站立非操作人员。

(13) 夯机连续作业时间不应过长，当电动机超过额定温度时，应停机降温。

(14) 夯机发生故障时，应先切断电源，然后排除故障。

(15) 夯实机作业后，应切断电源，卷好电缆线，清除夯机上的泥土，并妥善保管。

4.2.2 振动夯实机使用安全要求

(1) 振动冲击夯应适用于黏性土、砂及砾石等散状物料的压实，不得在水泥路面和其他坚硬地面作业。

(2) 作业前重点检查项目应符合下列要求：

① 各部件连接良好，无松动；

② 内燃冲击夯有足够的润滑油，油门控制器转动灵活；

③ 电动冲击夯有可靠的接零或接地，电缆线表面绝缘完好。

(3) 内燃冲击夯起动后，内燃机应怠速运转 3～5 min，然后逐渐加大油门，待夯机跳动稳定后，方可作业。

(4) 电动冲击夯在接通电源启动后，应检查电动机旋转方向，有错误时应倒换相线。

(5) 作业时应正确掌握夯机，不得倾斜，手把不宜握得过紧，能控制夯机前进速度即可。

(6) 正常作业时，不得使劲往下压手把，影响夯机跳起高度。在较松的填料上作业或上坡时，可将手把稍向下压，并应能增加夯机前进速度。

(7) 在需要增加密实度的地方，可通过手把控制夯机在原地反复夯实。

(8) 根据作业要求，内燃冲击夯应通过调整油门的大小，在一定范围内改变夯机振动频率。

(9) 内燃冲击夯不宜在高速下连续作业。在内燃机高速运转时不得突然停车。

(10) 电动冲击夯应装有漏电保护装置，操作人员必须戴绝缘手套，穿绝缘鞋。作业时，电缆线不应拉得过紧，应经常检查线头安装，不得松动及引起漏电。严禁冒雨作业。

(11) 作业中，当发现冲击夯有异常的响声时，应立即停机检查。

(12) 短距离转移时，应先将冲击夯手把稍向上抬起，将运输轮装入冲击夯的挂钩内，再压下手把，使重心后倾，方可推动手把转移冲击夯。

(13) 作业后，应清除夯板上的泥沙和附着物，保持夯机清洁，并妥善保管。

4.3 起重机械使用安全要求

4.3.1 塔式起重机使用安全要求

(1) 塔式起重机应按技术性能和出厂说明书规定使用。

(2) 起重机的安装、顶升、拆除必须按照原厂规定进行，并制订安全作业措施，由专业队(组)在队(组)长统一指挥下进行，并要有技术和安全人员在场监护。

(3) 起重机安装后，在无载荷情况下，塔身与地面的垂直度偏差值不得超过3‰。

(4) 起重机专用的临时配电箱，宜设置在轨道中部附近，电源开关应符合规定要求。电缆卷筒必须运转灵活，安全可靠，不得拖缆。

(5) 起重机必须安装行走、变幅、吊钩高度等限位器和力矩限位器等安全装置，并保证灵敏可靠。对有升降式驾驶室的起重机，断绳保护装置必须可靠。

(6) 起重机的塔身上，不得悬挂标语牌。

(7) 检查轨道应平直、无沉陷、轨道螺栓无松动，排除轨道上的障碍物，松开夹轨器并向上固定好。

(8) 检查电源电压应达到380 V，其变动范围不得超过±20 V，送电前启动控制开关应在零位。接通电源，检查金属结构部分无漏电后方可上机。

(9) 空载运转，检查行走、回转、起重、变幅等各机构的限位器、安全限位、防护装置等，确认正常后，方可作业。

(10) 塔机运行时，必须严格按照操作规程要求执行，最基本要求：起吊前，先鸣号，吊物禁止从人的头上越过。起吊时吊索应保持垂直、起降平稳，操作尽量避免急刹车或冲击。严禁超载，当起吊满载或接近满载时，严禁同时做两个动作及左右回转范围不应超过90°。

(11) 起吊作业中司机和指挥必须遵守“十不吊”的规定。

(12) 操作各控制器时应依次逐级操作，严禁越挡操作。变换运转方向时，应将控制器转到零位，待电动机停止转动后，再转向另一方向。

(13) 吊钩提升接近臂杆顶部，小车行至端点或起重机行走接近轨道端部时，应减速缓行至停止位置。吊钩距臂杆顶部不得小于 1 m，起重机距轨道端部不得小于 2 m。

(14) 动臂式起重机的起重、回转、行走三种动作可以同时进行，但变幅只能单独进行。每次变幅后应对变幅部位进行检查。允许带载变幅的在满载荷或接近满载荷时，不得变幅。

(15) 提升重物后，严禁自由下降。重物就位时，可用微动机或使用制动器使之缓慢下降。

(16) 提升的重物平稳时，应高出其跨越的障碍物 0.5 m 以上。

(17) 两台起重机同在一条轨道上或在相近轨道上进行作业时，应保持两机之间任何接近部位(包括吊起的重物)距离不得小于 5 m。

(18) 主卷扬机不安装在平衡臂上的上旋式起重机作业时，不得顺一个方向连续回转。

(19) 装有机械式力矩限制器的起重机，在每次变幅后，必须根据回转半径和该半径时的允许载荷，对超载限位装置的吨位指示盘进行调整。

(20) 作业后，臂杆应转到顺风方向，并放松回转制动器。小车及平衡重应移到非工作状态位置。吊钩提升到离臂杆顶端 2～3 m 处。

(21) 将每个控制开关拨至零位，依次断开各路开关，关闭操作室门窗，下机后切断电源总开关。打开高空指示灯。

(22) 锁紧夹轨器，使起重机与轨道固定，如遇八级大风时，应另拉缆风绳与地锚或建筑物固定。

(23) 任何人员上塔帽、吊臂、平衡臂的高空部位检查或修理时，必须佩戴安全带。

4.3.2 物料提升机使用安全要求

1) 提升机安装与拆除安全要求

(1) 安装与拆除作业前，应根据现场工作条件及设备情况编制作业方案。对作业人员进行分工交底。安装和拆除作业时，施工人员应持证上岗，并应设专人指挥，作业区上方及地面 10 m 范围内设警戒区，并有专人监护。靠近交通道路或有人操作的地方要设置防护挡板。

(2) 新制作的提升机，架体安装的垂直偏差，最大不应超过架体高度的 0.15%。多次使用过的提升机，在重新安装时，其偏差不应超过 0.3%，并不得超过 200 mm。

(3) 井架截面内，两对角线长度公差不得超过最大边长的名义尺寸的 0.3%动性。

(4) 吊篮导靴与导轨的安装间隙，应控制在 5～10 mm 以内。

(5) 利用建筑物内井道做架体时，各楼层进料口处的停靠安全门，必须与司机操作处装设的层站标志进行链锁。阴暗处应装照明设备。

(6) 安装架体时，应先将地梁与基础连接牢固。每安装两个标准节(一般不大于 4 m)，应采取临时支撑或临时缆风绳固定，并进行初校正，在确认稳定时，方可继续作业。

(7) 卷扬机应安装在平整坚实的位置上，宜远离危险作业区，视线应良好。固定卷扬机的锚桩应牢固可靠。

(8) 提升机安装后，应由主管部门进行检查验收，确认合格发给使用证后，方可交付使用。

(9) 应定期(每月一次)组织对提升机设备进行检查,发现问题及时处理,并认真做好记录。作业班司机班前应进行检查,确认提升机正常时,方可投入作业。

2) 使用提升机安全要求

(1) 物料在吊篮内应均匀分布,不得超出吊篮。当长料在吊篮中立放时,应采取防滚滑措施;散料应装箱或装笼。严禁超载使用。

(2) 严禁人员攀登、穿越提升机和乘吊篮上下。

(3) 高架提升机作业时,应使用通讯装置联系。低架提升机在多工种、多楼层同时使用,应设专门指挥人员,信号不清不得开机。作业中不论任何人发出紧急停车信号,应立即执行。

(4) 当吊篮悬空吊挂时,卷扬机司机不得离开驾驶座位。

(5) 吊篮在运行时,严禁人员将身体任何部位伸入架体内。在架体附近工作的人员,身体不得贴近架体。使用组合架体时,进入吊篮工作的人员,应随时注意相邻吊篮的运行情况;人和物料、工具不得越入相邻的架体内。

(6) 架体的斜杆和横杆,不得随意拆除;如因运输需要,也只准将少数斜杆拆除,各楼层的出入口所拆除的斜杆,应安装在被拆除的开口节的上或下一节上,并与该节原有的斜杆成交叉状,但连续开口不允许大于两节,且必须在适当的地方装上与建筑物作刚性锚固的临时拉杆或支撑,以保持架体的刚度和稳定。

(7) 闭合主电源前或作业中突然断电时,应将所有开关扳回零位。在重新恢复作业前,应在确认提升机动作正常后方可继续使用。

(8) 发现安全装置、通讯装置失灵时,应立即停机修复。作业中不得随意使用极限限位装置。

(9) 作业后,应将吊篮降至地面,各控制开关扳至零位,切断主电源,锁好闸箱。

(10) 提升机使用过程中应进行经常性的维修保养,维修保养时,应将所有控制开关扳至零位,切断主电源,并在闸箱处挂上"禁止合闸"标志,必要时应设专人监护。

4.3.3 卷扬机使用安全要求

(1) 卷扬机安装时,基座必须平稳牢固,设置可靠的地锚并应搭设工作棚。操作人员的位置应能看清指挥人员和拖动或起吊的物件。

(2) 作业前检查卷扬机与地面固定情况、防护设施、电气线路、制动装置和钢丝绳等确认全部合格后方可使用。

(3) 使用皮带和开式齿轮传动的部分,均须设防护罩。

(4) 操作人员作业时,应严格执行操作规程,思想集中,服从指挥。

(5) 从卷筒中心线到第一个导向滑轮的距离,带槽卷筒应大于卷筒宽度的 15 倍,无槽卷筒应大于 20 倍。

(6) 卷扬机制动操作杆的行程范围内不得有障碍物。

(7) 卷筒上的钢丝绳应排列整齐,如发现重叠或斜绕时,应停机重新排列。严禁在转动中用手、脚去拉、踩钢丝绳。

(8) 作业中,任何人不得跨越正在作业的卷扬机钢丝绳。休息时物件或吊笼应降至地面。

(9) 作业中,如遇停电,应切断电源,将提升物降至地面。

(10) 应进行经常性的维护保养工作,按照清洁润滑、紧固、调整、防腐十字作业法,确保整个机械运转正常,制动灵活有效。

4.4 搅拌机及混凝土振动器使用安全要求

4.4.1 搅拌机使用安全要求

(1) 作业场地要有良好的排水条件,机械近旁应有水源,机棚内就有良好的通风、采光及防雨、防冻条件,并不得积水。

(2) 固定式搅拌机要有可靠的基础,移动式搅拌机应在平坦坚硬的地坪上用方木支撑架牢,并保持水平。

(3) 气温降到5℃以下时,管道、泵、机内均应采取防冻保温措施。

(4) 作业后,应及时将机内、水箱内、管道内的存料和积水放尽,并清洁保养机械,清理工作场地,切断电源,锁好配电箱。

(5) 装有轮胎的机械,转移时拖行速度不得超过15 km/h。

(6) 固定式搅拌机的操作台应使操作人员能看到各部工作情况,仪表、指示信号准确可靠,电动搅拌机的操作台应垫上橡胶或干燥木板。

(7) 移动式搅拌机长期停放或使用时间超过三个月以上时,应将轮胎卸下妥善保管,轮轴端部应做好清洁和防锈工作。

(8) 传动机构、工作装置、制动器等,均应紧固可靠,保证正常工作。

(9) 骨料规格应与搅拌机的性能相符,超出许可范围的不得使用。

(10) 空车运转,检查搅拌筒或搅拌叶的转动方向,各工作装置的操作、制动确认正常,方可作业。

4.4.2 混凝土振捣器使用安全要求

1) 插入式振动器使用安全要求

(1) 插入式振动器的电动机电源上,应安装漏电保护装置,接地或接零应安全可靠。

(2) 操作人员应经过用电教育,作业时应穿戴绝缘胶鞋和绝缘手套。

(3) 电缆线应保持有操作所需的长度。电缆线上不得堆压物品或让车辆挤压,严禁用缆线拖拉或吊挂振动器。

(4) 使用前,应检查各部并确认连接牢固,旋转方向正确。

(5) 振动器不得在初凝的混凝土、地板、脚手架和干硬的地面上进行试振。在检修或作业间断时,应断开电源。

(6) 作业时,振动棒软管的弯曲半径不得小于500 mm,并不得多于两个弯,操作时将振动棒垂直地沉入混凝土,不得用力硬插、斜推或让钢筋夹住棒头,也不得全部插入混凝土中,插入深度不应超过棒长的3/4,不宜触及钢筋、芯管及预埋件。

(7) 振动棒软管不得出现断裂,当软管使用过久使长度增长时,应及时修复或更换。

(8) 作业停止需移动振动器时,应先关闭电动机,再切断电源。不得用软管拖拉电机。

(9) 作业完毕，应将电动机、软管、振动棒清理干净，并应按规定要求进行保养工作。振动器存放时，不得堆压软管，应平直放好，并应对电动机采取防潮措施。

2) 附着式、平板式振动器

(1) 附着式、平板式振动器的电气设备上应安装漏电保护器和接地或接零装置，并确认合格。

(2) 附着式振动器在使用时，电动机轴应保持水平状态。

(3) 在一个模板上同时使用多台附着式振动器时，各振动器的频率应保持一致，相对面的振动器应错开安装。

(4) 作业前，应对附着式振动器进行检查和试振。试振不得在干硬土或硬质物体上进行。安装在搅拌站料仓上的振动器，应安置橡胶垫。

(5) 安装时，振动器底板安装螺孔的位置应正确，应防止底脚螺栓安装扭斜而使机壳受损。底脚螺栓应紧固，各螺栓的紧固程度应一致。

(6) 使用时，引出电缆线不得拉得过紧，更不得断裂；作业时，应随时观察电气设备的漏电保护器和接地或接零装置，并确认合格。

(7) 附着式振动器安装在混凝土模板上时，每次振动时间不应超过 1 min，当混凝土在模内泛浆流动或成水平状即可停振，不得在混凝土初凝状态时再振。

(8) 装置振动器的构件模板应坚固牢靠，其面积应与振动器额定振动面积相适应。

(9) 平板式振动器作业时，应使平板与混凝土保持接触，使振波有效地振实混凝土，待表面出浆，不再下沉后，即可缓慢向前移动，移动速度应能保证混凝土振实出浆，在振的振动器，不得搁置在已凝或初凝的混凝土上。

4.4.3 混凝土泵使用安全要求

(1) 混凝土泵应安放在平整、坚实的地面上，周围不得有障碍物，在放下支腿并调整后应使机身保持水平和稳定，轮胎应楔紧。

(2) 泵送管道的敷设应符合下列要求：

① 水平泵送管道宜直线敷设。

② 垂直泵送管道不得直接装接在泵的输出口上，应在垂直管前端加装长度不小于 20 m 的水平管，并在水平管近泵处加装逆止阀。

③ 敷设向下倾斜的管道时，应在输出口上加装一段水平管，其长度不应小于倾斜管高低差的 5 倍，当倾斜度较大时，应在坡度上端装设排气活阀。

④ 泵送管道应有支承固定，在管道和固定物之间应设置木垫作缓冲，不得直接与钢筋或模板相连，管道与管道间应连接牢靠；管道接头和卡箍应扣牢密封，不得漏浆；不得将已磨损管道装在后端高压区。

⑤ 泵送管道敷设后，应进行耐压试验。

(3) 砂石粒径、水泥标号及配合比应按出厂规定，满足泵机可泵性的要求。

(4) 作业前应检查并确认泵机各部螺栓紧固，防护装置齐全可靠，各部位操纵开关、调整手柄、手轮、控制杆、旋塞等均在正确位置，液压系统正常无泄漏，液压油符合规定，搅拌斗内无杂物，上方的保护格网完好无损。

(5) 输送管道的管壁厚度应与泵送压力匹配，近泵处应选用优质管子。管道接头、密封圈及弯头等应完好无损。高温烈日下应采用湿麻袋或湿草袋遮盖管路，并应及时浇水降温，寒冷季节应采取保温措施。

（6）应配备清洗管、清洗用品、接球器及有关装置。开泵前，无关人员应离开管道周围。

（7）启动后，应空载运转，观察各仪表的指示值，检查泵和搅拌装置的运转情况，确认一切正常后，方可作业。泵送前应向料斗加入 10 L 清水和 0.3 m^3 的水泥砂浆润滑泵及管道。

（8）泵送作业中，料斗中的混凝土平面应保持在搅拌轴轴线以上。料斗格网上不得堆满混凝土，应控制供料流量，及时清除超粒径的骨料及异物，不得随意移动格网。

（9）当进入料斗的混凝土有离析现象时应停泵，待搅拌均匀后再泵送。当骨料分离严重，料斗内灰浆明显不足时，应剔除部分骨料，另加砂浆重新搅拌。

（10）泵送混凝土应连续作业；当因供料中断被迫暂停时，停机时间不得超过 30 min。暂停时间内应每隔 5～10 min（冬季 3～5 min）作 2～3 个冲程反泵—正泵运动，再次投料泵送前应先将料搅拌。当停泵时间超限时，应排空管道。

（11）垂直向上泵送中断后再次泵送时，应先进行反向推送，使分配阀内混凝土吸回料斗，经搅拌后再正向泵送。

（12）泵机运转时，严禁将手或铁锹伸入料斗或用手抓握分配阀。当需在料斗或分配阀上工作时，应先关闭电动机和消除蓄能器压力。

（13）不能随意调整液压系统压力。当油温超过 70℃时，应停止泵送，但仍应使搅拌片和风机运转，待降温后再继续运行。

（14）水箱内应贮满清水，当水质混浊并有较多砂粒时，应及时检查处理。

（15）泵送时，不得开启任何输送管道和液压管道；不得调整、修理正在运转的部件。

（16）作业中，应对泵送设备和管路进行观察，发现隐患应及时处理，对磨损超过规定的管子、卡箍、密封圈等应及时更换。

（17）应防止管道堵塞，泵送混凝土应搅拌均匀，控制好坍落度，在泵送过程中，不中途停泵。

（18）当出现输送管堵塞时，应进行反泵运转，使混凝土返回料斗；当反泵几次仍不消除堵塞时，应在泵机卸载情况下，拆管排除堵塞。

（19）作业后，应将料斗内和管道内的混凝土全部输出，然后对泵机、料斗、管道等进行冲洗。当用压缩空气冲洗管道时，进气阀不应立即开大，只有当混凝土顺利排出时，可将进气阀开至最大。在管道出口端前方 10 m 内严禁站人，并应用金属网篮等收集冲出的清洗球和砂石粒。对凝固的混凝土，应采用刮壁清除。

（20）作业后，应将两侧活塞转到清洗室位置，并涂上润滑油。各部位操纵开关、调整手柄、手轮、控制杆、旋塞等均应复位。液压系统应卸载。

4.5 木工机械使用安全要求

4.5.1 带锯机使用安全要求

（1）作业前，检查锯条，如锯条齿侧的裂纹长度超过 10 mm，锯条接头处裂纹长度超过 10 mm，以及连续缺齿两个和接头超过三个的锯条均不得使用。裂纹在以上规定内必须在裂纹终端冲一止裂孔。锯条松紧度调整适当后先空载运转，如声音正常，无串条现象时，方可作业。

(2) 作业中，操作人员应站在带锯机的两侧，跑车开动后，行程范围内的轨道周围不准站人，严禁在运行中上、下跑车。

(3) 原木进锯前，应调好尺寸，进锯后不得调整。进锯速度应均匀，不能过猛。

(4) 在木材的尾端越过锯条 0.5 cm 后，方可进行倒车。倒车速度不宜过快，要注意木楼、节疤碰卡锯条。

(5) 平台式带锯作业时，送接料要配合一致。送料、接料时不得将手送进台面。锯短料时，应用推棍送料。回送木料时，要离开锯条 50 mm 以上，并须注意木楼、节疤碰卡锯条。

(6) 装设有气力吸尘罩的带锯机，当木屑堵塞吸尘管口时，严禁在运转中用木棒在锯轮背侧清理管口。

(7) 锯机张紧装置的压砣(重锤)，应根据锯条的宽度与厚度调节档位或增减副砣，不得用增加重锤重量的办法克服锯条口松或串条等现象。

4.5.2 圆盘锯使用安全要求

(1) 锯片上方必须安装保险挡板和滴水装置，在锯片后面，离齿 10～15 cm 处，必须安装弧形楔刀。锯片的安装，应保持与轴同心。

(2) 锯片必须锯齿尖锐，不得连续缺齿两个，裂纹长度不得超过 20 mm，裂缝末端应冲止裂孔。

(3) 被锯木料厚度，以锯片能露出木料 10～20 mm 为限，夹持锯片的法兰盘的直径应为锯片直径的 1/4。

(4) 启动后，待转速正常后方可进行锯料。送料时不得将木料左右晃动或高抬，遇木节要缓慢送料。锯料长度应不小于 500 mm。接近端头时，应用推棍送料。

(5) 如锯线走偏，应逐渐纠正，不得猛扳，以免损坏锯片。

(6) 操作人员不得在锯片旋转离心力面上操作，手不得跨越锯片。

(7) 锯片温度过高时，应用水冷却。直径 600 mm 以上的锯片，在操作中应喷水冷却。

4.5.3 平面刨(手压刨)使用安全要求

(1) 作业时，检查安全防护装置必须齐全有效。

(2) 刨料时，手应按在料的上面，手指必须离开刨口 50 mm 以上；严禁用手在木料后端送料跨越刨口进行刨削。

(3) 被刨木料的厚度小于 30 mm，长度小于 400 mm 时，应用压板或压辊推进；厚度在 15 mm，长度在 250 mm 以下的木料，不得在平刨上加工。

(4) 被刨木料如有破裂或硬节等缺陷时，必须处理后再施刨。刨旧料前，必须将料上的钉子、杂物清除干净。遇木楼、节疤要缓慢送料，严禁将手按在节疤上送料。

(5) 刀片和刀片螺钉的厚度、重量必须一致，刀架夹板必须平整贴紧，合金刀片焊接的高度不得超中刀头，刀片紧固螺钉应嵌入刀片槽内，槽端离刀背不得小于 10 mm。紧固刀片螺钉时，用力应均匀一致，不得过松或过紧。

(6) 机械运转时，不得将手伸进安全挡板里侧去移动或拆除安全挡板进行刨削；严禁戴手套操作。

4.5.4 压刨床(单面和多面)使用安全要求

(1) 压刨床必须用单向开关,不得安装倒顺开关,三、四面刨应按顺序开动。

(2) 作业时,严禁一次刨削两块不同材质、规格的木料,被刨木料的厚度不得超过50 mm,工作台面不得歪斜和高低不平。

(3) 接、送料时不得戴手套,送料时必须先进大头。

(4) 刨刀与刨床台面的水平间隙应在10～30 mm之间,刨刀螺钉必须重量相等,紧固时用力应均匀一致,不得过紧或过松,严禁使用带开口槽的刨刀。

(5) 每次进刀量应为2～5 mm,如遇硬木或节疤,应减小进刀量,降低送料速度。

(6) 刨料长度不得短于前后压滚的中心距离,厚度小于10 mm的薄板,必须垫托板。

(7) 压刨必须装有回弹灵敏的逆止爪装置,进料齿辊及托料光辊应调整水平和上下距离一致,齿辊应低于工件表面1～2 mm,光辊应高出台面0.3～0.8 mm,工作台面不得歪斜和高低不平。

(8) 安装刀片的注意事项按平面刨第5条的规定执行。

4.6 电焊机使用安全要求

4.6.1 电弧焊的一般规定

(1) 焊接设备上的电机、电器、空压机等应按有关规定执行,并有完整的防护外壳,一、二次接线柱处应有保护罩。

(2) 现场使用的电焊机应设有可防雨、防潮、防晒的机棚,并备有消防用品。

(3) 焊接时,焊接和配合人员必须采取防止触电、高空坠落、煤气中毒和火灾等事故的安全措施。

(4) 严禁在运行中的压力管道、装有易燃易爆物品的容器和受力构件上进行焊接和切割。

(5) 焊接铜、铝、锌、铅等有色金属时,必须在通风良好的地方进行,焊接人员应戴防毒面具或呼吸滤清器。

(6) 在容器内施焊时,必须采取以下措施:容器上必须有进、出风口并设置通风设备,容器内的照明电压不得超过12 V,焊接时必须有人在场监护,严禁在已喷涂过油漆或塑料的容器内焊接。

(7) 焊接预热焊件时,应设挡板隔离焊件发出的辐射热。

(8) 高空焊接或切割时,必须挂好安全带,焊件周围和下方应采取防火措施并有专人监护。

(9) 电焊线通过道路时,必须架高或穿入防护管内埋设在地下,如通过轨道时,必须从轨道下面穿过。

(10) 接地线及手把线都不得搭在易燃、易爆和带有热源的物品上,接地线不得接在管道、机床设备和建筑物金属构架或轨道上,接地电阻不大于4 Ω。

(11) 雨天不得露天电焊。在潮湿地带作业时，操作人员应站在铺有绝缘物品的地方并穿好绝缘鞋。

(12) 长期停用的电焊机，使用前，须检查其绝缘电阻不得低于 0.5 MΩ，接线部分不得有腐蚀和受潮现象。

(13) 焊钳应与手把线连接牢固，不得用胳膊夹持焊钳。清除焊渣时，面部应避开被清的焊缝。

(14) 在载荷运行中，焊接人员应经常检查电焊机的温升，如超过 A 级 60℃、B 级 80℃时，必须停止运转并降温。

(15) 施焊现场的 10 m 范围内，不得堆放氧气瓶、乙炔发生器、木材等易燃物。

(16) 作业后，清理场地、灭绝火种，切断电源，锁好配电箱，消除焊料余热后，方可离开。

4.6.2 交流电焊机使用安全要求

(1) 应注意初、次级线，不可接错，输入电压必须符合电焊机的铭牌规定。严禁接触初级线路的带电部分。

(2) 次级抽头连接铜板必须压紧，接线柱应有垫圈。合闸前详细检查接线螺母、螺栓及其他部件应无松动或损坏。

(3) 移动电焊机时，应切断电源，不得用拖拉电缆的方法移动焊机，如焊接中突然停电，应切断电源。

4.6.3 直流电焊机使用安全要求

1) 旋转式电焊机

(1) 新机使用前，应将换向器上的污物擦干净，使换向器与电刷接触良好。

(2) 启动时，检查转子的旋转方向应符合焊机标志的箭头方向。

(3) 启动后，应检查电刷和换向器，如有大量火花时，应停机查明原因，经排除后，方可使用。

(4) 数台焊机在同一场地作业时，应逐台起动，并使三相载荷平衡。

2) 硅整流电焊机

(1) 电焊机应在原厂使用说明书要求的条件下工作。

(2) 使用时，须先开启风扇电机，电压表指示值应正常，仔细察听应无异响。停机后，应清洁硅整流器及其他部件。

(3) 严禁用摇表测试电焊机主变压器的次级线圈和控制变压器的次级线圈。

4.6.4 埋弧自动、半自动焊机使用安全要求

(1) 检查送丝滚轮的沟槽及齿纹应完好。滚轮、导电嘴(块)磨损或接触不良时应更换。

(2) 检查减速箱油槽中的润滑油，不足时应添加。

(3) 软管式送丝机构的软管槽孔应保持清洁，定期吹洗。

4.6.5 对焊机使用安全要求

(1) 对焊机应安置室内，并有可靠的接地(接零)。如多台对焊机并列安装时，间距不得

少于 3 m，并应分别接在不同相位的电网上，分别有各自的开关。导线的截面应不小于表 4－1的规定。

表 4－1 导线的截面

对焊机的额定功率/kV·A	25	50	75	100	150	200	500
一次电压为 220 V 时的导线截面积/mm^2	10	25	35	45	—	—	—
一次电压为 380 V 时的导线截面积/mm^2	6	16	25	35	50	70	150

（2）作业前，检查对焊机的压力机构应灵活，夹具应牢固，气、液压系统无泄漏，确认正常后，方可施焊。

（3）焊接前，应根据所焊钢筋截面，调整二次电压，不得焊接超过对焊机规定直径的钢筋。

（4）断路器的接触点、电极应定期光磨、二次电路全部连接螺栓应定期紧固。冷却水温度不得超过 40℃；排水量应根据温度调节。

（5）焊接较长钢筋时，应设置托架。配合搬运钢筋的操作人员，在焊接时要注意防止火花烫伤。

（6）闪光区应设挡板，焊接时无关人员不得入内。

（7）冬期施工时，室内温度应不低于 8℃。作业后，放净机内冷却水。

4.6.6 点焊机使用安全要求

（1）作业前，必须清除上、下两极的油污。通电后，机体外壳应无漏电。

（2）启动前，首先应按通控制线路的转向开关和调整好极数。接通水源、气源，再接通电源。

（3）电极触头应保持光洁，如有漏电时，应立即更换。

（4）作业时，气路、水冷系统应畅通。气体必须保持干燥。排水温度不得超过 40℃，排水量可根据气温调节。

（5）严禁在引燃电路中加大熔断器。当负载过小使引燃管电弧不能发生时，不得闭合控制箱的引燃电路。

（6）控制箱如长期停用，每月应通电加热 30 min。如更换闸流管亦应预热 30 min，正常工作的控制箱的预热不得小于 5 min。

4.6.7 乙炔气焊使用安全要求

（1）一次加电石 10 kg 或有 5 m^3/h 发气量的乙炔发生器应采用固定式，并建立乙炔站（房）。由专人操作。乙炔站与厂房及其他建筑物的距离应符合乙炔站设计规定。

（2）乙炔发生器（站）、氧气瓶及软管、阀、表均应齐全有效，紧固牢靠，不得松动、破损和漏气。氧气瓶及其附件、胶管、工具上均不得沾染油污。软管接头不得用铜质材料制作。

（3）乙炔发生器、氧气瓶和施焊地点距离不得小于 10 m，否则应采取隔离措施，同一地点有两个以上乙炔发生器时，其间距不得小于 10 m。

（4）电石的贮存地点必须干燥，通风良好，室内不得有明火或敷设水管、水箱。电石桶应密封，桶上必须标明“电石桶”和“严禁用水灭火”等字样。如电石有轻微受潮时，应轻轻取出电石，不得倾倒。

(5) 托运电石桶时，应打开桶上小盖。严禁用钢铁工具敲击桶盖。托运人员不得站在桶的两端。取装电石和砸碎电石时，操作人员应戴手套、口罩和眼镜。

(6) 电石起火时必须用干砂或二氧化碳灭火器。不得用泡沫、四氯化碳灭火器或水灭火。电石粒末应在露天销毁。

(7) 如用新品种电石时，在使用前应作温水浸试，并经试验无爆炸危险时，才能使用。

(8) 乙炔发生器的压力要保持正常，压力超过 147 kPa(1.5 kgf/cm^2)时应停用。用水必须清洁。发气室内壁不得用含铜材料制作。温度不得超过 80℃(水入式发生器，其冷却水温不得超过 50℃，浮桶式发生器水温不得超过 60℃)。当温度超过规定时应停止作业，并用冷水喷射降温和加入低温的冷却水。不得以金属棒等硬物敲击乙炔发生器的金属部分。

(9) 使用浮筒式乙炔发生器时，应装设回火防止器。在内筒顶部中间，应有防爆球或胶皮薄膜，其厚度不得超过 1 mm，面积应为内筒底面积的 60%以上。

(10) 乙炔发生器应放在操作地点的上风处，不得放在高压线及一切电线的下面。不得在强烈日光下曝晒。四周应设围栏、悬挂“严禁烟火”标志。

(11) 碎电石应掺入小块电石内装入乙炔发生器使用，不得完全使用碎电石。夜间加添电石不得用明火照明。

(12) 新橡胶软管必须经压力试验。未经压力试验的或代用品及变质、老化、脆性断裂、漏气及沾上油脂的胶管均不得使用。

(13) 不得将橡胶软管放在高温管道和电线上，或将重物或热的物件压在软管上，更不得将软管与电焊用的导线敷设在一起。软管经过车行道时应加护套或盖板。

(14) 氧气瓶应与其他易燃气瓶、油脂和其他易燃、易爆物品分别存放，也不得同车运输。氧气瓶应有防振圈和安全帽，应平放不得倒置，不得在强烈日光下曝晒。严禁用行车或吊车吊运氧气瓶。

(15) 开启氧气瓶阀门时，应用专用工具，动作要缓慢，不得面对减压器，但应观察压力表指针是否灵敏正常。氧气瓶中的氧气不得全部用尽，至少应留 49 kPa(0.5 kgf/cm^2)的剩余压力。

(16) 严禁使用未安装减压器的氧气瓶进行作业。

(17) 安装减压器时，应先检查氧气瓶阀门接头不得有油脂，并略开氧气阀门吹除污垢，然后安装减压器，人身或面部不得正对氧气阀门出气口，关闭氧气瓶阀门时，须先松开减压器的活门螺钉(不可紧闭)。

(18) 点燃焊(割)炬时，应先开乙炔阀点火，然后开氧气阀调整火焰。关闭时应先关闭乙炔阀，再关闭氧气阀。

(19) 在作业中，如发现氧气瓶阀门失灵或损坏不能关闭时，应让瓶内的氧气自动溢尽后，再行拆卸修理。

(20) 发现乙炔发生器因漏气着火燃烧时，应立即把乙炔发生器朝安全方向推倒，并用黄沙扑灭火种，不得堵塞或拔出浮筒。

(21) 乙炔软管、氧气软管不得错装。使用中氧气软管着火时，不得折弯软管断气，应迅速关闭氧气阀门，停止供氧。乙炔软管着火时，应先关熄炬火，可用弯折前面一段软管的办法来将火熄灭。

(22) 冬期在露天施工,如软管和回火防止器冻结时,可用热水、蒸汽或在暖气设备下化冻。严禁用火焰烘烤。

(23) 不得将橡胶软管背在背上操作。焊枪内若带乙炔、氧气时不得放在金属管、槽、缸、箱内。

(24) 氢氧并用时,应先开乙炔气,再开氢气,最后开氧气,再点燃。熄灭时,应先关氧气,再关氢气,最后关乙炔气。

(25) 作业后,应卸下减压器,拧上气瓶安全帽,将软管卷起捆好,挂在室内干燥处,并将乙炔发生器卸压,放水后取出电石篮,剩余电石和电石渣,应分别放在指定的地方。

4.7 钢筋加工机械使用安全要求

4.7.1 一般规定

(1) 钢筋加工机械以电动机、液压为动力,以卷扬机为辅机者,应按有关规定执行。

(2) 机械的安装必须坚实稳固,保持水平位置。固定式机械应有可靠的基础,移动式机械作业时应楔紧行走轮。

(3) 室外作业应设置机棚,机旁应有堆放原料、半成品的场地。

(4) 加工较长的钢筋时,应有专人帮扶,并听从操作人员指挥,不得任意推拉。

(5) 作业后,应堆放好成品,清理场地,切断电源,锁好配电箱。

4.7.2 钢筋调直切断机使用安全要求

(1) 料架、料槽应安装平直,对准导向筒、调直筒和下切刀孔的中心线。

(2) 用手转动飞轮,检查传动机构和工作装置,调整间隙,紧固螺栓,确认正常后,起动空运转,检查轴承应无异响,齿轮啮合良好,待运转正常后,方可作业。

(3) 按调直钢筋的直径,选用适当的调直块及传动速度。经调试合格,方可送料。

(4) 在调直块未固定、防护罩未盖好前不得送料。作业中严禁打开各部防护罩及调整间隙。

(5) 当钢筋送入后,手与拽轮必须保持一定距离,不得接近。

(6) 送料前应将不直的料头切去,导向筒前应装一根 1 m 长的钢管,钢筋必须先穿过钢管再送入调直前端的导孔内。

(7) 作业后,应松开调直筒的调直块并回到原来位置,同时预压弹簧必须回拉。

4.7.3 钢筋切断机使用安全要求

(1) 接送料工作台面应和切刀下部保持水平,工作台的长度可根据加工材料长度决定。

(2) 启动前,必须检查切刀应无裂纹,刀架螺栓紧固,防护罩牢靠。然后用手转动皮带轮,检查齿轮啮合间隙,调整切刀间隙。

(3) 启动后,先空运转,检查各传动部分及轴承运转正常后,方可作业。

(4) 机械未达到正常转速时不得切料。切料时必须使用切刀的中下部位,紧握钢筋对准刃口迅速送入。

(5) 不得剪切直径及强度超过机械铭牌规定的钢筋和烧红的钢筋。一次切断多根钢筋时，总截面积应在规定范围内。

(6) 剪切低合金钢时，应换高硬度切刀，直径应符合铭牌规定。

(7) 切断短料时，手和切刀之间的距离应保持 150 mm 以上，如手握端小于 400 mm 时，应用套管或夹具将钢筋短头压住或夹牢。

(8) 运转中，严禁用手直接清除切刀附近的断头和杂物。钢筋摆动周围和切刀附近，非操作人员不得停留。

(9) 发现机械运转不正常有异响或切刀歪斜等情况，应立即停机检修。

(10) 作业后，用钢刷清除切刀间的杂物，进行整机清洁保养。

4.7.4 钢筋弯曲机使用安全要求

(1) 工作台和弯曲机台面要保持水平，并准备好各种芯轴及工具。

(2) 按加工钢筋的直径和弯曲半径的要求装好芯轴、成型轴、挡铁轴或可变挡架，芯轴直径应为钢筋直径 2.5 倍。

(3) 检查芯轴、挡块、转盘应无损坏和裂纹，防护罩紧固可靠，经空运转确认正常后，方可作业。

(4) 作业时，将钢筋需弯的一头插在转盘固定销的间隙内，另一端紧靠机身固定销，并用手压紧，检查机身固定销子确实安在挡住钢筋的一侧，方可开动。

(5) 作业中，严禁更换芯轴、销子和变换角度以及调速等作业，亦不得加油或清扫。

(6) 弯曲钢筋时，严禁超过本机规定的钢筋直径、根数及机械转速。

(7) 弯曲高强度或低合金钢筋时，应按机械铭牌规定换算最大限制直径并调换相应的芯轴。

(8) 严禁在弯曲钢筋的作业半径和机身不设固定销的一侧站人。弯曲好的半成品应堆放整齐，弯钩不得朝上。

(9) 转盘换向时，必须在停稳后进行。

4.7.5 钢筋冷拉机使用安全要求

(1) 根据冷拉钢筋的直径，合理选用卷扬机，卷扬钢丝绳应经封闭式导向滑轮并和被拉钢筋方向成直角。卷扬机的位置必须使操作人员能见到全部冷拉场地，距离冷拉中线不少于 5 m。

(2) 冷拉场地在两端地锚外侧设置警戒区，装设防护栏杆及警告标志。严禁无关人员在此停留。操作人员在作业时必须离开钢筋至少 2 m 以外。

(3) 用配重控制的设备必须与滑轮匹配，并有指示起落的记号，没有指示记号时应有专人指挥。配重框提起时高度应限制在离地面 300 mm 以内，配重架四周应有栏杆及警告标志。

(4) 作业前，应检查冷拉夹具，夹齿必须完好，滑轮、拖拉小车应润滑灵活，拉钩、地锚及防护装置均应齐全牢固，确认良好后，方可作业。

(5) 卷扬机操作人员必须看到指挥人员发出信号，并待所有人员离开危险区后方可作业。冷拉应缓慢、均匀地进行，随时注意停车信号或见到有人进入危险区时，应立即停拉，并稍稍放松卷扬机钢丝绳。

(6) 用延伸率控制的装置，必须装设明显的限位标志，并要有专人负责指挥。

(7) 夜间工作照明设施，应设在张拉危险区外，如必须装设在场地上空时，其高度应超过 5 m，灯泡应加防护罩，导线不得用裸线。

(8) 作业后，应放松卷扬钢丝绳，落下配重，切断电源，锁好配电箱。

4.7.6 预应力钢筋拉伸设备使用安全要求

(1) 采用钢模配套张拉，两端要有地锚，还必须配有卡具、锚具，钢筋两端须镦头，场地两端外侧应有防护栏杆和警告标志。

(2) 检查卡具、锚具及被拉钢筋两端镦头，如有裂纹或破损，应及时修复或更换。

(3) 卡具刻槽应较所拉钢筋的直径大 0.7～1 mm，并保护有足够强度使锚具不致变形。

(4) 空载运转，校正千斤顶和压力表的指示吨位，定出表上的数字，对比张拉钢筋所需吨位及延伸长度。检查油路应无泄漏，确认正常后，方可作业。

(5) 作业中，操作要平稳、均匀，张拉时两端不得站人。拉伸机在有压力情况下严禁拆卸液压系统中的任何零件。

(6) 在测量钢筋的伸长或拧紧螺母时，应先停止拉伸，操作人员必须站在侧面操作。

(7) 用电热张拉法带电操作时，应穿绝缘胶鞋和戴绝缘手套。

(8) 张拉时，不准用手摸或脚踩钢筋或钢丝。

(9) 作业后，切断电源，锁好配电箱。千斤顶全部卸荷并将拉伸设备放在指定地点进行保养。

4.8 其他机械设备使用安全要求

4.8.1 电动砂轮机使用安全要求

(1) 砂轮安装时，应按有关规定进行，并应作平衡试验，应仔细检查有无裂纹，运行是否平稳，额定转速是否相符。安装完毕试运转数分钟后，再次拧紧螺丝。

(2) 砂轮必须装设护罩，砂轮的工作台位置应低于砂轮的圆心，其与砂轮的距离应保持 30 mm。

(3) 操作前，应检查砂轮有无破裂，螺丝是否松动，检查合格正式操作前，应先试空运转。

(4) 使用时应站在砂轮侧面，且身体离开稍远。不准两人同时使用一个砂轮。

(5) 砂轮机不准安装倒顺开关，旋转方向禁止对着主要通道。

(6) 普通砂轮不许研磨非金属工件和硬质合金。

(7) 工作时要戴防护眼镜，磨工件时不准戴手套，送磨工件时，不得冲击或用力过猛。

(8) 砂轮不圆，砂轮过薄或磨损剩余部分不足 25 mm 时不准使用，运行中发现左右摇摆或声响异常时，应立即检修。

(9) 工作完毕后应切断电源，将工作场所打扫干净。

4.8.2 手持电动工具使用安全要求

电动工具按其触电保护分为Ⅰ、Ⅱ、Ⅲ类。Ⅰ类工具在防止触电保护方面不仅依靠基本绝缘，而且还包含一个附加安全预防措施。其方法是将可触及的可导电的零件与已安装的固定线路中的保护(接地)导线连接起来。因此这类工具使用时一定要进行接地或接零，最好装设漏电保护器。Ⅱ类工具在防止触电的保护方面不仅依靠基本绝缘，而且它还提供双重绝缘或加强绝缘的附加安全预防措施和设有保护接地或依赖安装条件的措施。即使用时不必接地或接零。Ⅲ类工具在防止触电保护方面依靠由安全特低供电和工具内部不会产生比安全特低电压高的电压。其额定电压不超过 50 V，一般为 36 V，故工作更加安全可靠。

手持电动工具在使用中，除了根据各种不同工具的特点、作业对象和使用要求进行操作外，还应共同注意以下事项：

(1) 为了保证安全，应尽量使用Ⅲ类电动工具。当使用Ⅰ类工具时，必须采用其他安全保护措施，如加装漏电保护器、安全隔离变压器等。条件未具备时，应有牢固可靠的保护接地装置，同时使用者必须戴绝缘手套，穿绝缘鞋或站在绝缘垫上。

(2) 使用前应先检查电源电压是否和电动工具铭牌上所规定的额定电压相符。长期搁置未用的电动工具，使用前还必须用 500 V 兆欧表测定绕阻与机壳之间的绝缘电阻值，应不得小于 7 MΩ，否则必须进行干燥处理。

(3) 操作人员应了解所用电动工具的性能和主要结构，操作时要思想集中，站稳，使身体保持平衡，并不得穿宽大的衣服，不戴纱手套，以免卷入工具的旋转部分。

(4) 使用电动工具时，操作者所使用的压力不能超过电动工具所允许的限度，切忌单纯求快而用力过大，致使电机因超负荷运转而损坏。另外，电动工具连续使用的时间也不宜过长，否则微型电机容易过热损坏，甚至烧毁。一般电动工具在使用 2 h 左右即需停止操作，待其自然冷却后再行使用。

(5) 电机工具在使用中不得任意调换插头，更不能不用插头，而将导线直接插入插座内。当电动工具不用或需调换工作头时，应及时拔下插头，但不能拉着电源线拔下插头。插插头时，开关应在断开位置，以防突然起动。

(6) 使用过程中要经常检查，如发现绝缘损坏，电源线或电缆护套破裂，接地线脱落，插头插座开裂，接触不良以及断续运转等故障时，应及时修理，否则不得使用。移动电动工具时，必须握持工具的手柄，不能用拖拉橡皮软线来搬运工具，并随时注意防止橡皮软线擦破、割断和其他损坏现象，以免造成人身事故。

(7) 电动工具不适宜在含有易燃、易爆或腐蚀性气体及潮湿等特殊环境中使用，并应存放于干燥、清洁和没有腐蚀性气体的环境中。对于非金属壳体的电机、电器，在存放和使用时应避免与汽油等溶剂接触。

第三篇 建筑工程资料管理

1 施工图纸与施工组织设计

1.1 图纸自审

图纸自审指施工单位接到图纸后，由公司技术部门组织有关施工人员（项目经理、施工员、技术员、班组长）等进行认真、细致的学习，抓住重点，了解设计意图及施工应达到的技术标准，对图纸中有关影响建筑产品性能、寿命、安全、经济等问题提出修改意见，对图纸不清楚、自相矛盾等问题要做好记录，为图纸会审做准备。

1.2 图纸会审记录

施工图纸会审，是设计单位向施工单位有关人员作设计意图交底，对施工单位及建设单位在审查图纸过程中查出的问题予以解决的一次综合的会审，是一项极其严肃和重要的施工管理工作。认真做好施工图会审，对于减少施工中的差错、提高工程质量、确保施工安全、创优良工程、保证施工顺利进行，有十分重要作用。

施工图纸会审记录是图纸会审会议所作决定和变更设计的纪要，它是施工图纸的补充文件，是工程施工的依据之一。

施工图纸会审工作必须有组织、有领导、有步骤地进行，一般由建设单位组织、设计单位交底，施工单位参加。会审工作一般以土建施工单位为主，各专业施工单位参加。

1.2.1 图纸会审记录的要求

(1) 图纸会审记录由组织会审的单位汇总达成一致意见，交设计、施工等单位会签后，定稿打印。

(2) 图纸会审记录应写明工程名称、会审日期、会审地点、参加会审的单位名称和人员姓名。

(3) 图纸会审记录打印完毕经建设单位、设计单位和施工单位盖章后，发给持施工图纸的所有单位，其发送份数与施工图纸的份数相同。

(4) 施工图纸会审提出的问题如涉及需要补充或修改设计图纸者，应由设计单位负责在一定的期限内提供更改通知或更改图纸。

(5) 对会审会议上所提问题的解决办法，施工图纸会审记录中必须有明确的意见。

(6) 施工图纸会审记录是工程施工的正式技术文件，不得在会审记录上涂改或任意变更其内容。

1.2.2 各类施工图纸的内容

一栋房屋除了建筑施工图纸、结构施工图纸、水卫和电气等配套施工图纸外，还有设备图纸以及配合这些图纸所选用的一些标准图纸、图集的编码等的注明。

1）建筑施工图纸

建筑施工图一般由建筑平面图、立面图、剖面图、节点详图、建筑总说明等组成。

建筑平面图的内容为：建筑的平面尺寸，轴线位置，内、外墙及隔墙的厚度，各种房间的用途，门窗洞口的大小，所用门窗的种类、型号、选用图集号，楼梯间、走道和阳台的位置及做法或选用的图集。对于不同高差的地面，还应注有地面标高。

建筑立面图的内容为：房屋的外貌构造，外部装饰的做法，房屋的标高，门厅、台阶、花池、散水等位置及构造要求。为了表达整个建筑物的外貌特征，一般绘制东、南、西、北不同朝向的立面图，并标明室外地坪的标高和总高度。

建筑剖面图的内容为：每层的标高，窗台的高度，楼地面或顶棚的做法等，错、夹层的立面关系等。

建筑详图的内容为：建筑物某处的细部构造及做法。建筑详图有直接用图纸绘出的，也有在平面或剖面图上标出查看标准图集的。

2）结构施工图纸

结构施工图一般由基础图、结构平面图、结构剖面图和节点详图、结构总说明等组成。

基础图的内容为：房屋基础的具体构造，如轴线尺寸，基础深浅，绝对标高，砖基础的大放脚的收退尺寸等。基础图包括基础平面图、剖面图、大样图等，还包括基底持力层的地耐力和对选用材料规格、型号及施工要求的说明。

结构平面图的内容为：现浇或预制框架结构的平面布置、板顶标高、板厚等构造，排架结构柱的高度及牛腿标高，屋架下弦标高，吊车梁的标高，围护墙的高度、厚度、标高尺寸、圈梁位置等。

结构详图的内容为：构件（柱、梁、板、屋架等）的断面，尺寸、配筋及使用的材料型号、规格和标号等。

3）设备图纸

设备图纸是根据房屋使用的需要而设计的一些设备装置的图纸。例如民用建筑的采暖工程、电气照明工程和通风（空调）工程及工业建筑中的工业管道、厂房内的设备基础等图纸。设备图纸应结合土建施工进行对照配合，能保证施工顺利进行。

1.3 开工、竣工报告

建立开工、竣工报告制度是建筑安装企业坚持基本建设程序和施工程序，保证已经开工的工程具备开工条件，已经竣工的工程达到竣工标准的有效措施。它为单位工程工期的考核提供依据，是施工管理的重要方面。

1）开工申请报告

开工申请报告，是单位工程开工前，工区（施工队）向公司申请开工填写的一种报告表。

2) 开工报告

开工报告,是单位工程开工后,工区(施工队)向企业主管部门、公司报告单位工程已正式开工的一份备案用的报表。

开工报告一般一式四份,经建设单位、工区(施工队)盖章后,各自留一份,开工后三天内报主管部门和公司各一份。

3) 竣工报告

竣工报告是单位工程竣工后,工区(施工队)向公司报告单位工程已经竣工的一种报表。

竣工报表一般四份,一份报主管部门,一份送建设单位,一份退工区(队)。

4) 停工报告

由于非施工单位原因或因天灾等特殊情况造成现场较长时间的全面停工时,施工单位应向主管部门和公司填写停工报告。

停工报告一般一式四份,公司收到停工报告后,应及时核实停工原因,并签署审批意见,报主管部门审批后,一份公司,一份退工区(施工队),抄送一份给建设单位。

5) 复工报告

单位工程因故停工期间,应积极创造条件,争取尽早复工。当已具备复工条件后,工区(队)应及时填写复工报告。

复工报告一般一式四份。公司接到复工报告后,应及时认真核实复工条件,并签署审批意见,报主管部门审批后,一份留公司,一份退工区(施工队),抄送建设单位一份。

1.4 单位工程施工组织设计

1.4.1 单位工程施工组织设计的内容

单位工程施工组织设计的内容一般应包括工程概况,施工方案和施工工艺,施工进度计划,施工准备工作计划,各项需用量计划,施工平面图,技术经济指标等部分。对于较简单的一般工业与民用建筑,其单位工程施工组织设计的内容可以简化,只包括主要施工方法、施工进度计划和施工平面图。

1.4.2 工程概况

工程概况的内容包括工程特点、建设地点的特征和施工条件。

(1) 工程特点

工程特点包括平面组合、高度、层数、结构特征、建筑面积、工作量、主要分项工程量和交付生产、使用和期限。

(2) 建设地点的特征

建设地点的特征包括位置、地形、工程地质、不同深度的土壤分析、冻结期冻层厚、地下水水位、水质、气温、冬雨季时间、主导风向、风力和地震烈度等(对熟知地区可不列)。

(3) 施工条件

施工条件包括三通一平(水、电、道路畅通和场地平整)情况,材料、预制加工品的供应情况以及施工所用的机械、运输、劳动力和企业管理情况等。

工程概况的编制要点是：对以上各点结合调查研究进行详细分析，找出关键性问题加以说明。

1.4.3 施工方案和施工方法

施工方案和施工方法的拟定，要根据工期要求，材料、构件、机具和劳动力的供应情况以及协作单位和施工配合条件、其他现场条件进行周密的考虑。下面是其主要内容和编制要点。

（1）施工方案的选择：施工方案的选定，应在拟定的几个可行的施工方案中突出主要矛盾进行分析比较，选用最优方案。选定施工方案，应着重解决两个问题：一是确定总的施工程序；二是确定施工流向。

（2）主要分部分项工程施工方法的选择：主要分部分项工程包括土石方工程、混凝土和钢筋混凝土工程、结构吊装工程、现场垂直和水平运输、装修工程等。

（3）特殊项目的施工方法和技术措施：如采用新结构、新材料、新工艺和新技术，高耸、大跨和重型构件以及水下、深基和软弱地基项目等应单独编制，其主要内容为：① 工艺流程；② 需要表明的平面、剖面示意图和工程量；③ 施工方法、劳动组织和施工进度，包括相应的冬雨季施工措施；④ 技术要求和质量安全注意事项；⑤ 材料、构件和机具设备需用量。

（4）质量和安全措施：质量和安全措施有两个方面：① 工程质量方面；② 安全施工方面。

（5）降低成本技术措施。

1.4.4 施工进度计划

（1）确定施工顺序。

（2）划分施工项目。

（3）划分流水施工段应根据建筑结构特点和结构部位合理地划分流水作业施工段。

（4）计算工程量。

（5）计算劳动量和机械台班量。

（6）确定各施工项目（或工序）的作业时间根据劳动力和机械需要量，各工序每天的出勤人数与机械量，并考虑工作面的大小，确定各工序的作业时间。

（7）组织各个施工项目（或工序）间的搭接关系，编制进度图表。

（8）检查和调整施工进度计划。

1.4.5 施工准备工作计划

单位工程施工前，可以根据施工具体需要和要求，编制施工准备工作计划。

1）技术准备

（1）熟悉与会审图纸；

（2）编制和审定施工组织设计；

（3）编制施工预算；

（4）各种加工半成品技术资料的准备和计划申请；

（5）新技术项目的试验试制、测试。

2）现场准备

（1）测量放线；

（2）拆除障碍物；

（3）场地平整；

（4）临时道路和临时供水、供电、供热等管线的敷设；

（5）有关生产、临时设施的搭设；

（6）水平和垂直运输设备的搭设。

3）劳动力、机具、材料和构件加工半成品的准备

（1）调整劳动组织，进行计划、技术交底；

（2）组织施工机具、材料、构件和加工半成品的进场。

4）其他

其他准备工作包括与专业施工单位（机械挖土、吊装、运输和设备安装等）的联系和落实等。

1.4.6 各项需用量计划

（1）材料需用量计划作为备料、供料和确定仓库、堆场面积及组织运输的依据，可根据工程预算、预算定额和施工进度计划编制。

（2）劳动力需用量计划作为安排劳动力的平衡、调配和衡量劳动力耗用指标的依据，可根据工程预算、劳动定额和施工进度计划编制。

（3）构件和加工半成品需要量计划用于落实加工单位，并按所需规格、数量和需用时间，组织加工和货源进场，可根据施工图（包括定额图、标准图）及施工进度计划编制。

（4）施工机具需用量计划提出机具型号、规格，用以落实机具来源、组织机具进场，可根据施工方案、施工方法和施工进度计划编制。

（5）运输计划用于组织运输力量，保证货源按时进场，可根据材料、构件和加工品、半成品、机具计划、货源地点和施工进度计划编制。

1.4.7 施工平面图

施工平面图表明单位工程施工所需的施工机械，加工场地，材料、加工半成品和构件堆放场地以及临时运输道路、临时供水供电供热管网和其他临时设施等的合理布置。绘制施工平面图，一般用1∶200～1∶500的比例，标明图例等。

对于施工工期较长或场地狭小的项目，应分阶段（基础、结构、装修）绘制施工平面图。有的大型项目以及水、电、暖、卫、工业管道错综复杂的工程，还应单独绘制管道施工综合平面图，图上注明其位置与标高。

（1）施工平面图的内容：

① 地上及地下一切建筑、构筑物和管线；

② 测量放线标桩，地形等高线，土方取弃场地；

③ 起重机轨道和行驶路线，井架位置等；

④ 材料、半成品、构件和机具堆场；

⑤ 生产、生活用临时设施（包括搅拌站、钢筋棚、木工棚、仓库、办公室、宿舍、厕所、生活

用户、供水供电线路和道路等)并附一览表。一览表中应分别列出名称、规格和数量;

⑥ 安全、防火设施且具体落实。

上述内容可根据建筑总平面图、施工图,现场地形地物(包括地下管线、墓坑、防空洞等)、现有水电源、道路、四周可利用的空地和可利用的房屋调研资料,施工组织总设计及各项临时设施(包括房屋、作业棚、堆场、水电线路等)的计算资料绘制。

(2) 设计要点:

① 调查研究并熟悉了解设计图纸、施工方案和施工进度计划的要求以及现场四周地形、地物等实际情况。

② 起重机械的布置。

(3) 搅拌站、加工厂、仓库和材料、构件堆场的布置:

① 搅拌站以靠近混凝土浇灌地点为宜,附近要有相应的砂石和水泥的堆场,供多种材料的堆放,如先堆块石再堆砖再堆门窗扇等。筑物四周稍远处,并有相应的木材、钢筋、水电材料及其成品的堆场。

② 当采用固定式垂直运输设备时,首层、基础和地下室所用的砖、石块等宜沿建筑物四周布置,并距基坑、槽边不小于 0.5 m。二层以上用的材料、构件应布置在垂直运输设备的邻近处。当采用移动式起重机时,宜沿其运行路线布置的有效起吊范围内,其中构件要按吊装顺序堆放。无论材料、构件,其堆放区应距铁路至少 1.5 m。

③ 仓库、堆场的布置,应能适应各个施工阶段(如结构、装修)的需要,并能按材料使用的先后,供多种材料的堆放,如先堆块石再堆砖再堆门窗扇等。易燃易爆品仓库及堆场的布置,须遵守防火、防爆安全距离的要求。

④ 石灰、淋灰池要接近灰浆搅拌站布置,沥青和熬制地点要离开易燃品库,并均应布置在下风方向。

(4) 运输道路应按上述材料、构件运输的需要,沿其仓库和堆场进行布置,使畅通无阻,尽可能考虑采用环行线,还应结合地形在道路两侧设置排水沟。

(5) 门岗或收发室应设在现场出入口处,办公室应靠近施工现场,工人休息室应设在工人作业区。

(6) 临时供水供电线路一般由已有的水电源接通到使用地点。力求线路最短。按经验,5 000~10 000 m^2 的建筑物,施工用水主管径为 2 英寸,支管径为 3/2 英寸或 1 英寸(1 英寸=25.4 mm)。消防用水一般利用城市或建设单位的永久消防设施,如水压不够可设加压泵、高位水箱和蓄水池。工地变压站应设在现场边缘高压线接入处,而不应设在交通要道口。临时变压器的设备,应距地面不小于 30 cm,并应在 2 m 以外设置高度大于 1.7 m 的保护围栏。

(7) 为确保施工现场安全,火车道口应设护落杆,悬崖陡坡应示以"危险"标志,现场的井、坑、孔洞应加堵盖或设围栏,钢制井架、脚手架、桅杆应有避雷设施,高井架顶应装有夜间红灯等。

1.4.8 技术经济指标

技术经济指标是编制单位工程施工组织设计的最后效果,应在编制相应的技术组织措施计划的基础上进行计算。主要有以下几项指标:

(1) 工期指标(与一般类似工程比较);

(2) 劳动生产率指标(m^2/工日或工日/m^2);

(3) 质量、安全指标;

(4) 降低成本率;

(5) 主要工种工程机械化施工程序;

(6) 三大材料节约指标。

1.5 施工日记

施工日记是单位工程在施工过程中对有关施工技术和管理工作的原始记录,是施工活动各方面情况的综合记载,是查阅全过程施工状况的根据之一。

1.5.1 施工日记的内容

(1) 日期、天气。

(2) 工程部位、施工队伍。

(3) 施工活动记载:

① 主要分部、分项工程施工的起、止日期。

② 施工阶段特殊情况(停电、停水、停工、窝工等)的记录并注明原因。

③ 质量、安全、设备事故(或未遂事故)发生的原因,处理意见和处理方法的记录,处理后隐蔽验收的结论记录。

④ 设计单位在现场解决问题的记录(或变更设计应由设计单位补齐变更设计联系单)。

⑤ 变更施工方法或在紧急情况下采取的特殊措施和施工方法的记录;若有改变原设计处,在征得设计同意后,还应补充设计变更通知等内容和情况。

⑥ 进行技术交底、技术复核和隐蔽工程验收等活动情况的摘要记载。

⑦ 有关领导或部门对该项工程所作的决定或建议,凡涉及结构变更问题的只有设计部门才有权决定。

⑧ 其他(砂浆试块编号、混凝土试块编号等)。

1.5.2 施工日记的要求

(1) 施工日记应从工程开始施工起至工程竣工止,由单位工程负责人逐日进行记载,要求记载的内容必须连续和完整。

(2) 施工日记应以单位工程为记载对象,对于同一建设单位的不同单位工程,也可同册记载,但内容必须按幢号分别记录。

1.6 设计更改

工程变更设计联系单是在施工过程中,决定对设计图纸部分内容进行修改而办理的变更设计记录。

进行工程变更设计时,必须严格执行技术核定制度。所谓技术核定制度,就是工程变更必须经过有关部门充分研究、协商的制度，当各方取得一致意见后，写成文字记录，并由技术负责人进行签署。

技术核定工作，一般有下面几种情况。

1）施工单位提出的问题

由施工单位提出的一般问题可以经过设计单位签署后，作为施工依据。

由施工单位提出的重大技术问题，必须取得设计单位和建设单位的签署后，方可作为施工的依据。

2）设计单位提出的问题

由于设计单位的计算错误，做法改变，尺寸矛盾，结构变更等问题，必须由设计单位提出变革设计联系单或设计变更图纸，并由施工单位根据施工准备情况和工程进展情况，作出能否变更的决定后，方可作为施工依据。

3）建设单位提出的问题

建设单位对建筑构造、细部做法、使用功能等方面提出的修改意见，必须经过设计单位同意，并提出设计通知书或设计变更图纸后，方可作为施工依据。

工程变更设计联系单的要求为：

（1）凡涉及建设规模、施工工艺、工程投资等重大设计变更，必须由建设单位报请原审批单位批准后，方可办理。

（2）不要在施工图上用直接修改签字的形式来代替工程变更设计联系单。如在特殊情况下来不及办理工程变更设计联系单时，有关负责人员可根据实际情况，先在施工图上进行修改签证，然后补办工程变更设计联系单作为变更设计的正式资料。

（3）工程变更设计联系单经有关单位盖章，有关技术主管及经办人员签字后，方为有效。

（4）所有工程变更设计资料，包括设计变更通知、修改图、补充图等，均是施工和竣工结算的依据之一，应很好整理并归入工程技术档案。

2 建筑工程材料质量检验报告

原材料、成品、半成品、构配件的质量必须合格，并有出厂质量合格证或按规定批量要求提供试验报告。不合格的产品不准使用，并注明去向。需采取技术处理措施的产品，满足技术要求，并经有关技术负责人的批准后方可使用。

合格证、试(检)验报告或记录的抄件(复印件)应注明原件存放单位，并有抄件人，抄件(复印)单位的签字和盖章。

凡使用新材料、新产品、新工艺、新技术，应有法定单位鉴定证明建设技术管理部门签发的确认文件。产品要有质量标准、使用说明和工艺要求。使用前应按其质量标准进行检验。

2.1 水泥

建筑工程常用的水泥有：硅酸盐水泥、普通硅酸盐水泥(GB 175—1999)，矿渣硅酸盐水泥、火山灰硅酸盐水泥、粉煤灰硅酸盐水泥(GB 344—1999)，复合硅酸盐水泥(GB 12958—1999)等六种。

2.1.1 常用水泥的种类和选用

(1) 常用水泥种类见表 2-1。

表 2-1 常用水泥种类

项次	水泥名称	标准编号	原料	代号	特性	强度等级	备注
1	硅酸盐水泥	(GB175－1999)	硅酸盐水泥熟料、0～5%的石灰石或粒化高炉矿渣、适量石膏磨细制成的水硬性胶凝材料	P·Ⅰ P·Ⅱ	早期强度及后期强度都较高，在低温下强度增长比其他种类的水泥快，抗冻、耐磨性都好，但水化热较高，抗腐蚀性较差	42.5 42.5R 52.5 52.5R 62.5 62.5R	
2	普通硅酸盐水泥	(GB175－1999)	硅酸盐水泥熟料、6%～15%的石灰石或粒化高炉矿渣、适量石膏磨细制成的水硬性胶凝材料	P·O	除早期强度比硅酸盐水泥稍低，其他性能接近硅酸盐水泥	32.5 32.5R 42.5 42.5R 52.5 52.5R	

续表

项次	水泥名称	标准编号	原　　料	代号	特　　性	强度等级	备注
3	矿渣硅酸盐水泥	(GB1344－1999)	硅酸盐水泥熟料和20%～70%的粒化高炉矿渣、适量石膏磨细制成的水硬性胶凝材料	P·S	早期强度较低，在低温下强度增长较慢，但后期强度增长较快，水化热较低，抗硫酸盐侵蚀性较好，耐热性较好，但干缩变形较大，析水性较大，耐磨性较差	32.5 32.5R 42.5 42.5R 52.5 52.5R	
4	火山灰硅酸盐水泥	(GB1344－1999)	硅酸盐水泥熟料和20%～50%火山灰质混合材料、适量石膏磨细制成的水硬性胶凝材料	P·P	早期强度较低、在低温环境中强度增长慢，在高温潮湿环境中强度增长较快，水化热较低，抗硫酸盐侵蚀性较好，但干缩变形较大，析水性较大，耐磨性较差	32.5 32.5R 42.5 42.5R 52.5 52.5R	
5	粉煤灰硅酸盐水泥	(GB1344－1999)	硅酸盐水泥熟料和20%～40%粉煤灰、适量石膏磨细制成的水硬性胶凝材料	P·F	早期强度较低，水化热比火山灰水泥还低，和易性好，抗腐蚀性好，干缩性也较小，但抗冻性，耐磨性较差	32.5 32.5R 42.5 42.5R 52.5 52.5R	
6	复合硅酸盐水泥	(GB12958－1999)	硅酸盐水泥熟料、15%～50%两种或两种以上规定的混合材料、适量石膏磨细制成的水硬性胶凝材料	P·C	介于普通水泥与火山灰水泥、矿渣水泥以及粉煤灰水泥之间，当复掺混合材料较少时，它的性能与普通水泥相似，随着混合材料复掺料的增加，性能也趋向所掺混合材料的水泥	32.5 32.5R 42.5 42.5R 52.5 52.5R	

注：R指早强型水泥。

(2) 常用水泥选用见表2－2。

表2－2　水泥的选用

混凝土工程特点或所处环境条件		优先选用	可以使用	不得使用
环境条件	在普通气候环境中的混凝土	普通硅酸盐水泥	矿渣硅酸盐水泥、火山灰硅酸盐水泥、粉煤灰硅酸盐水泥	
	在干燥环境中的混凝土	普通硅酸盐水泥	矿渣硅酸盐水泥	火山灰硅酸盐水泥、粉煤灰硅酸盐水泥
	在高湿度环境中或永远处在水下的混凝土	矿渣硅酸盐水泥	普通硅酸盐水泥、火山灰硅酸盐水泥、粉煤灰硅酸盐水泥	
	严寒地区的露天混凝土、寒冷地区的处在水位升降范围内的混凝土	普通硅酸盐水泥	矿渣硅酸盐水泥	火山灰硅酸盐水泥、粉煤灰硅酸盐水泥

续表

混凝土工程特点或所处环境条件		优先选用	可以使用	不得使用
环境条件	严寒地区处在水位升降范围内的混凝土	普通硅酸盐水泥		火山灰硅酸盐水泥、粉煤灰硅酸盐水泥、矿渣硅酸盐水泥
	受侵蚀性环境水或侵蚀性气体作用的混凝土	根据侵蚀性介质的种类、浓度等具体条件按专门(或设计)规定选用		
	厚大体积的混凝土	粉煤灰硅酸盐水泥 矿渣硅酸盐水泥	普通硅酸盐水泥 火山灰硅酸盐水泥	硅酸盐水泥 快硬硅酸盐水泥
	要求快硬的混凝土	硅酸盐水泥 快硬硅酸盐水泥	普通硅酸盐水泥	火山灰硅酸盐水泥、粉煤灰硅酸盐水泥、矿渣硅酸盐水泥
	高强(大于C60)的混凝土	硅酸盐水泥	普通硅酸盐水泥、矿渣硅酸盐水泥	火山灰硅酸盐水泥、粉煤灰硅酸盐水泥
	有抗渗要求的混凝土	普通硅酸盐水泥 火山灰硅酸盐水泥		不宜使用矿渣硅酸盐水泥
	有耐磨性要求的混凝土	硅酸盐水泥 普通硅酸盐水泥	矿渣硅酸盐水泥	火山灰硅酸盐水泥、粉煤灰硅酸盐水泥

2.1.2 资料要求

(1) 所有牌号、强度等级、品种的水泥应有合格证和试验报告。

水泥使用以复试报告为准。试验内容必须齐全且均应在使用前取得。

水泥出厂合格证内容应包括:水泥牌号、厂标、水泥品种、强度等级、出厂日期、批号、合格证编号、抗压强度、抗折强度、安定性、凝结时间。

(2) 从出厂日期起3个月内为有效期,超过3个月(快硬硅酸盐水泥超过一个月)另做试验。

(3) 提供水泥的合格试验单应满足工程使用水泥的数量、品种、强度等级等要求,且水泥的必试项目不得缺漏。

(4) 进口水泥使用前必须复试。按国产水泥做一般试验,同时应对其水泥的有害成分含量根据要求另做试验。

(5) 重点工程和设计有要求的水泥品种必须符合设计要求。

(6) 合格证中应有3天、7天、28天的抗压、抗折强度和安定性试验结果。水泥复试可以提出7天强度以适应施工需要,但必须在28天后补充28天水泥强度报告。应注意出厂编号、出厂日期应一致。

(7) 试验报告单的试验编号必须填写。这是防止弄虚作假、备查试验室、核实报告试验数据正确性的重要依据。

(8) 水泥试验报告单必须和配合比通知单、试块强度试验报告单上的水泥品种、强度等级、厂牌相一致。如不符合即为水泥试验报告单不全;将水泥复试单和混凝土、砂浆试验报告上的时间进行对比可鉴别水泥是否有先用后试现象(水泥严禁先用后试)。

(9) 核实出厂合格证是否齐全,核实水泥复试日期与实际使用日期,确认是否有超期漏检。

(10) 单位工程的水泥复试批量与实际使用数量的批量构成应基本一致。

(11) 必须实行见证取样，试验室应在见证取样人名单上加盖公章和经手人签字。

(12) 水泥出厂合格证或试验报告不齐，为不符合要求。

(13) 水泥先用后试或不做试验，为不符合要求。

(14) 水泥进场日期超 3 个月没复试，为不符合要求。

2.1.3 水泥出厂质量合格证的验收和进场水泥的外观检查

(1) 水泥出厂质量合格证应由厂家提供给使用单位，作为证明其产品质量性能的依据，水泥厂应在水泥发出日起 7 天内寄发 28 天强度以外的各项试验结果。28 天强度数值应在水泥发出之日起 32 天内补报。如批量较大或群体工程，厂家提供合格证少时，可复印。但要注明原件存放单位。

(2) 进场水泥的外观检查。

① 标志：水泥袋上应清楚标明工厂名称、生产许可证编号、品种、名称、代号、标号和包装年、月、日及编号。散装水泥要注明仓号、水泥名称和标号。

② 包装：抽查水泥的重量是否符合规定。绝大部分水泥每袋净重(50±1)kg。

③ 水泥外观检查：进场水泥应查看是否受潮、结块、混入杂物或不同品种、标号的水泥混在一起，检查合格后登记、挂牌、入库贮存。

2.1.4 常用水泥取样方法及复试项目

1) 袋装水泥

水泥试验应以同一水泥厂、同一品种、同一标号、同一生产时间、同一次进场的同一出厂编号的水泥为一批。但一批的总量不得超过 200 t。在施工现场随机地从不少于 20 袋中各抽取等量水泥，抽取总数不得少于 12 kg，经拌和均匀后分成两等份，一份由试验室按标准进行试验。一份密封保存备校验用。

2) 散装水泥

水泥试验以同一水泥厂、同品种、同标号、同一进场日期、同一出厂编号的水泥为一批。但一批的总量不得超过 500 t。随机地从不少于 3 个车罐中各采取等量水泥。经混拌均匀后，再从中称取不少于 12 kg 水泥作为检验试样。

3) 水泥复试主要项目

胶砂强度(抗折强度，抗压强度)；凝结时间；安定性。

4) 水泥各龄期强度指标值

常用水泥强度指标值见表 2-3。水泥物理性能试验报告，见表 2-4。

表 2-3 常用水泥强度指标值(MPa)

水泥品种	强度指标	龄期	强度等级							
			32.5	32.5R	42.5	42.5R	52.5	52.5R	62.5	62.5R
硅酸盐水泥	抗压	3天			17.0	22.0	23.0	27.0	28.0	32.0
		28天			42.5	42.5	52.5	52.5	62.5	62.5
	抗折	3天			3.5	4.0	4.0	5.0	5.0	5.5
		28天			6.5	6.5	7.0	7.0	8.0	8.0

续表

水泥品种	强度指标	龄期	强度等级							
			32.5	32.5R	42.5	42.5R	52.5	52.5R	62.5	62.5R
普通硅酸盐水泥	抗压	3 天	11.0	16.0	16.0	21.0	22.0	26.0		
		28 天	32.5	32.5	42.5	42.5	52.5	52.5		
	抗折	3 天	2.5	3.5	3.5	4.0	4.0	5.0		
		28 天	5.5	5.5	6.5	6.5	7.0	7.0		
矿渣火山灰及粉煤灰硅酸盐水泥	抗压	3 天	10.0	15.0	15.0	19.0	21.0	23.0		
		28 天	32.5	32.5	42.5	42.5	52.5	52.5		
	抗折	3 天	2.5	3.5	3.5	4.0	4.0	4.5		
		28 天	5.5	5.5	6.5	6.5	7.0	7.0		
复合硅酸盐水泥	抗压	3 天	11.0	16.0	16.0	21.0	22.0	26.0		
		28 天	32.5	32.5	42.5	42.5	52.5	52.5		
	抗折	3 天	2.5	3.5	3.5	4.0	4.0	5.0		
		28 天	5.5	5.5	6.5	6.5	7.0	7.0		

表 2-4 水泥物理性能试验报告

委托单位：__________ 委托编号：__________ 送样日期：__________

工程名称：__________ 试验编号：__________ 试验日期：__________

工程部位：__________ 代表批量：__________ 报告日期：__________

<table>
<tr><td colspan="5">出厂品质指标</td><td colspan="9">试验品质指标</td><td rowspan="4">备注</td></tr>
<tr><td rowspan="3">水泥品牌</td><td rowspan="3">水泥品种</td><td rowspan="3">出厂编号</td><td rowspan="3">出厂等级</td><td rowspan="3">出厂日期</td><td rowspan="3">细度/%</td><td rowspan="3">标准稠度/%</td><td colspan="2">凝结时间</td><td rowspan="3">安定性</td><td colspan="4">强度/MPa</td></tr>
<tr><td rowspan="2">初凝/min</td><td rowspan="2">终凝/h</td><td colspan="2">抗压</td><td colspan="2">抗折</td></tr>
<tr><td>3 天</td><td>28 天</td><td>3 天</td><td>28 天</td></tr>
<tr><td></td><td></td><td></td><td></td><td></td><td></td><td></td><td></td><td></td><td></td><td></td><td></td><td></td><td></td><td></td></tr>
<tr><td colspan="2">试验依据</td><td colspan="3"></td><td colspan="2">结论</td><td colspan="8"></td></tr>
</table>

2.1.5 注意事项

(1) 注意水泥的有效期(一般为 3 个月，快硬硅酸盐水泥为 1 个月)，过期必须做复试。连续施工的工程相邻两次水泥试验的时间不应超过其有效期。

(2) 水泥复试强度低于标准相应标号规定指标时，为不合格品，使用时应按实际试验结果配制混凝土，且应注明使用部位。水泥安定性和凝结时间其中有一项不符合标准规定均为废品。

(3) 水泥进场特别急来不及试配时，要求做水泥快速测定，用《水泥强度快速检验方法》(JC/T 738—2004)检验，按试验室发快速配比进行施工。

(4) 要求与其他施工技术资料对应一致、交圈吻合。

2.2 钢筋

2.2.1 钢筋的分类、强度等级及现行钢筋标准

1) 钢筋的分类

(1) 钢筋按加工工艺分：

① 热轧钢筋；② 冷加工。(冷轧带肋钢筋、冷轧扭钢筋、冷拔螺旋钢筋)

(2) 按钢筋的外形分：

① 光圆钢筋；② 带肋钢筋；③ 钢丝；④ 钢绞线。

(3) 钢筋按化学成分分：

① 碳素钢和普通低合金钢：含碳量小于0.25%，用于普通钢筋混凝土结构。

② 中碳钢：含碳量在0.25%～0.6%。

③ 高碳钢：含碳量大于0.6%。

2) 热轧钢筋的强度等级

热轧钢筋按照屈服强度(MPa)分为235级、335级、400级、500级。

3) 现行的钢筋标准

我国现行的钢筋标准，主要是以下几个：

《钢筋混凝土用热轧光圆钢筋》(GB13013—91)，该标准适用于钢筋混凝土用热轧直条光圆钢筋，规定了钢筋混凝土用热轧光圆钢筋的级别、代号、尺寸、外形、重量、技术要求和检验规则。

《钢筋混凝土用热轧带肋钢筋》(GB1499—1998)，该标准适用于钢筋混凝土用热轧带肋钢筋(俗称螺纹钢)，规定了钢筋混凝土用热轧带肋钢筋的级别、代号、尺寸、外形、重量、技术要求和检验规则。

《钢筋混凝土用余热处理钢筋》(GB13014—91)，该标准适用于钢筋混凝土用余热处理钢筋，规定了钢筋混凝土用余热处理钢筋的级别、代号、尺寸、外形、重量、技术要求和检验规则。

《低碳钢热轧圆盘条》(GB/T701—1997)，该标准适用于供拉丝、建筑、包装及其他用途普通质量的低碳钢热轧圆盘条，规定了普通质量的低碳钢热轧圆盘条的分类、代号、尺寸、外形、重量及允许偏差、技术要求和检验规则。

《碳素结构钢》(GB700—88)，该标准适用于一般结构钢和工程用热轧钢板、钢带、型钢。规定了碳素结构钢的技术条件。

2.2.2 资料要求

(1) 结构中所用受力钢筋及钢材应有出厂合格证和复试报告。试验报告中必须有力学性能、化学成分和使用的结论(合格证中有化学成分时,可以不进行化学成分检验);凡用于工程的钢材,第一次复试不符合标准要求的,应为双倍试件数量。对加工中出现的异常现象,应进行化学成分检验,或依据设计要求进行其他专项检验。

(2) 用于结构工程的钢材无出厂合格证时,应同时做机械性能试验和化学成分检验。

(3) 钢结构钢材的连接材料和涂料应附有出厂合格证并应进行复试。

(4) 凡使用进口钢筋,均应做机械性能试验及化学成分检验,如需焊接应做焊接性能试验。

(5) 出厂合格证采用抄件或影印件时应加盖抄件(注明原件存放单位及钢材批量)或影印件单位章和经手人签字。

(6) 必须实行见证取样,试验室应在见证取样人名单上加盖公章和经手人签字。

(7) 钢材试验结果不符合要求(如钢筋未作冷弯试验或弯心距不对等),为不符合要求;钢材无合格证、未试验,为不符合要求。

(8) 钢材合格证经检查不符合有关规定的,为不符合要求。抄(影)件不加盖公章和经手人不签字为不符合要求。

(9) 钢结构用钢材的试验报告没有使用结论者,需有企业技术部门确定的使用结论。否则为不符合要求。钢结构用高强度螺栓连接副必须有机械性能检验、扭剪型高强度螺栓必须有紧固轴力检验,且应检验合格,不进行上述检验或检验不合格为不符合要求。

(10) 应当试验的项目,如主要受力钢筋未进行试验、不符合质量标准又无处理结论者为不符合要求。试验不符合要求,经处理(降级使用、有鉴定结论等)能满足设计和使用要求者,如其结论准确、处理时间在使用之前,可定为符合要求项目;如处理时间在使用之后,复试取样钢材确为用于工程的钢材可定为经鉴定符合要求。

2.2.3 钢筋出厂质量合格证的验收和进场钢筋的外观检查

1) 钢筋出厂质量合格证的验收

钢筋产品合格证由钢筋生产厂家提供给用户单位,用以证明其产品质量已达到的各项规定指标,其内容包括:钢种,规格、产地、牌号、批量、机械性能(屈服点、抗拉强度、冷弯、伸延率)、化学成分(碳、磷、硅、锰、硫、钒等)的数据及结论、出厂日期、进场日期、编号、检验部门及盖公章。合格证要求填写齐全、不得漏项或填错。如批量较大时,提供的出厂合格证又较少,可做复印件(抄件)备查,并注明原件存放单位。

2) 进场钢筋外观要求

(1) 钢筋应逐根检查其尺寸,不准超过允许偏差。

(2) 盘条钢筋表面氧化铁皮(铁锈)重量不大于 16 kg/t。

(3) 带肋钢筋表面标志清晰明了,标志包括强度级别、厂名(汉语拼音字头表示)和直径毫米数字。

(4) 盘条允许有压痕及局部的凹块、划痕、麻面,但其深度或高度(从实际尺寸算起)不得大于 0.2 mm。

(5) 热轧钢筋表面无裂纹、结疤和折叠，如有凸块不得超过螺纹高度，其他缺陷的高度和深度不得大于所在部位的允许偏差。

(6) 热处理钢筋表面无肉眼可见裂纹、结疤、折叠，如有凸块不得超过横肋高度，表面不得沾有油污。

(7) 钢绞线不得有折断、横裂和相互交叉的钢丝，表面不得有润滑剂、油渍，允许有轻微浮锈但不得有锈麻坑。

2.2.4 钢筋的取样规则、方法、数量及必试项目规定

1) 取样规则

钢筋应按批进行检查和验收，每批重量不大于 60 t。每批应由同一牌号、同一炉罐号、同一规格、同一交货状态的钢筋组成。

冷拉钢筋应分批进行验收，每批由重量不大于 20 t 同级别、同直径的冷拉钢筋组成。

2) 取样数量

直条钢筋：每批应做 2 个拉伸试验，2 个弯曲试验。用《碳素结构钢》(GB 700—88) 验收的直条钢筋每批应做 1 个拉伸试验，1 个弯曲试验。

盘条钢筋：每批应做 1 个拉伸试验，2 个弯曲试验。

冷拉钢筋：每批应做 2 个拉伸试验，2 个弯曲试验。

3) 取样方法

拉伸和弯曲试验的试样可在每批材料中任选两根钢筋切断。

4) 钢筋物理试验必试项目

(1) 拉伸试验(屈服点或屈服强度，抗拉强度，伸长率)；

(2) 弯曲试验(冷拔低碳钢丝为反复弯曲试验)。

某市建筑工程中心试验室的钢筋试验报告见表 2-5、表 2-6。

表 2-5 钢材机械性能及冷弯试验报告

委托单位：＿＿＿＿＿＿　委托编号：＿＿＿＿＿＿　送样日期：＿＿＿＿＿＿

工程名称：＿＿＿＿＿＿　试验编号：＿＿＿＿＿＿　试验日期：＿＿＿＿＿＿

工程部位：＿＿＿＿＿＿　代表批量：＿＿＿＿＿＿　报告日期：＿＿＿＿＿＿

生产厂家：＿＿＿＿＿＿＿＿＿＿＿＿　批号：＿＿＿＿＿＿＿＿

试样编号	试样级别	试样尺寸/mm		屈服点		抗拉强度		延伸率 δ_{10} /%	断口特征	冷弯 $d=3a$
		直径	宽×厚	荷重 /kN	强度 /$N\cdot mm^{-1}$	荷重 /kN	强度 /$N\cdot mm^{-1}$			
结论										

试验：　　　　审核：　　　　技术负责人：　　　　试验单位：(章)

表 2-6 金属材料化学分析试验报告

委托单位：________ 委托编号：________ 送样日期：________

工程名称：________ 试验编号：________ 试验日期：________

工程部位：________ 代表批量：________ 报告日期：________

生产厂家：________ 批号：________

试样编号	试样级别	化学成分/%								
		C	Si	Mn	P	S	Ceq			
结论										

试验： 审核： 技术负责人： 试验单位：(章)

2.2.5 结果判定

钢筋原材料力学性能必须分别满足现行国家标准《钢筋混凝土用热轧光圆钢筋》(GB 13013—91)《钢筋混凝土用热轧带肋钢筋》(GB 1499—1998)、《钢筋混凝土用余热处理钢筋》(GB 13014—91)、《低碳钢热轧圆盘条》(GB/T 701—1997)的有关规定(见表 2-7、表 2-8、表 2-9、表 2-10)。

表 2-7 钢筋混凝土用热轧光圆钢筋

表面形态	钢筋级别	强度等级代号	公称直径/mm	屈服点 δ_s/MPa 不小于	抗拉强度 δ_b/MPa 不小于	伸长率 δ_s/% 不小于	冷弯 d—弯心直径 a—钢筋直径
光圆	Ⅰ	R235	8～20	235	370	25	180° $d=a$

表 2-8 钢筋混凝土用热轧带肋钢筋

表面形态	钢筋级别	强度等级代号	公称直径/mm	屈服点 δ_s/MPa 不小于	抗拉强度 δ_b/MPa 不小于	伸长率 δ_s/% 不小于	冷弯 d—弯心直径 a—钢筋直径
月牙肋	Ⅱ	HPB235	8～25 28～40	335	490	16	180° $d=3a$ 180° $d=4a$
月牙肋	Ⅲ	HRB400	8～25 28～40	400	570	14	180° $d=4a$ 180° $d=5a$
等高肋	Ⅳ	HRB500	10～25 28～32	500	630	10	180° $d=6a$ 180° $d=7a$

表 2-9 钢筋混凝土用余热处理钢筋

表面形态	钢筋级别	强度等级代号	公称直径/mm	屈服点 δ_s/MPa 不小于	抗拉强度 δ_b/MPa 不小于	伸长率 δ_s(%) 不小于	冷弯 d—弯心直径 a—钢筋直径
月牙肋	Ⅲ	KL400	8～25 28～40	440	600	10	90°$d=3a$ 90°$d=4a$

表 2-10 低碳钢热轧圆盘条

表面形态	屈服点 δ_s/MPa 不小于	抗拉强度 δ_b/MPa 不小于	伸长率 δ_s/% 不小于	冷弯 d—弯心直径 a—钢筋直径	用途
Q235	235	410	23	180°$d=0.5a$	供建筑用

2.2.6 注意事项

(1) 钢筋的材质证明要“双控”，各验收批的钢筋出厂质量合格证和试验报告单缺一不可。材质证明与实物应物证相符。

(2) 领取试验报告后，一定要验看报告中各项指标是否符合规范的技术要求。如钢筋试验不合格应取双倍试件复试。

(3) 应与其他技术资料对应一致，交圈吻合。相关施工技术资料有：钢筋焊接试验报告、钢筋隐检单、现场预应力混凝土试验记录和质量验收等。

2.3 焊条、焊剂和焊药

2.3.1 资料要求

(1) 焊条、焊剂和焊药应有出厂质量合格证(证明书)，并应符合设计要求。焊条合格证应注明型号、牌号、类型、生产日期、有效期限、技术性能(带有性能指标的合格证)。参见《钢筋焊接及验收规程》(JGJ 18—2003)。

(2) 按规定需进行烘焙的还应有烘焙记录；采用低氢型碱性焊条及酸性焊条受潮时均应进行烘焙。内容包括：烘焙方法、时间、测温记录、烘焙鉴定测温人的签字，焊剂烘干的温度为 250～300℃，时间为 2 h。

2.3.2 焊条、焊剂和焊药出厂质量合格证的验收

焊条、焊剂和焊药的合格证应由生产厂家的质检部门提供给使用单位，作为证明其产品质量性能的依据。合格证应注明焊条、焊剂和焊药的型号、牌号、类型、生产日期、有效期限等。对于名牌产品可取其包装封皮作为该产品的合格证归档。

2.3.3 标准代号

焊条的标准代号如 E4303：

E——焊条符号；43——焊条抗拉强度；0——焊接位置；03——电流形式和药皮类型。

2.3.4 焊条选用

(1) 弧焊所采用的焊条，其性能应符合现行国家标准《碳钢焊条》(GB 5117—1995)或《低合金钢焊条》(GB 5118—1995)的规定，其型号应根据设计确定；若设计无规定时，可按表 2-11 选用。

表 2-11 钢筋电弧焊焊条型号

钢筋牌号	电 弧 焊 接 头 形 式			
	帮条焊 搭接焊	坡口焊熔槽帮条 焊预埋件穿孔塞焊	窄间隙焊	钢筋与钢板搭接焊 预埋件 T 形角焊
HPB235	E4303	E4303	E4316 E4315	E4303
HRB335	E4303	E5003	E5016 E5015	E4303
HRB400	E5003	E5503	E6016 E6015	E5003
HRB400	E5003	E5003	—	—

(2) 电渣压力焊和预埋弧压力焊中，可采用 HJ431 焊剂。

(3) 考虑到钢筋工程的重要性和施焊温度，焊件的刚性较大，钢筋母材中的碳、硫、磷含量偏高或外界温度较低时，焊件容易出现裂纹。最好采用抗裂性好的碱性焊条。

2.4 砖和砌块

2.4.1 砌墙砖的种类

砌墙砖分为烧结砖和非烧结砖两大类。

烧结砖主要有：粘土砖、页岩砖、煤矸石砖、烧结多孔砖、烧结空心砖等。

非烧结砖主要有：普通粘土砖、粉煤灰砖、炉渣砖、蒸压砖、灰砂砖。

2.4.2 资料要求

(1) 核实出厂合格证数量是否齐全，核实砖(或砌块)复试日期与实际使用日期，确认是否有漏检。

(2) 单位工程的砖(或砌块)复试批量与实际使用数量的批量构成应基本一致。

(3) 必须实行见证取样，试验室应在见证取样人名单上加盖公章和经手人签字，随同试验报告单一并返送委托单位，并入技术资料内。

(4) 砖(或砌块)试验报告不全为不符合要求。

(5) 砖(或砌块)不做试验为不符合要求。

(6) 试验报告单后面必须有返送回的见证取样人名单，无返送人员的名单该试验报告单为无效试验报告单。

2.4.3 标准代号

MU——砖的强度等级。

例：MU 7.5 (75＃砖)，MU 100 (100＃砖)。

2.4.4 砌墙砖取样数量、方法及试验规定

每一生产厂家的砖到现场后，按烧结砖 15 万块、多孔砖 5 万块、灰砂砖及粉煤灰砖 10 万块为一个验收批，抽检数量为一组。砖墙取样数量和方法见表 2－12，砌墙砖取样试验规定见表 2－13－1、砖试验报告见表 2－13－2。

表 2－12 砌墙砖取样数量和方法

种　　类	验收批确定	每批数量	取 样 数 量	复验与判定
烧结普通砖	同一产地 同一规格	15 万块	在成品堆垛中随机抽取 10 块	抗压强度等级符合表 2－13－1规定为合格，否则判定强度等级不合格
非烧结普通砖		5 万块		
粉煤灰砖		10 万块		
烧结多孔砖		5 万块		
烧结空心砖和空心砌块		3 万块		
粉煤灰砌块		200 m^3		

表 2－13－1 砌墙砖取样试验规定

强度等级	强度平均值 $R\geqslant$ /MPa	强度标准值 $f_k\geqslant$ /MPa	强度等级	强度平均值 $R\geqslant$ /MPa	强度标准值 $f_k\geqslant$ /MPa
MU30	30.0	23.0	MU7.5	7.5	5.0
MU25	25.0	19.0	MU5.0	5.0	3.5
MU20	20.0	14.0	MU3.0	3.0	2.0
MU15	15.0	10.0	MU2.0	2.0	1.3
MU10	10.0	6.5			

注：MU5.0 及其以下等级仅限空心砖使用。

表 2－13－2 砖试验报告

试验编号：

委托单位：________________ 试验委托人：________________

工程名称及部位：________________

种类：____________ 强度等级：____________ 厂别：____________

代表数量：____________ 来样日期：____________ 试验日期：____________

试件处理日期	试压日期	抗压强度/(N·mm^{-1})					
		单　块　值				平均值	标准值
		1		6			
		2		7			
		3		8			
		4		9			
		5		10			
其他试验：							

结论：________________________________

____

负责人：__________ 审核：__________ 计算：__________ 试验：__________

报告日期______年______月______日

2.5 砂、石

普通混凝土所用的粗、细骨料的质量应符合国家现行标准《普通混凝土用碎石或卵石质量标准及检验方法》(JGJ 53—92)和《普通混凝土用砂质量标准及检验方法》(JGJ 52—92)。

2.5.1 砂的定义、分类和技术要求

1) 砂的定义和分类

(1) 定义:粒径在5 mm以下的岩石颗粒称为天然砂,其粒径一般规定0.15～5 mm。

(2) 分类:按产地不同,天然砂可分为河砂、海砂、山砂。一般工程都用河砂,河砂比较洁净,分布较广。根据细度模数不同,可分为:

粗砂:μ_f=3.7～3.1;

中砂:μ_f=3.0～2.3;

细砂:μ_f=2.2～1.6

特细砂:μ_f=1.5～0.5。

2) 砂的技术要求

(1) 砂颗粒级配分三个区,见表2-14。

(2) 砂含泥量,见表2-15。

(3) 砂含泥块量,见表2-16。

表2-14 砂颗粒级配区

级配区 累计处筛余/% 筛孔尺寸/mm	Ⅰ区	Ⅱ区	Ⅲ区	级配区 累计处筛余/% 筛孔尺寸/mm	Ⅰ区	Ⅱ区	Ⅲ区
10.0	0	0	0	0.630	85～71	70～41	40～16
5.00	10～0	10～0	10～0	0.315	95～80	92～70	85～55
2.50	35～5	25～0	15～0	0.160	100～90	100～90	100～90
1.25	65～35	50～10	25～10				

表2-15 砂中含泥量限值

混凝土强度等级	大于或等于C30	小于C30
含泥量/按重量计,%	≤3.0	≤5.0

表2-16 砂中泥块含量限值

混凝土强度等级	大于或等于C30	小于C30
泥块含量/按重量计,%	≤1.0	≤2.0

2.5.2 砂的质量要求

(1) 配制混凝土时，宜选用Ⅱ区砂。当采用Ⅰ区中砂时，应提高砂率，以保持足够的水泥用量，以满足混凝土和易性；当采用Ⅲ区砂时，宜适当降低砂率，以保证混凝土强度。

(2) 泵送混凝土用砂，宜选用中砂。

(3) 预应力混凝土不宜用海砂。若必须使用海砂时，则应经淡水冲洗，其氯离子含量不得大于 0.02%。

2.5.3 石子定义、分类和技术要求

1) 石子的定义

由自然条件而形成的，粒径大于 5 mm 的颗粒为卵石；由天然岩石或卵石经破碎，筛分而得的粒径大于 5 mm 的颗粒为碎石。

按使用类型有 10.0 mm，20.0 mm，31.5 mm，40.0 mm。

2) 石子的技术要求

(1) 碎石或卵石颗粒级配范围见表 2-17。

表 2-17 碎石或卵石颗粒级配范围

级配情况	公称粒径(mm)	累计筛余按重量计(%)											
		筛孔尺寸(圆孔筛)(mm)											
		2.5	5.0	10.0	16.0	20.0	25.0	31.5	40.0	50.0	63.0	80.0	100
连续粒级	5~10	95~100	80~100	0~15	0								
	5~16	95~100	85~100	30~60	0~10	0							
	5~20	95~100	90~100	40~80		0~10	0						
	5~25	95~100	90~100		30~70		0~5	0					
	5~31.5	95~100	90~100	70~90		15~45		0~5	0				
	5~40	95~100	95~100	70~90		30~65			0~5	0			
单粒级	10~20		95~100	85~100		0~15	0						
	16~31.5		95~100		85~100			0~10	0				
	20~40			95~100		80~100			0~10	0			
	31.5~63				90~100			70~100	45~75		0~10	0	
	40~80					95~100			70~100		30~60	0~10	0

(2) 碎石或卵石含泥量、泥块含量见表 2-18。

(3) 碎石或卵石针、片状颗粒含量，见表 2-19。

(4) 碎石或卵石压碎指标值，见表 2-20、表 2-21。

(5) 碎石或卵石试验报告见表 2-22。

表 2-18　碎石或卵石含泥量、泥块含量

混凝土强度等级	大于或等于 C30	小于 C30
含泥量/按重量计，%	≤1.0	≤2.0
泥块含量/按重量计，%	≤0.5	≤0.7

表 2-19　针、片状颗粒含量

混凝土强度等级	大于或等于 C30	小于 C30
针、片状颗粒含量/按重量计，%	≤15	≤25

表 2-20　碎石压碎指标值

岩石品种	混凝土强度等级	碎石压碎指标值/%
水成岩	C55～C40 ≤C35	≤10 ≤16
变质岩或深成的火成岩	C55～C40 ≤C35	≤12 ≤20
火成岩	C55～C40 ≤C35	≤13 ≤30

表 2-21　卵石压碎指标值

混凝土强度等级	C55～C40	≤C35
压碎指标值/%	≤12	≤16

表 2-22　碎(卵)石试验报告

试验编号：

委托单位：________　试验委托人：________

工程名称：________

种类：________　产地：________　来样日期：________

试验代表数量：________　试样编号：________　试验日期：________

一、筛分析：1. 公称粒径________； 2. 连续粒级(单位粒级)________；	二、含泥量：________%；
三、泥块含量：________%；	四、针、片状颗粒含量：________；
五、表观密度：________kg/m³；	六、堆积密度：________kg/m³；
七、含水量：________%；	八、有机物含量：________%；
九、坚固性：________；	十、压碎指标值：________；
十一、氯离子含量：________；	十二、抗压强度试验：________；
十三、碱活性试验：________；	十四、空隙率：________。
结论	

负责人：________　审核：________　计算：________　试验：________

报告日期________年________月________日

2.5.4 资料要求

(1) 砂子、石子试验报告必须是经项目监理机构审核同意的试验室出具的试验报告单。

(2) 按工程需要的品种、规格，先试后用且符合标准的质量要求为正确。

(3) 不试为不符合要求。

2.5.5 砂、石取样方法和数量

1) 取样数量

砂、石试验均以同一产地、同一规格、同一进场时间，每 400 m^3 或 600 t 为一验收批(用大型工具运输的)，或以 200 m^3 或 300 t 为一验收批(用小型工具运输的)；不足上述数量者以一批论。

砂子每一验收批取 1 组，数量为 22 kg。

石子每一验收批取 1 组，数量为 40 kg(最大粒径≤20 mm)或 80 kg(最大粒径为31.5 mm，40 mm)。

2) 取样方法

(1) 建筑施工企业应按单位工程分别取样。

(2) 在料堆上取样时，取样部位均匀分布，先将取样部位表层铲除，然后由各部位抽取大致相等的试样：砂取 8 份(每份 11 kg 以上)，石子取 15 份(在料堆的顶部、中部和底部各由均匀分布的 5 个不同部位取得)，搅拌均匀后组成一组试样。

(3) 在皮带运输机上取样时，应在皮带运输机机尾的出料处，用接料器定时抽取试样：砂取 4 份(每份 22 kg 以上)，石子取 8 份，搅拌均匀后组成一组试样。

砂子试验报告是对用于工程中的砂子筛分以及含泥量、泥块含量等指标进行复试后由试验单位出具的质量证明文件。石子试验报告是对用于工程中的石子筛分以及含泥量、泥块含量和针、片状颗粒含量、碎石压碎等指标进行复试后由试验单位出具的质量证明文件。

2.6 轻集料

2.6.1 轻集料的定义、分类及适用范围

(1) 定义：堆集积密度小于 1 200 kg/m^3 的多孔轻质集料称为轻集料。

(2) 分类：分为下面三大类。

① 工业废料轻集料：如粉煤灰陶粒、自然煤矸石，膨胀矿渣珠等。

② 天然轻集料：如浮石，火山渣及其轻砂。

③ 人造轻集料：如页岩陶粒、粘土陶粒、膨胀珍珠岩集料及轻砂。

(3) 适用于配制轻集料混凝土，用于建造工业与民用建筑。

2.6.2 资料要求

(1) 粗、细集料试验报告必须是经项目监理机构审核同意的试验室出具的试验报告单。

(2) 按工程需要的品种、规格，先试后用且符合标准的质量要求为正确。

(3) 不试为不符合要求。

(4) 轻集料:凡集料粒径在 5 mm 以上,松散密度小于 1 000 kg/m^3 者,称为轻粗集料;粒径小于 5 mm,松散密度小于 1 200 kg/m^3 者,称为轻细骨料。

轻集料一般用于结构或结构保温用混凝土,或保温用轻混凝土。

(5) 轻骨料的性能包括:筛分析、表观密度、筒压强度、堆积密度、吸水率等。

2.6.3 轻集料取样方法和数量

(1) 轻集料按品种、密度等级分批堆放验收。每 300 m^3 为 1 批,不足 300 m^3 者亦以 1 批论。

(2) 取样方法:应按品种、密度等分批取样。按国家标准规定的要求,抽取有代表性的样。

2.6.4 轻集料必试项目

(1) 轻粗集料:① 堆积密度;② 颗粒级配;③ 筒压强度;④ 吸水率。

(2) 细集料:① 颗粒级配(细度模数);② 堆积密度。

轻集料试验报告是对用于工程中的轻集料的筛分指标等进行复试后,由试验单位出具的质量证明文件。

2.7 外加剂

2.7.1 外加剂名称、定义和分类

1) 定义

在混凝土拌和过程中掺入的,并能按要求改善混凝土性能的,一般掺量不超过水泥重量的 5%(特殊情况除外)的材料称为混凝土外加剂。

2) 分类

(1) 外加剂按使用效果分成下面 16 种。

① 普通减水剂:在混凝土坍落度基本相同的条件下,具有一般减水增强作用的外加剂。

② 高效减水剂:在混凝土坍落度基本相同的条件下,具有大幅度减水增强作用的外加剂。

③ 早强减水剂:兼有早强和减水功能的外加剂。

④ 缓凝减水剂:兼有缓凝和减水功能的外加剂。

⑤ 引气减水剂:兼有引气和减水功能的外加剂。

⑥ 引气剂:在搅拌混凝土过程中能引入大量均匀分布的微小气泡,以减少混凝土拌和物泌水离析,改善和易性,并能显著提高硬化混凝土抗冻融耐久性的外加剂。

⑦ 泵送剂:能改善混凝土拌和物泵送性能的外加剂。

⑧ 早强剂:能提高混凝土早期强度,并对后期强度无显著影响的外加剂。

⑨ 缓凝剂:能延长混凝土凝结时间,并对混凝土后期强度发展无显著影响的外加剂。

⑩ 速凝剂:能使混凝土迅速凝结硬化的外加剂。

⑪ 加气剂:混凝土制备过程中因发生化学反应,放出气体,而使混凝土中形成大量气孔的外加剂。

⑫ 阻锈剂:能抑制或减轻混凝土中钢筋或其他预埋金属锈蚀的外加剂。

⑬ 防水剂:能降低混凝土在静水压力下的透水性的外加剂。

⑭ 膨胀剂:能使混凝土(或砂浆)在水化过程中产生一定的体积膨胀,并在有约束条件下产生适宜自应力的外加剂。

⑮ 防冻剂:在规定温度下,能显著降低混凝土的冰点,能使混凝土液相不冻结或仅部分冻结,以保证水泥的水化作用,并在一定的时间内获得预期强度的外加剂。

⑯ 着色剂,能制备具有稳定色彩混凝土的外加剂。

(2) 以上 16 种外加剂按其主要功能分为下面 4 类。

① 改善混凝土拌和物流变性能的外加剂:包括各种减水剂、引气剂和泵送剂等。

② 调节混凝土凝结时间和硬化性能的外加剂:包括缓凝剂、早强剂和速凝剂等。

③ 改善混凝土耐久性的外加剂:包括引气剂、防水剂和阻锈剂等。

④ 改善混凝土其他性能的外加剂:包括加气剂、膨胀剂、防冻剂,着色剂、防水剂和泵送剂等。

2.7.2 资料要求

(1) 用于结构工程的外加剂在使用前,外加剂(除特殊要求)做常规必试项目,合格后方可使用。用于建筑工程上的外加剂(早强剂、防冻剂)必须进行有见证取样和送检。

(2) 选择外加剂的品种应根据使用外加剂的主要目的、技术经济比较而定,使用前应进行性能试验,试验室出具掺量配合比通知单。

(3) 外加剂试验不合格后应双倍试件复试,复试合格后,试验室出具试验报告单。

(4) 外加剂资料应与混凝土配合比通知单、砂浆配合比通知单等施工技术资料对应一致,所用外加剂与实物相符。

2.7.3 外加剂出厂质量合格证的验收和进场产品的外观检查及试验

(1) 外加剂出厂质量合格证的验收:

外加剂进场必须有生产厂家的质量证明书,内容包括:厂名、产品名称及型号、包装、重量、出厂日期、主要特性及成分、适用范围及适宜掺量、性能检验合格证(匀质性能指标及混凝土指标)、贮存条件及有效期、使用方法和注意事项。

(2) 外加剂进厂产品的外观检查:

首先是确认产品防伪认证证书,然后是产品出厂质量各种性能检验合格证、技术文件(说明书)等。

包装检查:粉状外加剂应用塑料编织袋包装,每袋重 20~50 kg;液体外加剂应用塑料桶或金属桶包装。

检查产品是否受潮变质,核对产品是否超过有效期。

2.7.4 各种外加剂取样数量和方法

外加剂取样数量见表 2-23。

(1) 试样分点样和混合样。在一次生产的产品中所取的试样称点样,由三个或更多的点样等量均匀混合而取的试样称混合样。

(2) 方法:每一编号的产品,取得的试样应充分混匀,分为两等份,一份按标准规定的方法与项目试验,另一份要密封保存半年(防水剂一年,膨胀剂三个月),以备有疑问时提交国家指定的检验机关进行复验或仲裁,如生产或使用单位同意,复验或仲裁可采用现场取样。

表 2-23　外加剂取样数量

外加剂种类	取样数量	外加剂种类	取样数量
各类减水剂、早强剂、缓凝剂、引气剂、泵送剂	取不少于 0.2 t 水泥所需用量的外加剂(以最大掺量计)	防水剂	取不少于 0.2 t 水泥所需用量的外加剂(以最大掺量计)
		膨胀剂	可从 20 个以上的部位等量取样总数不小于 10 kg
防冻剂	取不少于 0.15 t 水泥所需用量的外加剂(以最大掺量计)	速凝剂	每批样品从 16 个不同点取样,每个点取 250 kg,共取 4 kg

2.7.5　外加剂的试验及试验报告

(1) 试验项目及其所需试件的制作和数量。

外加剂的性能主要由外加剂混凝土性能指标和匀质指标来反映。

外加剂使用前必须进行性能试验并有试验报告和掺加剂普通混凝土(砂浆)的配合比通知单(掺量)。

(2) 外加剂试验报告的内容填写方法和要求。

表中委托部分由试验工填写,其他部分由试验人员依据试验结果填写。应填写清楚、准确、完整。

领取外加剂试验报告单时、应验看要求试验项目是否试验齐全,各项试验数据是否达到规范规定值和设计要求,并且结论要明确,试验室编号、签字、盖章要齐全。

2.8　掺和料

2.8.1　掺和料的定义及种类

(1) 定义:为节约水泥、改善混凝土强度等级而加入的天然的或人造的矿物材料。

(2) 掺和料种类:硅石粉、沸石粉、粉煤灰、蛭石粉等。

2.8.2　建筑工程常用掺和料

1) 粉煤灰

(1) 定义:从煤粉炉烟道气体中收集的粉末,称为粉煤灰。

(2) 粉煤灰技术要求见表 2-24。

(3) 粉煤灰出厂质量合格证验收及外包装验收。

粉煤灰出厂合格证内容包括厂名、批号、编号及出厂日期、粉煤灰级别、数量、质量检验结果。

表 2-24 粉煤灰品质指标和分类

序号	指标不大于	级别		
		Ⅰ	Ⅱ	Ⅲ
1	细度/0.045 mm 方孔筛筛余，%	12	20	45
2	需水量比/%	95	105	115
3	烧失量/%	5	8	15
4	含水量/%	1	1	不规则
5	三氧化硫/%	3	3	3

袋装粉煤灰的包装上应清楚标明“粉煤灰”、厂名、级别、重量、批号及包装日期。检查产品是否受潮。

(4) 粉煤灰取样方法及试验项目。

① 取样方法及批量：

以连续供应的 200 t 相同等级的粉煤灰为 1 批，不足 200 t 时亦为 1 验收批。粉煤灰的计量按干粉(含水率小于 11%)的重量计算。

散装灰取样：从不同部位取 15 份试样，每份试样 1～3 kg，混合拌匀，按四分法缩取比试验所需量大一倍的试样(称为平均试样)。

袋装灰取样：从每批任抽 10 袋，从每袋中分取试样不少于 1 kg，混合拌匀，按四分法缩取比试验所需量大一倍的试样(称为平均试样)。

② 必试项目：

a. 细度；b. 烧失量；c. 需水量比。

③ 粉煤灰混凝土的工程应用应符合《粉煤灰混凝土应用技术规范》(GBJ 146—90)。

a. 粉煤灰用于混凝土工程可根据等级按下列规定应用：

Ⅰ级粉煤灰适用于后张预应力钢筋混凝土和跨度小于 6 m 的先张预应力钢筋混凝土构件。Ⅱ级粉煤灰适用于普通钢筋混凝土和轻骨料混凝土。Ⅲ级粉煤灰主要用于无筋混凝土和砂浆。对设计强度等级 C20 及以上的钢筋混凝土。宜采用Ⅰ、Ⅱ级粉煤灰。

b. 粉煤灰可与各类外加剂同时使用，但必须由试验室确定掺量。

c. 粉煤灰用于要求高抗冻融性的混凝土时，必须掺入引气剂；用于早期脱模，提前负荷的粉煤灰混凝土时，宜掺用高效减水剂、早强剂。

d. 在低温条件下施工，粉煤灰混凝土，宜掺入对粉煤灰混凝土无害的早强剂或防冻剂，并应采取适当的保温措施。

e. 粉煤灰试验指标达不到规定要求时，应取双倍试样进行复试，复验后仍达不到要求时，该批粉煤灰应作为不合格品或降级处理。

2) 沸石粉

(1) 定义：沸石岩经磨细加工而成沸石粉。

沸石粉的细度比水泥还细，它是火山灰质材料的一种。

(2) 性能：沸石粉本身没有活性，但在水泥或石灰等碱性激发下，所含的活性硅与活性铝与 $Ca(OH)_2$ 反应，生成水化硅酸钙，致使混凝土密度大，强度增长，抗渗性能提高。沸石粉可用于高强混凝土施工。

3）蛭石粉

蛭石粉用于防火涂料。

2.8.3 资料要求

建筑工程所使用的掺和料，应有质量证明书和试验报告。

2.9 防水材料

2.9.1 防水材料分类

1）防水涂料类

（1）水性沥青防水涂料，例如氯丁胶乳沥青涂料。

（2）高聚物防水涂料，例如聚氨酯涂料、硅橡胶涂料、丙烯酸涂料等。

2）防水卷材类

（1）沥青基纸胎防水卷材。

（2）改性沥青基防水卷材。

（3）合成高分子防水卷材。

3）防水密封材料

（1）聚乙烯建筑嵌缝油膏。

（2）建筑沥青嵌缝油膏。

（3）合成高分子密封膏。

4）刚性防水堵漏材料。

2.9.2 资料要求

（1）防水材料必须有出厂合格证和在工地取样的试验报告，试验单子项填写齐全，不得翻填或错填。复试单试验编号必须填写，以防弄虚作假。防水材料的试验单中的各试验项目、数据应和检验标准对照，必须符合专项规定或标准要求。不合格的防水材料不得用于工程并必须通过技术负责人专项处理，签署退场处理意见。

防水卷材必须在使用前进行检验，并符合设计及有关规范、标准的质量要求。试样来源及名称应填写清楚。

（2）试验结论要明确，责任制签字要齐全，不得漏签或代签。

（3）委托单上的工程名称、部位、品种、强度等级等与试验报告单上应对应一致。

（4）要填写报告日期，以检查是否为先试验后施工，先用后试应视为不符合要求。

（5）试验的代表批量和使用数量的代表批量应相一致。

（6）防水卷材必试项目：不透水性、吸水性、耐热度、纵向拉力和柔度。

（7）必须实行见证取样，试验室应在见证取样人名单上加盖公章和经手人签字。

（8）有合格证无复试报告，为不符合要求。

（9）无合格证有试验报告，必试项目齐全且满足标准要求，为经鉴定符合要求。主要的防水材料试验缺项、偏项或品种强度等级、技术性能不符合设计要求及规范、标准的规定，为不符合要求。

（10）使用材料与规范及设计要求不符，为不符合要求。

（11）各种拌和物如玛琋脂、聚氯乙烯胶泥、细石混凝土防水层等不经试验室试配，在熬制和使用过程中无现场取样复试，为不符合要求。

（12）试验结论与使用品种、强度等级不符，为不符合要求。

2.9.3 建筑防水工程材料

（1）建筑防水工程材料现场抽样复验项目，见表 2-25。

表 2-25 建筑防水工程材料现场抽样复验项目

序号	材料名称	现场抽样数量	外观质量检验	物理性能检验
1	沥青防水卷材	大于 1 000 卷抽 5 卷，每 500～1000卷抽 4 卷，100～499 卷抽 3 卷，100 卷以下抽 2 卷，进行规格尺寸和外观质量检验。在外观质量检验合格的卷材中，任取一卷作物理性能测验	孔洞、硌伤、露胎、涂盖不均、折纹、褶皱、裂纹、缺边、裂口、每卷材的接头	纵向拉力、柔度、耐热度、不透水性
2	高聚物改性沥青防水卷材	大于 1 000 卷抽 5 卷，每 500～1000卷抽 4 卷，100～499 卷抽 3 卷，100 卷以下抽 2 卷，进行规格尺寸和外观质量检验。在外观质量检验合格的卷材中，任取一卷作物理性能测验	孔洞、缺边、裂口、边缘不整齐、胎体露白、未浸透，撒布材料粒度、颜色，每卷卷材的接头	拉力、最大拉力时延伸率、低温柔度、耐热度、不透水性
3	合成高分子防水卷材	大于 1 000 卷抽 5 卷，每 500～1000卷抽 4 卷，100～499 卷抽 3 卷，100 卷以下抽 2 卷，进行规格尺寸和外观质量检验。在外观质量检验合格的卷材中，任取一卷作物理性能测验	折痕、杂质、胶块、凹痕、每卷卷材的接头	断裂拉伸强度、扯断伸长率、低温弯折、不透水性
4	石油沥青	同一批至少抽一次	—	针入度、延度、软化点
5	沥青玛琋脂	每工作班至少抽一次	—	耐热度、柔韧性、粘结力
6	高聚物改性沥青防水涂料	每 10 t 为一批，不足 10 t 按一批抽样	包装完好无损，且标明涂料名称、生产日期、生产厂家、产品有效期；无沉淀、凝胶、分层	固体含量、耐热度、柔性、不透水性、延伸率
7	合成高分子防水涂料	每 10 t 为一批，不足 10 t 按一批抽样	包装完好无损，且标明涂料名称、生产日期、生产厂家、产品有效期	固体含量、拉伸强度，断裂延伸率，柔性、不透水性
8	胎体增强材料	每 3 000 m^2 为一批，不足 3 000 m^2 按一批抽样	均匀、无团状、平整，无折皱	拉力、延伸率

续表

序号	材料名称	现场抽样数量	外观质量检验	物理性能检验
9	改性石油沥青密封材料	每2t为一批,不足2t按一批抽样	黑色均匀膏状,无结块和未浸透的填料	低温柔性、拉伸粘结性、施工度、耐热度
10	合成高分子密封材料	每1t为一批,不足1t按一批抽样	均匀膏状物,无结皮、凝结或不易分散的固体团块	拉伸粘结性、柔性
11	高分子防水材料止水带	按每月同标记的止水带产量为一批抽样	尺寸公差、开裂、缺胶、海绵状、中心孔偏心、凹痕、气泡、杂质、明疤	拉伸强度、扯断伸长率、撕裂强度
12	平瓦	同一批至少抽一次	边缘齐整,表面光滑,不得有分层、裂纹、露砂	—

(2) 高聚物改性沥青防水卷材的主要物理性能应符合表2-26的规定。

表2-26　高聚物改性沥青防水卷材主要物理性能

项　　目		性　能　要　求		
		聚酯毡胎体	玻璃纤维胎体	聚乙烯胎体
拉力/N·$(50\,mm)^{-1}$		≥450	纵向≥350,横向≥300	≥100
延伸率/%		最大拉力时≥30	—	断裂时≥200
耐热度/℃,2h		SBS卷材90,APP卷材110,无滑动、流淌、滴落		PEE卷材90,无流淌、起泡
低温柔度/℃		SBS卷材-18℃,APP卷材-5℃,PEE卷材-10℃		
		3mm厚,r=15mm;4mm厚,r=25mm;3s弯180°,无裂纹		
不透水性	压力/MPa	≥0.3	≥0.2	≥0.3
	保持时间/min	≥30		

(3) 合成高分子防水卷材的主要物理性能应符合表2-27的规定。

表2-27　合成高分子防水卷材主要物理性能

项　　目		性　能　要　求			
		硫化橡胶类	非硫化橡胶类	树脂类	纤维增强类
断裂抗拉强度/MPa		≥6	≥3	≥10	≥9
扯断伸长率/%		≥400	≥200	≥200	≥10
低温弯折/℃		-30	-20	-20	-20
不透水性	压力/MPa	≥0.3	≥0.2	≥0.3	≥0.3
	保持时间/min	≥30			
加热收缩率/%		<1.2	<2.0	<2.0	<1.0
热老化保持率/80℃,168h	断裂抗拉强度	≥80%			
	扯断伸长率	≥70%			

（4）高聚物改性沥青防水涂料的物理性能应符合表2-28的规定。

表2-28 高聚物改性沥青防水涂料物理性能

项目		性能要求
固体含量/%		≥43
耐热度/80℃,5 h		无流淌、起泡和滑动
柔度/－10℃		3 mm厚,绕φ20 mm圆棒无裂纹断裂
不透水性	压力/MPa	≥0.1
	保持时间/min	≥30
延伸/(20±2)℃拉伸,mm		≥4.5

（5）合成高分子密封材料的物理性能应符合表2-29的规定。

表2-29 合成高分子密封材料物理性能

项目		性能要求	
		弹性体密封材料	塑性体密封材料
拉伸粘结性	拉伸强度/MPa	≥0.2	≥0.02
	延伸率/%	≥200	≥250
柔性/℃		－30,无裂纹	－20,无裂纹
拉伸－压缩循环性能	拉伸－压缩率/%	≥±20	≥±10
	粘结和内聚破坏面积/%	≤25	

（6）SBS防水卷材性能试验报告见表2-30。

表2-30 SBS防水卷材性能试验报告

委托单位：________ 委托编号：________ 工程名称：________

试验编号：________ 试验日期：________

工程部位：________ 产地：______ 代表批量：______ 报告日期：________

编号		1	2	3	4	5	6
可溶物含量/(g·m^{-2})							
拉力/N·(50 mm)$^{-1}$（延伸率/%）	纵向						
	横向						
不透水性							
耐热度							
低温柔度							
撕裂强度/N	纵向						
	横向						
结论							

试验： 校核： 主任： 试验单位：(章)

2.10 保温材料

（1）保温材料种类

保温材料种类主要有加气块、聚苯板、石棉、矿渣棉、火山岩棉、玻璃棉、膨胀蛭石、膨胀珍珠岩、木丝板等。

（2）产品要求

保温材料的产品应有出厂合格证，厚度、密度及热工性能应符合设计要求。

（3）有关性能检测试验报告

保温材料的性能检测试验报告应与其施工技术资料对应一致。

2.11 预制混凝土构件

2.11.1 预制混凝土构件的种类

（1）板类：包括各种空心楼板、大楼板、楼梯、阳台、T形板以及薄壁空心构件烟道、垃圾道等品种。

（2）墙板类：包括内外墙板、挂壁板、内隔墙板、阳台隔板、条板等品种。

（3）大型梁、柱类：包括各种预应力或非预应力大梁、吊车梁、基础梁、框架梁、屋架、大型柱、基桩等品种。

（4）小型板、梁、柱类：包括沟盖板、挑檐板、栏板、窗台板、拱板以及3 m以内小型梁板等品种。

2.11.2 预制混凝土构件的质量标准

（1）构件出池、起吊和预应力筋放松、张拉时的混凝土强度，必须符合设计要求及规范规定。设计无要求时，均不得低于设计强度的75%。

（2）预应力筋孔道灌浆的质量，应符合规范要求。

（3）混凝土构件试块，在标准养护条件下，28 d的强度应符合规范要求。

（4）预制构件应在明显部位标明生产单位、构件型号、生产日期和质量验收标志。构件上的预埋件、插筋和预留孔洞的规格位置和数量应符合标准图或设计要求。

预制构件的外观质量不应有严重缺陷。对已经出现的严重缺陷，应按技术处理方案进行处理，并重新检查验收。

预制构件不应有影响结构性能和安全、使用功能的尺寸偏差。对超过尺寸允许偏差且影响结构性能和安装、使用功能的部位，应按技术处理方案进行处理，并重新检查验收。

预制构件的外观质量不宜有一般缺陷。对已经出现的一般缺陷，应按技术处理方案进行处理，并重新检查验收。

构件允许偏差，应符合《混凝土结构工程施工质量验收规范》(GB50204—2002)，允许偏差项目90%以上应在范围内，10%以上的不应超过允许偏差的1.5倍。

2.11.3 资料要求

(1) 预制混凝土构件出厂应有出厂合格证及厂家资质等级证书：

合格证内容:工程名称、合格证编号、构件名称、型号、数量、生产日期、强度等级、出厂强度(重要构件)必要时注明钢筋原材料编号和签发部门签字、盖章。

应与其他施工技术资料对应一致,整理归档。

(2) 预制构件应进行结构性能检验;结构性能检验不合格的预制构件不得用于混凝土结构。

(3) 预制构件应按标准图或设计要求的试验参数及检验指标进行结构性能检验。

检验内容:钢筋混凝土构件和允许出现裂缝的预应力混凝土构件进行承载力、挠度和裂缝宽度检验;不允许出现裂缝的预应力混凝土构件进行承载力、挠度和抗裂检验;预应力混凝土构件中的非预应力构件按钢筋混凝土构件的要求进行检验。对设计成熟、生产数量较少的大型构件当采取加强材料和制作质量检验的措施时,可仅作挠度、抗裂或裂缝宽度检验;当采取上述措施并有可靠的实践经验时,可不做性能检验。

检验数量:对成批生产的构件,应按同一工艺正常生产的不超过 100 件且不超过 3 个月的同类型产品为一批;当连续检验 10 批且每批的结构性能检验结果均符合本规范规定的要求时,对同一工艺正常生产的构件,可改为不超过 200 件且不超过 3 个月的同类型产品为一批,在每批中随机抽取一个构件作为试件进行检验。

检验方法:采用短期静力加载检验。

3 施工技术与工程质量管理

3.1 技术交底

技术交底是施工企业技术管理的一项重要制度，其目的是通过技术交底，使参加施工任务的干部和工人对工程及其技术要求做到心中有数，以便科学地组织施工和按合理的工序、工艺进行作业；技术交底应以现行国家标准、规范、规程、行业标准、上级技术指导性文件和企业标准为依据，应在图纸会审、施工组织设计的基础上在单位工程开工前和分项工程施工前进行。技术交底应以书面形式进行，交底人、承接人必须签字认可；所有技术交底资料要列入工程技术档案。技术交底应根据施工先后顺序进行。

3.1.1 工程质量技术交底分类

(1) 设计交底：图纸会审和设计交底一般可同时进行，主要是设计人员向施工单位技术交底，使参与项目施工的人员了解担负施工任务的设计意图、施工特点、技术要求、质量标准，强调施工中应注意的事项，回答施工单位提出的疑问，解决图纸中所存在的问题；其内容也可以记录在图纸会审。

(2) 项目经理或工程技术负责人向作业队交底，主要以设计图纸、施工组织设计、工艺操作规程和质量验收标准为依据，建立技术责任制、质量责任制等，加强施工质量检验监督与管理，具体内容包括：施工部署主要项目的施工方法、质量、技术要求重点及环保措施、文明施工等。

(3) 主要分部(子分部)、分项(工序)工程施工技术交底：技术人员向班组及工人交底，主要是结合工程的特点和实际情况，详细安排各分项工程的工艺规程操作方法、质量标准、检查验收要求等内容。

3.1.2 分部(子分部)或分项工程质量技术交底内容

1) 地基与基础工程

(1) 无支护土方工程：土方开挖、土方回填。

(2) 有支护土方工程：排桩、降水、排水、地下连续墙、锚杆、土钉墙、水泥土桩、沉井与沉箱、钢及混凝土支撑。

(3) 地基及基础处理工程：灰土地基、砂和砂石地基、碎砖三合土地基、土工合成材料地基、粉煤灰地基、重锤夯实地基、强夯地基、振冲地基、砂桩地基、预压地基、高压喷射注浆地基、土和灰土挤密桩砂桩地基、预压地基、高压喷射注浆地基、土和灰土挤密桩地基、注浆地基、水泥粉煤灰碎石桩地基、夯实水泥土桩地基。

(4) 桩基础工程:锚杆静压桩及静力压桩、预应力离心管桩、钢筋混凝土预制桩、钢桩、混凝土灌注桩(成孔、钢筋笼、清孔、水下混凝土灌注)等。

(5) 地下防水:防水混凝土、水泥砂浆防水层、卷材防水层、涂料防水层、金属板防水层、塑料板防水层、细部构造、喷锚支护、复合式衬砌、地下连续墙、盾构法隧道、渗排水、盲沟排水、隧道、坑道排水、预注浆、后注浆、衬砌裂缝注浆。

(6) 混凝土基础:模板、钢筋、混凝土、后浇带混凝土、混凝土结构缝处理。

(7) 砌体基础:砖砌体、混凝土砌块砌体、配筋砌体、石砌体。

(8) 劲钢(管)混凝土:劲钢(管)焊接、劲钢(管)与钢筋的连接。

(9) 钢结构:焊接钢结构、栓接钢结构、钢结构制作、钢结构安装、钢结构涂装。

2) 主体结构

(1) 混凝土结构:模板、钢筋、混凝土、预应力、现浇结构、装配式结构。

(2) 劲钢(管)混凝土结构:劲钢(管)焊接、螺栓连接、劲钢(管)与钢筋的连接、劲钢(管)制作、安装、混凝土。

(3) 砌体结构:砖砌体、混凝土小型空心砌块砌体、石砌体、填充墙砌体、配筋砖砌体。

(4) 钢结构:钢结构焊接、紧固件连接、钢零部件加工、单层钢结构安装、多层及高层钢结构安装、钢结构涂装、钢结构组装、钢构件预拼装、钢网架结构安装、压型金属板。

(5) 木结构:方木和原木结构、胶合结构、轻型木结构、木构件防护。

(6) 网架和索膜结构:网架制作、网架安装、索膜安装、网架防火、防腐涂料。

3) 建筑装饰装修

(1) 地面

① 整体面层:基层、水泥混凝土面层、水泥砂浆面层、水磨石面层、防油渗面层、水泥钢(铁)屑面层、不发火(防爆的)面层。

② 板块面层:基层、砖面层(陶瓷锦砖、缸砖、陶瓷地砖和水泥花砖面层)、大理石面层和花岗石面层、预制板块面层(预制水泥混凝土、水磨石板块面层)、料石面层(条石、块石面层)、塑料板面层、活动地板面层、地毯面层。

③ 木竹面层:基层、实木地板面层(条材、块材面层)、实木复合地板面层(条材、块材面层)、中密度(强化)复合地板面层(条材面层)、竹地板面层。

(2) 抹灰工程:一般抹灰、装饰抹灰、清水砌体勾缝。

(3) 门窗:木门窗安装、金属门窗安装、塑料门窗安装、特种门安装、门窗玻璃安装。

(4) 吊顶:暗龙骨吊顶、明龙骨吊顶。

(5) 轻质隔墙:板材隔墙、骨架隔墙、活动隔墙、玻璃隔墙。

(6) 饰面板(砖):饰面板安装、饰面砖粘贴。

(7) 幕墙:玻璃幕墙、金属幕墙、石材幕墙。

(8) 涂饰:水性涂料涂饰、溶剂型涂料涂饰、美术涂饰。

(9) 裱糊与软包:裱糊、软包。

(10) 细部:橱柜制作与安装、窗帘盒、窗台板和暖气罩制作与安装、门窗套制作与安装、护栏和扶手制作与安装、花饰制作与安装。

4）建筑屋面

（1）卷材防水屋面：保温层、找平层、卷材防水层、细部构造。

（2）涂膜防水屋面：保温层、找平层、涂膜防水层、细部构造。

（3）刚性防水屋面：细石混凝土防水层、密封材料嵌缝、细部构造。

（4）瓦屋面：平瓦屋面、波瓦屋面、油毡瓦屋面、金属板屋面、细部构造。

（5）隔热屋面：架空隔热屋面、蓄水屋面、种植屋面、细部构造。

5）建筑给水、排水及采暖工程

室内给水管道及配件安装，室内消火系统安装；室内给水设备安装，室内给水管道防腐、绝热；室内排水管道及配件安装，室内雨水管道及配件安装；室内热水管道及配件安装，室内热水供应系统辅助设备安装，室内热水供应系统防腐、绝热；卫生器具安装，卫生器具给水配件安装，卫生器具排水管道安装；室内采暖管道及配件安装，室内采暖系统辅助设备及散热器安装，室内采暖系统金属辐射板安装，室内低温热水地板辐射采暖系统安装，室内采暖系统水压试验及调试，室内采暖系统防腐、绝热；室外给水管道安装，消防水泵接合器及室外消火栓安装，室外给水管沟及井室安装；室外排水管道安装，室外排水管沟及井池安装；室外供热管道及配件安装，室外供热管网系统水压试验及调试，室外供热管网防腐、绝热；建筑中水系统管道及辅助设备安装，游泳池水系统安装；供热锅炉安装，供热锅炉辅助设备及管道安装，供热锅炉安全附件安装，锅炉烘炉、煮炉和试运行，换热站安装，供热锅炉及辅助设备防腐、绝热等。

6）建筑电气工程

架空线路和杆上电气设备安装，变压器、箱式变电所安装，成套配电柜、控制柜（屏、台）和动力、照明配电箱（盘）及控制柜安装，备用和不间断电源安装，柴油发电机组安装，低压电机、电加热器及电动执行机构检查、接线，低压电气动力设备检测、试验和空载试运行，裸母线、封闭母线、插接式母线安装，电线、电缆导管和线槽敷设，槽板配线，钢索配线索，电线、电缆穿管和线槽敷设，电缆沟内和电缆竖井内电缆敷设，电缆头制作、导线连接和线路电气试验，插座、开关和风扇安装，灯具安装，建筑物外部装饰灯具、航空障碍灯和庭院灯安装，建筑照明通电试运行，避雷引下线和变配电室接地干线敷设，接地装置安装，建筑物等电位连接，接闪器安装等。

7）智能建筑

通信网络系统、办公自动化系统、建筑设备监控系统、火灾报警及消防联动系统、安全防范系统、综合布线系统、智能化集成系统、智能电源与接地、环境监控系统、住宅（小区）智能化系统等。

8）通风与空调工程

风管与配件制作、风管系统安装、空气处理设备安装、部件制作、消声设备制作与安装、风管与设备防腐、风机安装、风口安装、除尘器与排污设备安装、风管与设备绝热、高效过滤器安装、制冷机组安装、制冷剂管道及配件安装、制冷附属设备安装、制冷系统管道及设备的防腐与绝热、空调水系统管道安装、阀门及部件安装、冷却塔安装、水泵及附属设备安装、系统调试等。

9）电梯工程

电力驱动的曳引式或强制式电梯安装工程，液压电梯安装工程，自动扶梯、自动人行道安装工程等。

3.1.3 施工技术交底举例

1）砌砖墙

本技术交底适用于一般砖混、外砌内模、有抗震构造柱的砖墙砌筑工程。

（1）材料要求

砖：品种、强度等级必须符合设计要求，并有出厂合格证或试验单。清水墙的砖应色泽均匀边角整齐。

水泥：品种与标号应根据砌体部位及所处环境选择，一般宜采用 32.5 号普通硅酸盐水泥或矿渣硅酸盐水泥。

砂子：中砂，配制 M5 以下砂浆所用砂子的含泥量不超过 10%，M5 及其以上砂浆的砂子含泥量不超过 5%，使用前用 5 mm 孔径的筛子过筛。

掺和料：白灰膏熟化时间不少于 7 d，严禁使用脱水硬化和冻结的石灰膏，掺料按设计要求。

其他材料：木砖应刷防腐剂，数量按操作规程要求办；墙体拉结钢筋及预埋件等。

（2）主要机具

应备有搅拌机、手推车、磅秤、垂直运输设备、大铲、刨锛、瓦刀、扁子、托线板、线坠、小白线、卷尺、铁水平尺、皮数杆、小水桶、灰槽、砖夹子，笤帚等。

（3）作业条件

完成室外及房心回填土，安装好暖气盖板。

办完地基、基础工程隐检手续。

按标高及设计和规范要求做好防潮层。

弹好墙身线、轴线，根据现场砖的实际规格尺寸，再弹出门窗洞口位置线，经检验符合设计图纸的尺寸要求，办完预检手续。

按标高立好皮数杆，皮数杆的间距以 15～20 m 为宜。

砂浆：由试验室做好设计配合比，换算以实际施工配合比，准备好试模。

砖浇水：粘土砖必须在砌筑前一天浇水湿润。一般以水浸入砖四边 1.5 cm 为宜，含水率为 10%～15%，常温施工不得用干砖上墙；雨季不得使用含水率达到饱和状态；冬期浇水有困难，则必须适当增大砂浆稠度。

砂浆搅拌：砂浆配合比应采用重量比，计量精度为水泥±2%，砂、灰膏控制在±5%以内。宜用机械搅拌，搅拌时间不少于 1.5 min。

（4）砌砖墙

组砌方法：砌体一般采用一顺一丁（满丁满条）、梅花一丁或三顺一丁砌法。不采用五顺一丁砌法，砖柱不得采用先砌四周后填心的包心砌法。

排砖撂底（干摆砖）：一般外墙第一层砖撂底时，两山墙排丁砖，前后檐纵墙排条砖。根据弹好门窗口的位置线，认真核对窗间墙、垛尺寸长度是否符合排砖模数。如不符合模数量，可将门窗口的位置左右移动。若要切砖，七分头或丁砖应排在窗口中间、附墙垛或其他不明显部位。移动门窗口位置时，应注意卫立管及门窗口开启时不受影响。另外在排砖时还要考虑在门窗口上边的砖墙合拢时也不出现破活。所以排砖时必须有个全盘考虑。即前后檐墙排第一皮砖时，要考虑甩窗口后砌条砖，窗角上必须是七分头才是好活。

选砖：砌清水墙应选择棱角整齐，无弯曲、裂纹、颜色均匀、规格基本一致的砖。敲击时声音响亮，焙烧过火变色、变形的砖可用在基础及不影响外观的内墙上

盘角：砌砖前应先盘角，每次盘角不要超过五层，新盘的大角，及时进行吊、靠，如有偏差要及时修整。盘角时要仔细对照皮数杆的砖层和标高，控制好灰缝大小使水平灰缝均匀一致。大角盘好后再复查一次，平整和垂直完全符合要求后才可以挂线砌墙。

挂线：砌筑一砖半墙必须双面挂线，如果长墙几个人使用一根通线，中间应设几个支线点。小线要拉紧，每层砖都要穿线看平，使水平缝均匀一致，平直通顺；砌一砖厚混水墙时宜采用外手挂线，可以照顾砖墙两面平整，为控制抹灰厚度奠定基础。

砌砖：砌砖宜采用一铲灰、一块砖、一挤揉的“三一”砌砖法，即满铺、满挤操作法。砌砖时砖要放平，里手高，墙面就要张；里手低，墙面就要背。砌砖一定要跟线，“上跟线、下跟棱，左右相邻要对平”。水平灰缝厚度和竖向灰缝宽度一般为 10 mm，但不应小于 8 mm，也不应大于 12 mm。为保证清水墙面立缝垂直、不游丁走缝，当砌完一步架高时，宜每 2 m 左右水平间距在丁砖立棱位置弹两道垂直立线，可以分段控制游丁走缝。在操作过程中，要认真进行自检，如出现有偏差，应随时纠正，严禁事后砸墙。清水墙不允许三分头，不得在上部任意切砖、乱缝。砌筑砂浆应随搅拌随使用，水泥砂浆必须在 3 h 内用完，水泥混合砂浆必须在 4 h 内用完，不得使用过夜砂浆，砌清水墙应随砌随勾缝，勾缝深度为 8～10 mm，深浅一致，墙面清扫干净，混水墙应随砌随将舌头灰刮净。

留槎：外墙转角处应同时砌筑。内外墙交接处必须留斜槎，槎子长度不应小于墙体高度的 2/3，槎子必须平直、通顺。分段位置应在变形缝或门窗口角处。隔墙与墙或柱子不同时砌筑时可留阳槎加预埋拉结筋。沿墙每 500 mm 预留 ϕ6 钢筋 2 根，其埋入长度从墙的留槎处算起，每边均不小于 500 mm，末端应加 90 度弯钩。隔墙顶应用立砖斜砌挤紧。

木砖、门窗洞口、预留孔洞和墙体拉结筋：木砖预埋时应小头在外，大头在内，数量按洞口高度决定。洞口高在 1.2 m 以内，每边放 2 块；高 1.2～2 m，每边放 3 块；高 2～3 m，每边放 4 块。预埋砖的部位一般在洞口上下边四皮砖，中间均匀分布。木砖要提前做好防腐处理。钢门窗安装的预留孔、硬架支模、暖卫管道均应按设计要求预留，不得事后剔凿。墙体抗震拉结筋的位置、钢筋规格、数量、间距长度、弯钩等均应按设计要求留置，不应错放、漏放。

安装过梁、梁垫：安装过梁、梁垫时，其标高、位置及型号必须准确，坐浆饱满。如坐浆厚度超过 20 mm 时，要用豆石混凝土铺垫，过梁安装时两端支承点的长度应一致。

构造柱做法：凡设有构造柱的结构工程，在砌砖前，先根据设计图纸将构造柱位置进行弹线，并把构造柱插筋处理顺直。砌砖墙时与构造柱连接处砌成马牙槎，每一个马牙槎沿高度方向的尺寸不宜超过 300 mm(即五皮砖)。砖墙与构造柱之间应沿墙高每 500 mm 设置 2 根 ϕ6 水平拉结钢筋连接，每边伸入墙内不应少于 1 m。

(5) 质量标准

① 主控项目：

a. 砖和砂浆的强度等级必须符合设计要求。砖应有进场验收报告，批量及强度满足设计要求为合格。

砂浆应有配合比报告，计量配制，按规定留试块，并在分项工程中按检验批强度评定，符

合要求为合格。

b. 砌体的砂浆饱满度不小于80%。

c. 砖砌体的转角处和交接处应同时砌筑，严禁无可靠措施的内外墙分砌施工。对不能同时砌筑而必须留置的临时间断处应砌成斜槎，斜槎水平投影长度不应小于高度的2/3。

d. 非抗震设防及抗震设防烈度为6度、7度地区的临时间断处，当不能留斜槎时，除转角处外，可留直槎，但直槎必须做成凸槎。留直槎处应加设拉结钢筋，拉结钢筋的数量为每120 mm墙厚放置1 Φ 6拉结钢筋，间距沿墙高不应超过500 mm；埋入长度从留槎处算起每边均不应小于500 mm，对抗震设防烈度为6度、7度地区，不应小于1 000 mm，末端应有90°弯钩。

合格标准：

直槎拉结钢筋及接槎处理按规定设置，留槎正确，拉结筋数量、直径正确，竖向间距偏差±100 mm，留置长度基本正确为合格。

砖砌体的位置及垂直度允许偏差应符合表3-1的规定。

表3-1 砖砌体的位置及垂直度允许偏差

项次	项目			允许偏差/mm	检验方法
1	轴线位置偏移			10	用经纬仪和尺检查或用其他仪器检查
2	垂直度	每层		5	用2 m托线板检查
		全高	≤10 m	10	用经纬仪、吊线和尺检查，或用其他测量仪器检查
			>10 m	20	

② 一般项目：

a. 砖砌体组砌方法应正确，上、下错缝，内外搭砌，砖柱不得采用包心砌法。

合格标准：除符合本条要求外，清水墙、窗间墙无通缝；混水墙中长度大于或等于300 mm的通缝每间不超过3处，且不得位于同一墙体上。

b. 砖砌体的灰缝应横平竖直，厚薄均匀。水平灰缝厚度宜为10 mm，但不应小于8 mm，也不应大于12 mm。

c. 砖砌体的一般尺寸允许偏差应符合表3-2的规定。

表3-2 砖砌体一般尺寸允许偏差

项次	项目		允许偏差/mm	检验方法
1	基础顶面和楼面标高		±15	用水平仪和尺检查
2	表面平整度	清水墙、柱	5	用2 m靠尺和楔形塞尺检查
		混水墙、柱	8	
3	门窗洞口高、宽		±5	用尺检查
4	外墙上下窗口偏移		20	以底层窗口为准，用经纬仪或吊线检查
5	水平灰缝平直度	清水墙	7	拉10 m线和尺检查
		混水墙	10	
6	清水墙游丁走缝		20	吊线和尺检查，以每层第一皮砖为准

(6) 成品保护

墙体拉结筋、抗震构造柱钢筋、大模板混凝土墙体钢筋及各种预埋件、暖卫、电气管线等,均应注意保护,不得任意拆改或损坏。

砂浆稠度应适宜,砌墙时应防止砂浆溅污墙面。

在放平台脚手架或安装大模板时,指挥人员和吊车司机要认真指挥和操作,防止碰撞刚砌好的砖墙。

在高车架进料口周围,应用塑料薄膜或木板等遮盖,保持墙面洁净。

尚未安装模板或屋面板的墙和柱,当可能遇到大风时,应采取临时支撑等措施,以保证施工中的稳定性。

(7) 应注意的质量问题

基础墙与墙错台:基础砖撂底要正确,收退大放脚两边要相等,退到墙身之前要检查轴线和边线是否正确,如偏差较小可在基础部位纠正,不得在防潮层以上退台或出沿。

清水墙游丁走缝:排砖时必须把立缝排匀,砌完一步架高度。每隔 2 m 间距在丁砖立楞处用托线板吊直弹线,二步架往上继续吊直弹墨线,由底往上所有七分头的长度应保持一致,上层分窗口位置必须同下窗口保持垂直。

水平灰缝大小不匀:立皮数杆要保证标高一致,盘角时灰缝要掌握均匀,砌砖时拉线要拉紧,防止一层松,一层紧。

窗口上部位立缝:清水墙排砖时,考虑到窗、垛,把切砖排在中间位置,在砌过梁上第一行砖时,注意立缝位置。

砖墙鼓胀:外砖内模墙体砌筑时,在窗间墙上,抗震柱两边分上、中、下留出 6 cm×12 cm 通孔,抗震柱外墙面垫 5 cm 厚木板,用花篮螺栓与大模板连接牢固,混凝土要分层浇灌,振捣棒不可直接触及外墙。楼层圈梁外二皮 12 cm 砖墙也应认真加固。如在振捣时发现砖墙已鼓胀,则应及时拆掉重砌。

混水墙粗糙:舌头灰未刮净,半头砖集中使用造成通缝;一砖厚墙背面偏差较大;砖墙错层造成螺丝墙。半头砖要分散使用在较大的墙体上,首层或楼层的第一皮砖要查对皮数杆的标高及层高,防止到顶砌成螺丝墙,一砖厚墙采用外手挂线。

构造柱砌筑不符合要求:构造柱砖墙应砌成大马牙槎,设置好拉结筋从柱脚开始两侧都应先退后进,当齿深 12 cm 时上口一皮进 6 cm,再上一皮进 12 cm,以保证混凝土浇灌上角密实,构造柱内的落地灰、砖渣杂物应清理干净,防止夹渣。

2) 框架结构混凝土浇筑

本技术交底适用于一般现浇框架及框架剪力墙混凝土的浇筑工程。

(1) 材料要求

水泥:32.5 号以上矿渣硅酸盐水泥或普通硅酸盐水泥。进场时必须有质量证明书及复试试验报告。

砂:宜粗砂或中砂。混凝土低于 C30 时,含泥量不大于 5%,高于 C30 时不大于 3%。

石子:粒径 0.5~3.2 cm,混凝土低于 C30 时含泥量不大于 2%,高于 C30 时不大于 1%。

掺和料:粉煤灰等。其掺量应通过试验确定,并应符合有关标准。

混凝土外加剂:减水剂、早强剂等应符合有关标准的规定,其掺量经试验符合要求后,方可使用。

(2) 主要机具

应备有混凝土搅拌机、磅秤(或自动计量设备)、双轮手推车、小翻斗车、尖锹、混凝土吊斗、平板及插入式振捣器、木抹子、长抹子、铁插尺、胶皮水管、铁板、串筒、塔式起重机等。

(3) 作业条件

浇筑混凝土层段的模板、钢筋、预埋铁件及管线等全部安装完毕,经检查符合设计要求,并办完隐蔽、预检手续。

浇筑混凝土用的架子及马道已支搭完毕并经检查合格(应达到满足浇筑面范围和安全的要求)。

水泥、砂、石及外加剂等经检查符合有关标准要求,试验室已下达混凝土配合比通知单。

磅秤(或自动上料系统)经检查核定计量准确,振捣器(棒)经检验试运转合格。

项目经理根据施工方案对操作班组已进行全面施工技术交底。混凝土浇灌申请书已被批准。

(4) 作业准备

浇筑前应将模板内的垃圾、泥土等杂物及钢筋上的油污清除干净,并检查钢筋的水泥砂浆垫层是否垫好。如使用木模板时应浇水使模板湿润。柱子模板的扫除口应在清除杂物及积水后再封闭。剪力墙根部松散混凝土已剔掉清除。

(5) 混凝土搅拌

根据施工配合比确定每盘各种材料用量及车辆重量,分别固定好水泥、砂石各个磅秤标准,在上料时车车过磅。骨料含水率应经常测定,及时调整配合比用水量,确保加水量准确。

装料顺序:一般先倒石子,再装水泥,最后倒砂子。如需加粉煤灰掺和料时,应与水泥一并加入。如需掺外加剂(减水剂、早强剂等)时,粉状应根据每盘加入量应预加工装入小包装袋内(塑料袋为宜),用时与粗细骨料同时加入;液状应将每盘用量与水同时装入搅拌机搅拌。

搅拌时间:为使混凝土搅拌均匀,自全部拌和料装入搅拌桶中起到混凝土开始卸止,混凝土搅拌的最短时间,可按表3-3的规定采用。

表3-3 混凝土搅拌最短时间(s)

混凝土坍落度/cm	搅拌机机型	搅拌机容积/L		
		小于400	400~1000	大于1000
≤3	自落式	90	120	150
	强制式	60	90	120
>3	自落式	90	90	120
	强制式	60	60	90

混凝土开始搅拌时,由施工单位主管技术部门和项目经理组织有关人员对出盘混凝土的坍落度、和易性等进行鉴定,检查是否符合配合比通知单要求,经调整合格后再正式搅拌,并记入施工记录内。

(6) 混凝土运输

混凝土自搅拌机卸出后,应及时送到浇筑地点。在运输过程中,要防止混凝土离析、水泥浆流失、坍落度变化以及产生初凝等现象。如混凝土运到浇灌地点有离析现象时，必须在浇灌前进行二次拌和。

混凝土从搅拌机中卸出后到浇筑完毕的延续时间，不宜超过表3-4的规定。

表3-4　混凝土从搅拌机中卸出至浇筑完毕的延续时间(min)

混凝土强度等级	气温/℃	
	低于25	高于25
≤C30	120	90
＞C30	90	60

注：① 掺用外加剂或采用快硬水泥拌制混凝土时，应按试验确定。

② 轻骨料混凝土的运输、浇筑延续时间应当适当缩短。

泵送到混凝土时必须保证混凝土泵连续工作，如果发生故障，停歇时间超过45 min或混凝土出现离析现象，应立即用压力水或其他方法冲洗管内残留的混凝土。

(7) 混凝土浇筑与振捣的一般要求

混凝土自吊斗口下落的自由倾落高度不得超过2 m，浇筑高度如超过3 m时必须采取措施，用串桶或溜管等。

浇筑混凝土时应分段分层连续进行，浇筑层高度应根据结构特点、钢筋疏密决定，一般为振捣器作用部分长度的1.25倍，最大不超过30 cm。

使用插入式振捣器应快插慢拔，插点要均匀排列，逐点移动，顺序进行，不得遗漏，做到均匀振实。移动间距不大于振捣作用半径的1.5倍(一般为30～40 cm)。振捣上一层时应插入下层5 cm，以清除两层间的接缝。表面振动器(或称平板振动器)的移动间距，应保证振动器的平板覆盖已振实部分边缘。

浇筑混凝土应连续进行。如必须间歇，其间歇时间应尽量缩短，并应在前层混凝土凝结之前将次层混凝土浇筑完毕。间歇的最长时间应按所用水泥品种及混凝土凝结条件确定，一般超过2 h，应按施工缝处理。

浇筑混凝土时应经常观察模板、钢筋、预埋孔洞、预埋件和插筋等有无移动变形或堵塞情况，发现问题应立即停止浇灌，并应在已浇筑的混凝土凝结前修正完好。

(8) 柱的混凝土浇筑

柱浇筑前底部应先填以5～10 cm厚与混凝土配合比相同的小石子砂浆，柱混凝土应分层振捣，振捣棒不得触动钢筋和预埋件。除上面振捣外，下面要有人随时敲打模板。

柱高在3 m之内，可在柱顶直接下料浇筑，超过3 m时应采取措施(用串筒)或在模板侧面开门洞安装斜溜槽分段浇筑，每段高度不得超过2 m，每段混凝土浇筑后将门洞模板封闭严实，并用箍箍牢。

柱子混凝土应一次浇筑完毕，如需留施工缝时应留在主梁下面，无梁楼板应留在柱帽下面。在与梁板整体浇筑时，应在柱浇筑完毕后停歇1～1.5 h(按此方法应事先作出施工方案，且计划周全)，使其获得初步沉实后，再继续浇筑。

浇筑完后(初凝前)应随时将伸出的搭接钢筋整理到位。

(9) 梁、板混凝土浇筑

梁、板应同时浇筑，浇筑方法应由一端开始，用“赶浆法”即先浇筑梁，根据梁高分层浇筑成阶梯形，当达到板底位置时再与板的混凝土一起浇筑，随着阶梯形不断延伸，梁板混凝土浇筑连续向前进行。

和板连成整体高度大于 1 m 的梁，允许单独浇筑，其施工缝应留在板底以下 2～3 cm 处。浇捣时，浇筑与振捣必须紧密配合，第一层下料慢些，梁底充分振实后再下下层料。用"赶浆法"保持水泥浆沿梁底包裹石子向前推进，每层均应振实后再下料，梁底及梁帮部位要注意振实，振捣时不得触动钢筋及预埋件。

梁柱节点钢筋较密时，浇筑此处的混凝土宜用小粒径石子同强度等级的混凝土浇筑，并用小直径振捣棒振捣。

浇筑板混凝土的虚铺厚度应略大于板厚，用平板振捣器垂直浇筑方向来回振捣，厚板可用插入式振捣器顺浇筑方向振捣，并用铁插尺检查混凝土厚度。振捣完毕后用长木抹子抹平。施工缝处或有预埋件及插筋处用木抹子找平。浇筑板混凝土时不允许用振捣棒铺摊混凝土。

施工缝位置：宜沿次梁方向浇筑楼板，施工缝应留置在次梁跨度的中间三分之一范围内。施工缝的表面应与梁轴线或板面垂直，不得留斜槎。施工缝宜用木板或钢丝网挡牢。

施工缝处须待已浇筑混凝土的抗压强度不小于 1.2 MPa 时，才允许继续浇筑，在继续浇筑混凝土前，施工缝混凝土表面应凿毛，剔除浮动石子，并用水冲洗干净，先浇一层水泥浆，然后继续浇筑混凝土，应细致操作振实，使新旧混凝土紧密结合。

(10) 剪力墙混凝土浇筑

如柱、墙的混凝土强度等级相同时，可以同时浇筑，反之宜先浇筑柱混凝土。预埋剪力墙锚固筋，待拆柱模后，再绑剪力墙钢筋、支模、浇筑混凝土。

剪力墙浇筑混凝土前，先在底部均匀浇筑 5 cm 厚与墙体混凝土成分相同的水泥砂浆，并用铁锹入模，不应用料斗直接灌入模内。

浇筑墙体混凝土应连续进行，间隔时间不应超过 2 h，每层浇筑厚度控制在 60 cm 左右，因此必须预先安排好混凝土下料点位置和振捣器操作人员数量。

振捣棒移动间距应小于 50 cm，每一振点的延续时间以表面呈现浮浆为度，为使上下层混凝土结合成整体，振捣器应插入下层混凝土 5 cm。振捣时注意钢筋密集及洞口部位，为防止出现漏振，须以洞口两侧同时振捣，下料高度也要大体一致。大洞口的洞底模板应开口，并在此处浇筑振捣。

混凝土墙体浇筑完毕之后，将上口甩出的钢筋加以整理，用木抹子按标高线将墙上表面混凝土找平。

(11) 楼梯混凝土浇筑

楼梯段混凝土自下而上浇筑，先振实底板混凝土，达到踏步位置时再与踏步混凝土一起浇捣，不断连续向上推进，并随时用木抹子(或塑料抹子)将踏步上表面抹平。

施工缝位置：楼梯混凝土宜连续浇筑完，多层楼梯的施工缝应留置在楼梯段三分之一的部位。

(12) 质量标准

① 主控项目：

a. 结构混凝土的强度等级必须符合设计要求，用于检查结构构件混凝土强度的试件，应在混凝土的浇筑地点随机抽取。取样与试件留置应符合规定。检查施工记录及试件强度试验报告。

b. 对有抗渗要求的混凝土结构，其混凝土试件应在浇筑地点随机取样。同一工程、同一配合比的混凝土取样不应少于一次，留置组数可根据实际需要确定。检查试件抗渗试验报告。

c. 混凝土原材料每盘称重的偏差应符合表3－5的规定。

表3－5 混凝土原材料每盘称量的偏差

材料名称	允许偏差/%
水泥、掺和料	±2
粗、细骨料	±3
水、外加剂	±2

每工作班抽查不少于一次，检查后形成记录。

d. 混凝土运输、浇筑及间歇的全部时间不应超过混凝土的初凝时间。同一施工段的混凝土应连续浇筑，并应在底层混凝土初凝之前将上一层混凝土浇筑完毕。当底层混凝土初凝后浇筑上一层混凝土时，应按施工技术方案中对施工缝的要求进行处理。观察及检查施工记录。

② 一般项目：

a. 施工缝的位置应在混凝土浇筑前按设计要求和施工方案确定，施工缝的处理应按施工技术方案执行。观察和检查施工记录。

b. 后浇带的位置按设计要求和施工技术方案确定，后浇带混凝土浇筑应按施工技术方案进行。观察和检查施工记录。

c. 混凝土浇筑完毕后，应按施工技术方案及时采取有效的养护措施并应符合下列规定：

应在浇筑完毕后的12 h以内对混凝土加以覆盖并保湿养护。

混凝土浇水养护的时间：对采用硅酸盐水泥、普通硅酸盐水泥或矿渣硅酸盐水泥拌制的混凝土，不得少于7 d；对掺用缓凝型外加剂或有抗渗要求的混凝土，不得少于14 d；日平均气温低于5℃时，不得浇水，大体积混凝土的养护应有控温措施。

浇水次数应能保持混凝土处于湿润状态；混凝土养护用水应于拌制用水相同。

采用塑料布覆盖养护的混凝土，其敞露的全部表面应覆盖严密，并应保持塑料布内有凝结水；也可涂刷养护剂。

在混凝土强度达到1.2 N/mm^2 前，不得在其上踩踏或安装模板及支架。观察和检查施工记录。

(13) 成品保护

要保证钢筋和垫块的位置正确，不得踩楼板、楼梯的弯起钢筋，不碰动预埋件和插筋。

不用重物冲击模板，不在梁或楼梯踏步模板吊帮上蹬踩，应搭设跳板，保护模板的牢固和严密。

已浇筑楼板、楼梯踏步的上表面混凝土要加以保护，必须在混凝土强度达到1.2 N/mm^2

以后，方准在面上进行操作及安装结构用的支架和模板。

(14) 应注意的质量问题

蜂窝：原因是混凝土一次下料过厚、振捣不实或漏振、模板的缝隙偏大水泥浆流失、钢筋较密而混凝土坍落度过小或石子过大柱、墙根部板缝隙，以致混凝土中的砂浆从下部涌出而造成的。

露筋：原因是钢筋垫块位移间距过大、漏放、钢筋紧贴模板造成露筋，梁和板底部振捣不实、漏振也可能出现露筋。

麻面：原因是拆模过早或模板表面漏刷隔离剂；或模板湿润不够，构件表面混凝土易粘附在模板上造成麻面脱皮。

孔洞：原因是钢筋较密集的部位混凝土被卡，未经振捣就继续浇筑上层混凝土。

缝隙与夹渣层：原因是施工缝处杂物清理不净或未浇底浆等易造成缝隙、夹渣层。

梁、柱连接处断面尺寸偏差过大：主要原因是柱接头模板刚度差或支此部位模板时未认真控制断面尺寸。

现浇楼板面和楼梯踏步上表面平整度偏差太大：主要原因是混凝土浇筑后，表面未用抹子认真抹平。

3.2 工序交接班

工序交接班是指上、下工序的交接、班组间自互检的制度，是保证工程质量、安全工作、不把隐患问题遗留下一道工序的把关措施。在交接中如发现大质量事故或安全隐患应立即报告工地技术负责人或施工员，待处理完毕方可进行交接验收。

凡已完成的每一个分项工程均需要进行交接班检查，参加人员有质安员、各工种生产负责人，施工员或技术负责人主持，并做好评定记录。交接以后，特别对脚手架、安全网、施工用电、"四口"防护的措施、施工机械安装等交接中存在的问题，应指明处理意见、完成时间、具体负责人等。

3.3 隐蔽工程验收记录

隐蔽工程验收是指在施工工艺顺序过程中，将工序施工所隐蔽的分项、分部工程的隐蔽前所进行的检查验收。隐蔽检查能否符合要求，是工程评定质量好坏的依据，它是保证工程质量，防止留有质量隐患的重要措施。对于隐蔽检查中提出的质量问题认真进行处理复验，符合要求签证后方可进行下道工序继续施工，不得留有隐患。隐蔽工程检查一般由项目经理主持，邀请设计、建设、监理和本单位的质量检查员及有关施工人员参加，并办理一定的手续。

隐蔽工程是指在施工过程中，上一道工序的工作成果，将被下一道工序的工作成果覆盖，完工以后无法检查的那一部分工程。

隐蔽工程验收记录，是指参加隐蔽工程验收的有关人员，对被验工程同意验收而办理的记录，它是工程交工验收所必需的技术资料的重要内容之一。隐蔽工程验收记录见表 3－6。

表 3-6　隐蔽工程验收记录

验收日期：　　年　　月　　日　　　　　　　　　　　　　　　　　　　　　　第　　页

<table>
<tr><td colspan="6">工程名称</td><td>依据图纸</td></tr>
<tr><td colspan="6"></td><td></td></tr>
<tr><td rowspan="7">隐蔽工程验收记录</td><td>检验批名称</td><td>部位(轴线、标高、批号)/mm</td><td>截面尺寸/mm</td><td>规格</td><td>主筋连接方式</td><td>简图说明(如无变更可标竣工图号)</td></tr>
<tr><td></td><td></td><td></td><td></td><td></td><td rowspan="6"></td></tr>
<tr><td></td><td></td><td></td><td></td><td></td></tr>
<tr><td></td><td></td><td></td><td></td><td></td></tr>
<tr><td></td><td></td><td></td><td></td><td></td></tr>
<tr><td></td><td></td><td></td><td></td><td></td></tr>
<tr><td></td><td></td><td></td><td></td><td></td></tr>
<tr><td>验收意见</td><td colspan="2"></td><td>自检意见</td><td colspan="3"></td></tr>
<tr><td colspan="2">监理(建设)单位验收人</td><td>(章)</td><td>施工单位专职质量检验员</td><td>(章)</td><td>单位工程项目技术负责人</td><td></td></tr>
</table>

下面是隐蔽工程验收的内容。

1) 地基工程

隐蔽工程验收的内容为：槽底打钎，槽底土质情况，地槽尺寸和槽底标高，槽底坟、井、坑和橡皮土等处理情况和打桩记录等。

(1) 槽底打钎

槽底打钎即钎探。基槽(坑)挖好后，将钢钎打入槽底的基土中，根据每打入一定深度的锤击次数间接地判断地基土质的情况。锤重用 3.629 kg(8 磅)或 4.535 kg(10 磅)。打钎时，举锤离钎顶 50～70 cm，将钢钎垂直地打入土中，并记录每打入土层 30 cm 深的锤击数。

钎孔的布置和钎探的深度，应根据地基土质的复杂情况和基槽(坑)宽度、形状等，由设计单位定出。

全部钎探完成后，应整理钎探记录，并根据钎探资料，在现场重点检查锤击数过多或过少的钎孔土质，经各有关方面负责人鉴定符合设计要求后，办理“隐蔽”记录。

(2) 槽底土质情况

槽底土质情况一般通过观察验槽决定。此项检查验收的内容为：①判明全部基底是否已挖至设计所要求的土层；②检查基底土有无局部过松软或过硬的地方；③检查基底土有无局部含水异常现象。以上各点，如有不符设计要求之处，均应会同设计单位及建设单位研究处理。

(3) 地槽尺寸和槽底标高

检查地槽槽底的宽度和槽底的标高是否符合设计要求。检查方法为对槽底的宽度应用尺由中心线向两边量；对槽底的标高应用尺由基槽两边的水平桩向槽底量。

(4) 槽底坟、井、坑和橡皮土等的处理情况

槽底土质处理包括松土层(填土、坟穴、淤泥),砖井或土井,局部范围内的硬土或橡皮土,古河及古塘等的处理。处理的原则是使新填土的承载能力尽可能接近设计要求槽底土质的承载力。处理方法一般由设计单位决定,处理完后,应立即作出隐蔽工程验收记录。

(5) 地下水的排除情况

当基槽底处于地下水位以下时,可采用水泵在集水井内抽水的明排水方法,或采用井点排水方法,降低地下水位,以保证基底不被水浸泡。对未被浸泡的基底,可办理隐蔽工程验收。如基底被水浸泡,则应经有关单位负责人提出处理方案,并经处理合格后,方可办理隐蔽工程验收手续。

(6) 排水暗沟、暗管的设置情况

某些建筑物的基底或基础中设有暗沟、暗管,应按设计图一一核对无误后,作出隐蔽工程验收记录。如属设备管道,尚应请安装单位在隐蔽工程验收记录上签字。

(7) 土的更换情况

土的更换指挖去基槽(坑)底下的部分或全部软土(或硬土),然后回填达到要求的素土或砂、石等。土的更换,应按设计要求施工,并作出隐蔽工程验收记录。

(8) 试桩

打试桩主要是了解桩的贯入深度、持力层的强度、桩的承载力以及施工过程中可能遇到的各种问题和反常情况等。经过试桩,可以校核设计是否完善,并为确定打桩方案采用打桩的技术要求和有关参数取值以及为保证质量措施提供依据。试桩应按设计规定进行,并作好施工详细记录。

(9) 打桩记录

打桩记录是桩基工程重要的隐蔽工程验收依据,包括钢筋混凝土预制桩的预制和施工过程的检查记录、施工记录及各类灌注桩的施工记录。

2) 钢筋混凝土工程

隐蔽工程验收的内容为:钢筋混凝土基础和上部结构中所用的钢筋类别、规格、形状、数量、接头位置、钢筋代用情况及预埋件;装配式结构构件的接头;钢材焊接的焊条品种、焊缝接头方法、焊缝长度和宽度、高度及焊缝外观质量;沉降缝及伸缩缝设置等。

(1) 钢筋混凝土基础

钢筋混凝土基础的隐蔽工程验收一般分两个阶段进行。第一阶段:待模板拆除后,先验收基础的断面形式和尺寸、基顶标高、混凝土的外观质量,如不符要求,应及时处理;第二阶段:试压出混凝土试块 3 d 或 7 d 的抗压强度,并推算出 28 d 抗压强度,如符合要求即可办理隐蔽工程验收记录手续。如果混凝土试块强度达不到设计要求(包括经 28 d 养护的试块),则应按有关单位负责人提出的处理方案处理合格后,方可办理隐蔽工程验收手续。

(2) 结构中所配置的钢筋

钢筋隐蔽验收即按其类别、规格、形状、数量、接头位置、钢筋代用情况及预埋件,一般按结构层或段进行隐蔽工作验收。构件验收的数量可按多少榀,多少根,也可以按所涉及的混凝土立方数计。

当对一根钢筋混凝土梁进行隐蔽工程验收时,应检查梁筋的类别(指按机械性能分的钢筋级别,如 HPB235 级、HRB335 等)、规格(指钢筋的直径)、数量(各种级别和规格

的钢筋根数)、形状(一般指弯筋的起止点及弯起位置端部的锚固长度)、接头位置(包括接头位置和同一截面上接头钢筋的数量是否符合要求)、钢筋代用(指用一种级别或规格的钢筋代替另一种级别或规格的钢筋)、预埋件(指预埋件的规格、数量、位置)是否符合设计要求。

结构验收:对混凝土外观质量、梁和柱、板的外观尺寸、轴线位置、标高等进行观察检测及有关材料和强度试块等级核查,然后作出评价。

(3) 装配式结构构件的接头外钢筋

检查接头外钢筋的类别、规格、数量、位置、焊接和绑扎的质量及构件搁置长度等是否符合设计要求,并检查接头处的金属部件的焊接是否符合钢结构施工及验收规范对焊缝的要求。

(4) 钢材焊接的焊条及焊缝

钢材焊接的焊条品种,焊缝接头形式,焊缝长度、宽度、高度及焊缝外观质量要求如下:

钢材焊接时,其焊条的品种应符合《钢筋焊接及验收规程》(JGJ 18—2003)的要求。如果采用搭接焊或帮条电弧焊,若钢材是 HPB235、HRB335 级钢筋,则焊条品种可为 E4303;若是 HRB400 级钢筋,则为 E5003。焊缝接头方法有钢筋电阻点焊、闪光对焊、电弧焊、电渣压力焊、气压焊、预埋件钢筋埋弧压力焊共 6 种。建筑工程中钢筋的焊接接头形式有对接接头、帮条接头和搭接接头,应按设计要求和规范规定进行验收。

焊缝长度、宽度和高度:在采用帮条焊缝或搭接焊时,焊缝长度不应小于帮条或搭接的长度;焊缝的宽度应大于或等于 $0.7d$ (d 为接头钢筋直径)及不小于 10 mm;焊缝的高度应大于或等于 $0.3d$ 及不小于 4 mm。

焊缝的外观质量:对电弧焊接头,焊缝表面应平顺,焊接接头区域不得有裂纹,不得有明显的凹陷、焊瘤、夹渣及气孔,咬边应符合 JGJ 18—2003 规定。对点焊制品,焊点无脱落、漏焊、气孔、裂缝、空洞以及明显的烧伤现象。对对焊接头,接头应具有适当的墩粗和均匀的毛刺;钢筋表面没有明显的烧伤和裂纹;接头如有弯折,其角度不得大于 4°;接头轴线的偏移,其距离不得大于 $0.1d$,同时不得大于 2 mm。

(5) 沉降缝、伸缩缝、抗震缝

沉降缝、伸缩缝和抗震缝统称为变形缝。从结构和构造形式选用材料上考虑变形处的沉降和伸缩的可变性,是保证变形缝施工质量的关键,因此应严格按设计要求进行变形缝的隐蔽工程验收。

3) 砌体工程

隐蔽工程验收的内容为:砌体质量、砌体中的配筋。

(1) 砌体质量

砌体质量的隐蔽工程验收一般分两个阶段进行。第一阶段:先验收砌体的断面形式和尺寸,组砌方法,基顶标高及砌体的外观质量,如不符合要求,应及时进行处理。第二阶段:试压出砂浆试块 3 d 或 7 d 的抗压强度,并推算出 28 d 的抗压强度,如符合要求,即可办理隐蔽工程验收记录手续;如砂浆试块不符合要求(包括 28 d 养护的试块),则应经有关单位负责人提出处理方案,并进行处理后,方可办理隐蔽工程验收手续。

(2) 砌体中的配筋(加筋砌体或过梁钢筋)

检查砌体中配筋的部位及钢筋的类别、规格、数量、接头形式、锚固搁置长度等是否符合设计要求和施工规范的有关规定。

4）地面工程

隐蔽工程验收的内容为：已完成的地面下的地基，各种防护层以及经过防腐处理的结构或配件等各个环节。

（1）检查地面下的填土或原土结构被破坏经处理的土是否符合设计要求，如回填土前是否清底、夯实；橡皮土或结构被破坏的土是否更换或加固；回填土是否分层（分层厚度，对机械夯一般不大于30 cm，对人工夯一般不大于20 cm）夯实，用碎石、碎砖作地基表面处理时，是否将其铺成一层，并用夯将其夯入土中40 cm；回填土的夯实地面是否平整，标高是否符合设计要求等。

（2）各种防护层常用的有防水（潮）层和隔热层。

防水层：检查防水层所用的材料、施工方法及防水层与墙、污水地漏、管道和其他构筑物的结合处是否符合设计要求。

隔热层：检查隔热材料是否分层铺设、拍实；隔热层所用的材料及铺设厚度是否符合设计要求。

（3）检查经过防腐处理的结构和配件上的防腐材料是否符合设计要求，有无涂料厚度过薄或过厚及偏刷、漏铺的情况。

5）保温、隔热工程

隐蔽工程验收的内容为：将被覆盖的保温层和隔热层。

在我国，习惯上将防止室内热量散发出去的叫保温，把防止室外热量进入室内的叫隔热。保温、隔热层的检查，主要是验收保温、隔热材料是否满足设计对导热系数的要求及保温层的厚度是否达到，保温材料是否受潮，铺设是否满足施工规范要求等。

6）防水工程

隐蔽工程的验收的内容为：将被土、水、砌体或其他结构所覆盖的防水部位及管道、设备穿过防水层处。

检查找平层的厚度、平整度、坡度、防水构造节点及附加层处理的质量情况。

检查组成结构或各种防水层的原材料、制品及配件是否符合质量标准，结构和各种防水层是否达到设计要求的抗渗性、强度和耐久性。

7）建筑采暖卫生与煤气工程

隐蔽工程验收的内容为：各种暗装、埋地和保温的管道、阀门、设备等。

检查管道的管径、走向、坡度、各种接口、卡架、防腐保温质量情况及水压和回灌试验情况。隐蔽验收一般应分层次进行，如管道保温前，应先对管道安装和防腐工作进行隐蔽验收；保温层完成后，再对保温层进行隐蔽验收，待全部符合要求方可隐蔽。

8）建筑电气安装工程

隐蔽工程验收的内容为：各种电气装置的接地及敷设在地下、墙内、混凝土内、顶棚的照明、动力、弱电信号、高低压电缆和大（重）型吊扇的预埋件、吊钩、线路在经过建筑物的伸缩缝及沉降缝处的补偿装置等。

检查接地体的规格、材质、埋设深度、防腐做法，垂直和水平接地体的间距，接地体与建筑物的距离，接地干线与接地网的连接；检查各类暗设电线管理的规格、位置、标志、功能要求，接头焊接质量；检查预埋电缆的埋深、走向、坐标、起止点、电缆规格型号、接头位置、埋入方法；检查预埋件吊钩的材质、规格、锚固补偿装置的规格、形状等。

9）通风与空调工程

隐蔽工程验收内容为：各种暗装和保温的管道、阀门、设备等。

检查管道的规模、材质、位置、标高、走向、防腐保温；阀门的型号、规格、耐压强度和严密性试验结果、位置、进出口方向等。

3.4 沉降观测

应根据建筑物设置的观测点与固定（永久性水准点）的测点进行观测，测其沉降程度用数据表达，凡三层以上建筑、构筑物设计要求设置观测点，人工、土地基（砂基础）等，均应设置沉陷观测，施工中应按期或按层进度进行观测和记录直至竣工。

3.4.1 沉降观测示意图内容

沉降观测示意图内容为：工程名称、沉降观测点及水准基准点平面布置示意图、沉降观测点标志示意图等。

1）水准基点的设置

沉降观测水准基点（或称水准点）在一般情况下，可以利用工程标高定位时使用的水准点作为沉降观测水准基点。如水准点与观测的距离过大，为保证观测的精度，应在建筑物或构筑物附近，另行埋设水准基点。

建筑物和构筑物沉降观测的每一区域，必须有足够数量的水准点，按《工程测量规范》（GB 50026—93）规定并不得少于3个。水准点应考虑永久使用，埋设坚固（不应埋设在道路、仓库、河岸、新填土、将建设或堆料的地方以及受震动影响的范围内），与被观测的建筑物和构筑物的间距为30～50 m，水准点帽头宜用铜或不锈钢制成，如用普通钢代替，应注意防锈。水准点埋设须在基坑开挖前15天完成。

水准基点可按实际要求，采用深埋式和浅埋式两种，但每一观测区域内，至少应设置一个深埋式水准点。

2）沉降观测点标志

测定建筑物或构筑物下沉的观测点，可根据建筑物的特点采用各种不同的类型。观测点标志上部应为突出的半球形或有明显的突出之处，观测点标志本身应牢固。沉降观测点应及时埋设，沉降观测点标志应安设稳定牢固，与柱身或墙保持一定距离，以保证能在标志上部垂直置尺。

3）沉降观测点应有良好的通视条件

观测点的布置，应按能全面查明建筑物和构筑物基础沉降的要求，由设计单位根据地基的工程地质资料及建筑结构的特点确定。

砖墙承重的各观测点，一般可沿墙的长度每隔8～12 m设置一个，并应设置在建筑物上。当建筑物的宽度大于15 m时，内墙也应在适当位置设观测点。

框架式结构的建筑物，应在每一个桩基或部分桩基上安设观测点。具有浮筏基础或箱形基础的高层建筑，观测点应沿纵、横轴和基础（或接近基础的结构部分）周边设置。新建与原有建筑物的连接处两边，都应设置观测点。烟囱、水塔、油罐及其他类似的构筑物的观测点，应沿周边对称设置。

沉降观测点具体布置位置，应由设计单位负责确定。对设计未作规定而按有关规定需作沉降观测的建筑或构筑物，其沉降观测点布置位置则由施工企业技术部门负责确定。

沉降观测点平面布置图的比例一般为 1∶100 至 1∶500。所有观测点应有编号，以便观测记录。

3.4.2 沉降观测记录

沉降观测记录的内容为：工程名称、不同观测日期和不同工程状态下根据水准点测量得出的每个观测点高程与其逐步沉降量的记录。

1）沉降观测的仪器及方法

沉降观察宜采用精密水准仪及铜水准尺进行，在缺乏上述仪器时，也可采用精密的工程水准仪（带有符合水准器）和刻度精确的水准尺进行。观察时应使用固定的测量工具，人员也宜固定。每次观察均需采用环形闭合方法或往返闭合方法当场进行检查。同一观察点的两次观测差不得大于 1 mm，水准测量应采用闭合法进行。

采用二等水准测量应符合 $\pm 0.4\sqrt{n}$(mm)的要求；

采用三等水准测量应符合 $\pm 1.0\sqrt{n}$(mm)的要求。

（n 为水准测量过程中水准仪安设的次数）

2）沉降观测的次数和时间

沉降观测的次数和时间，应按设计要求，一般第一次观测应在观测点安设稳固后及时进行。民用建筑每加高一层应观测一次，工业建筑应在不同荷载阶段分别进行观测；施工单位在施工期内进行的沉降观测，不得少于 4 次。建筑物和构筑物全部竣工后的观测次数，第一年 4 次，第二年 2 次，第三年后每年 1 次，至下沉稳定（由沉降与时间的关系曲线判定）为止。观测期限一般为：砂土地基 2 年，粘性土地基 5 年，软土地基 10 年。当建筑物和构筑物突然发生大量沉降、不均匀沉降或严重的裂缝时，应立即进行逐日或几天 1 次的连续观测，同时应对裂缝进行观测。

建筑物的裂缝观测，应在裂缝上设置可靠的观测标志（如石膏条等），观测后应绘制详图，画出裂缝的位置、形状和尺寸，并注明日期和编号。必要时应对裂缝照相。裂缝宽度可用刻度放大镜观测。

3）其他

观测点编号一栏内各测点的编号应与沉降观测示意图中的编号一致。

工程状态：对一般民用建筑以某层楼面（或标高）为状态标志；对工业建筑以不同荷载阶段为状态标志。

每次沉降观测，应检查每一次观测用相邻观测点间的沉降量及累计沉降量。如果沉降过大或沉降不均匀，应及时采取措施。

3.4.3 沉降观测资料的整理

沉降观测资料应及时整理和妥善保存，作为该工程技术档案的一部分。

(1) 根据水准点测量得出的每个观测点和其逐次沉降量（沉降观测成果表）。

(2) 根据建筑物和构筑物的平面图绘制的观测点的位置图，根据沉降观测结果绘制的沉降量、地基荷载与延续时间三者的关系曲线图（要求每一观测点均应绘制曲线图）。

(3) 计算出建筑物和构筑物的平均沉降量、相对弯曲和相对倾斜值。

(4) 水准点的平面布置图和构造图，测量沉降的全部原始资料。

(5) 根据上述内容编写的沉降观测分析报告(其中应附有工程地质和工程设计的简要说明)。

3.4.4 沉降观测要点

水准基点的设置：基点设置以保证其稳定可靠为原则，宜设置在基岩上，或设置在压缩性较低的土层上。水准基点的位置，宜靠近观测对象，但必须在建筑物所产生的压力影响范围外。

观测点的设置：观测点的布置，应能全面反映建筑的变形并结合地质情况确定，数量不宜少于 6 个点。

测量宜采用精密水平仪及钢水准尺，对第一观测对象宜固定测量工具和固定测量人员，观测前应严格校验仪器。

测量精度宜采用Ⅱ级水准测量，视线长度宜为 20～30 m，视线高度不宜低于 0.3 m。

观测时应登记气象资料，观测次数和时间应根据具体建筑确定。在基坑较深时，可考虑开挖后的回弹观测。

沉降观测记录见表 3－7。

表 3－7 沉降观测记录表

												技 1—12	
沉降观测记录													
工程名称													
沉降观测结果表	观测点编号	第 次			第 次			第 次			第 次		
		年 月 日			年 月 日			年 月 日			年 月 日		
		标高 /m	沉降量 /mm		标高 /m	沉降量 /mm		标高 /m	沉降量 /mm		标高 /m	沉降量 /mm	
			本次	累计		本次	累计		本次	累计		本次	累计
工程状态													
施工单位			(章)	工程项目技术负责人			观测		记录		监理(建设)单位见证人		

3.5 地基验槽记录

为了普遍探明基槽内土质变化情况和布局特殊土情况(如松软土质,古老的房基、坑、沟、坟穴等)以及核对建筑物位置、平面尺寸、槽宽、槽深是否与设计图纸一致,这就需要在基础工程施工前进行验槽。进行验槽时,建设单位、监理单位、勘测单位、设计单位和施工单位均应派人参加。验槽完毕后,应及时办理验槽记录,各单位代表签字为有效。验槽记录一般由监理工程师负责整理。

3.5.1 地基验槽记录的内容

地基验槽记录的主要内容为:工程名称;建设(监理)单位;施工单位;工程部位;地基验槽内容验核意见及建设(监理)、设计、施工单位签章等。其中地基验槽的内容为:基槽(坑)开挖尺寸及加宽、加深、换土的情况;基底的土质情况及标高;基槽(坑)内地下水及地表水情况;基土遇有坟、井、坑、塘、人工土、旧房基、障碍物等的清除和处理情况;遇有流砂、橡皮土、地下电缆、给排水管道的处理情况等。

3.5.2 地基验槽记录的要求

地基验槽记录须有设计、建设(监理)和施工单位三方签字,质监人员如有参加的亦应签字。有打钎要求者应有打钎记录及平面图。须进行地基处理者,应有处理记录及平面图,注明处理部位、深度及方法,并经复验签证。依据地质勘察报告验收地基土质是否与报告相符,核对基坑的土质和地下水情况是否与勘察报告一致;若地基土与报告不符,则需办理地基土处理洽商。

验槽时应侧重在桩基、墙角、承重墙下或其他受力较大部位,并按槽壁土层分层情况及走向顺序观察,做到全面彻底查明全貌,仔细慎重进行处理。

3.5.3 地基验槽记录的格式

地基验槽记录的格式详见表 3-8。

3.6 土壤试验

土壤试验报告的内容一般应包括工程名称、委托单位、送样日期、取样部位、试验项目、试验编号、试验日期、试验结果、试验依据、试验人员等。

素土、灰土的干密度是反映土体质量的一个重要指标,是计算压实系数的一个重要数据,人工地基、复合地基、回填土等工程都对其有明确的要求。《土工试验方法标准》GB/T 50123—1999 规定:土样的干密度试验通常采用的方法有环刀法、蜡封法、灌水法、灌砂法等,冻土的密度试验方法一般采用浮标法、联合测定法、环刀法、充砂法等。

取样数量一般按每检验批的每一步不少于一组(有具体要求时按具体要求执行),试样取样后应及时送试验室试验,以免水分蒸发而影响试验结果。

本试验主要是测量回填土的最佳含水量及最小干密度。填土压实后的干密度,应有 90%

表 3-8　地基验槽记录表

			技 1—10
地 基 验 槽 记 录			
工程名称		基槽底设计标高	
施工单位		设计要求地质土层	
验槽日期		实际地质土层	
内容及草图			
A. 轴线尺寸情况			
B. 土质土层符合情况			
C. 脏土及有机物处理情况			
D. 设计标高误差情况			
验收结论			

建设单位(章)		勘察单位(章)			
项目负责人		项目负责人			
2005 年 04 月 18 日		2005 年 04 月 18 日			
设计单位(章)		监理单位(章)		施工单位(章)	
项目负责人		监理工程师		项目经理	
年　月　日		年　月　日		年　月　日	

以上符合设计要求，其余10%的最低值与设计值的差，不得大于0.08 g/cm³ 且应分散不得集中。

土壤试验报告应有相应的取样平面图，并且取样点标注明确。

回填土质、填土种类、取样及试验时间应与施工记录中的内容相符。

3.7 桩基础施工记录

桩基础施工记录包括常见的钢筋混凝土预制桩、钢管桩、钢板桩和木桩等打(压)桩工程以及混凝土和钢筋混凝土灌注桩。

桩基础施工记录的内容一般有工程名称，施工单位，施工班组，施工日期，桩基编号，桩顶、桩底标高，设计规格尺寸，实际测量的规格尺寸，项目技术负责人、施工员签名，记录人签名等。除此，根据不同类型桩基的特点其记录内容也不尽相同。

(1) 钢筋混凝土预制桩、钢桩等打桩施工记录内容：桩入土每米锤击次数、落距、最后贯入度、桩体垂直度、沉桩情况、桩顶完整情况；此外，还要附有试桩和桩基处理记录(截桩、接桩、补桩等)、重要工程的焊缝探伤检查记录、进场外观；现场预制桩还应有原材料、钢筋骨架混凝土强度检查记录等资料。

(2) 静力压桩施工记录内容：压力、桩体垂直度、接桩间歇时间、电焊的间歇时间、压入深度等。

(3) 混凝土及钢筋混凝土灌注桩施工记录内容：设计尺寸、成孔尺寸、桩孔垂直度、桩成孔计算体积、混凝土强度等级等。

3.7.1 钢筋混凝土预制桩施工记录

钢筋混凝土预制桩在压桩施工前应先进行质量检查验收，质量检查验收应在制作地点进行，根据桩的设计施工图要求，对照检查检验记录、钢筋隐蔽记录、混凝土试块强度报告、桩的质量记录等是否满足设计和施工规范规定。

钢筋混凝土预制桩施工记录的格式详见表3-9。

施工记录主要按下面的内容填写。

工程名称：系指单位工程的名称。

桩锤类型及冲击部分重量和桩帽重量：按采用机械的型号填写。

自然地面标高和桩顶设计标高，一般按相对±0.000标高填写。例如自然地面标高为－0.50 m，桩顶设计标高为－2.50 m。

桩的规格：按实填写。例如0.40 m ×0.40 m ×11.5 m。

桩入土每米锤击次数：指预制桩施打过程中每米入土的锤击次数记录。

落距：按施工方案规定的实际落距。

桩顶高出或低于设计标高：指预制桩施打完成后实际桩顶标高高出或低于设计标高。

最后贯入度：一般指贯入度已达到，而桩尖标高尚未达到时，应继续锤击3阵，其每阵实际的平均贯入度为最后贯入度。振动沉桩时，按最后3次振动(加压)每次10分钟或5分钟，测出每分钟的平均贯入度为最后贯入度。

表 3-9 钢筋混凝土预制桩施工记录

施工单位________________________ 工程名称________________________

施工班组________________________ 桩的规格________________________

桩锤类型及冲击部分重量______________ 自然地面标高______________________

桩帽重量______________ 气候__________ 桩顶设计标高________________

编号	打桩日期	桩入土每米锤击次数																								落距/mm	桩顶高出或低于设计标高/m	最后贯入度/mm·(10击)$^{-1}$

备注				
参加人员	监理(建设)单位	施工单位		
		专业技术负责人	质检员	记录人

3.7.2 试桩记录

没有打过桩的地方和重要工程先打试桩是必要的，对此的记录称为试桩记录，它的主要内容有设计标高、贯入度、偏差值等。试桩记录包括两方面的内容：一是预制桩（预应力桩、钢桩），在正式打桩前先打试桩，以检查设备和工艺是否符合要求，了解桩的贯入度、持力层的强度、桩的承载力以及施工过程中遇到的各种问题和反常情况等。通过实践，来修正拟定的设计打桩方案，以保证工程质量。二是桩基施工完毕，对成桩进行桩身完整性、实际承载力进行试验检测，以检查桩基的施工质量能否达到设计要求，此记录也称为试桩记录或检测报告，它的主要内容有工程概况、试验依据、试验方法、试验所采用的仪器设备、试验的结果等。

《建筑地基基础工程施工质量验收规范》GB50202—2002 规定：

(1) 对水泥土搅拌桩复合地基、高压喷射注浆桩复合地基、砂桩地基、振冲桩复合地基、土和灰土挤密桩复合地基、水泥粉煤灰碎石桩复合地基及夯实水泥土桩复合地基，其承载力检验数量为总数的 0.5%～1%，但不应少于 3 处。有单桩强度检验要求时，数量为总数的 0.5%～1%，但不应少于 3 根。

(2) 工程桩应进行竖向承载力检验。对于地基基础设计等级为甲级或地质条件复杂、成桩质量可靠性低的灌注桩，应采用静载荷试验的方法进行检验，检验桩数不应少于总数的 1%，且不应少于 3 根，当总桩数少于 50 根时，不应少于 2 根。

(3) 桩身质量应进行检验。对于设计等级为甲级或地质条件复杂、成桩质量可靠性低的灌注桩，抽检数量不应少于总数的 30%，且不应少于 20 根，其他桩基工程的抽检数量不应少于总数的 20%，且不应少于 10 根；对混凝土预制桩基地下水位以上且终孔后经过检验的灌注桩，检验数量不应少于总数的 10%，且不应少于 10 根。每个柱子承台下不得少于 1 根。

(4) 从事地基基础工程检测及见证试验的单位，必须具备省级以上（含省、自治区、直辖市）建设行政主管部门颁发的资质证书和计量行政主管部门颁发的计量认证合格证书。

3.8 结构吊装记录

3.8.1 结构吊装记录内容

结构吊装记录是指应用起重机械、吊具（吊钩、吊索、吊环、横吊梁等）或人力将构件直接安装在图纸规定的位置，该记录是对结构进行吊装实施过程的记录。（见表 3－10）

构件吊装记录是以经施工企业技术负责人审查签章后的本表格式形式归存。

表 3－10　构件吊装记录表

施工单位：

工程名称					构件名称			
使用单位					吊装日期			
位　　置			安　装　检　查				焊、铆、栓接检查	
跨	轴线	柱号	搁置与搭接尺寸	接头(点)处理	固定方法	标高复测	尺寸检查	外观处理
吊装结论								
项目技术负责人：			质检员：			记录人：		

3.8.2　资料要求

(1) 结构吊装记录：工业与民用建筑工程均应分层填报，数量及子项填报清楚、齐全、准确、真实，签字要齐全。

(2) 无结构吊装记录(应提供而未提供)为不符合要求。

(3) 子项填写不全不能反映吊装工程内在质量时为不符合要求。

(4) 结构吊装记录如出现下列情况之一者，该项目应核定为不符合要求：

① 无结构吊装记录(应提供而未提供)。

② 吊装记录内容不齐全，重点不突出，不能反映吊装工程的内在质量，吊装的主要质量特征不能满足设计要求和施工规范的规定。

3.8.3　施工要求

工程所用的吊装构件，必须有吊装施工记录。

(1) 吊装前的检查：

① 对照设计施工图，核对结构吊装的检查内容及技术复核是否真实、齐全，构件的型号、部位、搁置长度、固定方法、节点处理是否符合设计要求和有关规定。复杂的、特殊的装配结构吊装，其专门的吊装记录是否能反映吊装的主要质量特征。

② 钢结构的安装焊缝质量检验资料，高强螺栓的检查记录是否符合设计要求和质量标准。

③ 结构吊装是否存在质量问题，对存在的隐患是否进行鉴定和处理，处理后是否复验，复验意见是否明确，设计单位是否签认。

(2) 构件运输应符合下列规定：

① 构件运输时的混凝土强度，当设计无规定时，不应小于设计混凝土强度标准值的 75%。

② 构件支承的位置和方法，应根据其受力情况确定，不得引起混凝土的超应力或损伤构件。

③ 构件装运时应绑扎牢固，防止移动或倾倒；对构件边部或与链索接触处的混凝土，应采用衬垫加以保护。

④ 在运输细长构件时，行车应平稳，并可根据需要对构件设置临时 水平支撑。

(3) 构件堆放应符合下列规定：

① 堆放构件的场地应平整坚实，并具有排水措施，堆放构件时应使构件与地面之间留有一定空隙。

② 应根据构件的刚度及受力情况，确定构件平放或立放，并应保持其稳定。

③ 重叠堆放的构件，吊环应向上，标志应向外；其堆放高度应根据构件与垫木的承载能力及堆垛的稳定性确定；各层垫木的位置应在一条垂直线上。

④ 采用靠放、架立放的构件，必须对称靠放和吊运，其倾斜度应保持大于 80°，构件上部宜用木块隔开。

(4) 构件安装基本要求：

① 构件安装时的混凝土强度，当设计无具体要求时，不应小于设计的混凝土强度标准值的 75%；预应力混凝土构件孔道灌浆的强度 ，不应小于 15.0 N/mm^2 。

② 构件安装前，应在构件上标注中心线。

支承结构的尺寸、标高、平面位置和承载能力均应符合设计要求；应用仪器校核支承结构和预埋件的标高及平面位置，并在支承结构上划出中心线和标高，根据需要尚应标出轴线位置，并作好记录。

③ 构件起吊应符合下列规定：

a. 当设计无具体要求时，起吊点应根据计算确定。

在起吊大型空间构件或薄壁构件前，应采取避免构件变形或损伤的临时加固措施；当起吊方法与设计要求不同时，应验算构件在起吊过程中所产生的内力能否符合要求。

b. 构件在起吊时，绳索与构件水平面所成夹角不宜小于 45°，应经过验算或采用吊架起吊。

(5) 构件安装就位后，应采取保证构件稳定性的临时加固措施。

(6) 安装就位的构件，必须经过校正后方准焊接或浇筑混凝土，根据需要焊接后可再进行一次复查。

(7) 结构构件的校正工作，应符合下列规定：

① 应根据水准点和主轴线进行校正，并做好记录；

② 吊车梁的校正，应在房屋结构校正并固定后进行。

(8) 构件接头的焊接，应符合国家现行标准《钢结构工程施工质量验收规范》(GB 50205—2001)和《建筑钢结构焊接技术规程》(JGJ 81—2002)的规定，并经检查合格后，填写记录单。当混凝土在高温作用易受损伤时，可采用间隔流水焊接或分层流水焊接的方法。

(9) 装配式结构是承受内力的接头和接缝，应采用混凝土或砂浆浇筑，其强度等级宜比构件混凝土强度等级提高一级；对不承受内力的接缝，应采用混凝土或水泥砂浆浇筑，其强度不应低于15.0 N/mm²。对接头或接缝的混凝土或砂浆宜采取微膨胀的快硬措施，在浇筑过程中，必须捣实。

(10) 承受内力的接头和接缝，当其混凝土强度未达到设计要求时，不得吊装上一层结构构件；当设计无具体要求时，应在混凝土强度不小于 10.0 N/mm² 或具有足够的支承时，方可吊装上一层结构构件。

(11) 已安装完毕的装配式结构，应在混凝土强度达到设计要求后，方可承受全部设计荷载。

3.9 地基基础与主体结构工程验收记录

建筑与结构部分共有四个分部工程，当单位工程进入主体结构施工前必须进行基础质量验收，装修前必须进行主体结构工程质量验收，主体结构工程量较大时可分阶段验收。未经验收或验收不合格的工程不得进行下道工序施工。地基和基础与主体结构验收由总监理工程师组织施工单位、设计单位、勘察单位参加，验收完毕将验收结果报当地建设行政主管部门或质量监督部门。

《建筑工程施工质量验收统一标准》(GB50300—2001)规定分部(子分部)工程质量验收合格应符合下列规定：①分部(子分部)工程所含分项工程的质量均应验收合格；②质量控制资料完整；③地基与基础、主体结构和设备安装等分部工程有关安全及功能的检测和抽样检测结果应符合有关规定；④观感质量验收应符合要求。

地基和基础与主体结构验收记录包括地基和基础与主体结构验收记录表及其附件，即质量控制资料核查记录表、结构实体的检验(检测)报告、观感质量检查记录等。结构验收记录表格的填写详见分部(子分部)工程验收记录部分。

结构实体的检验范围仅限于涉及安全的柱、墙、梁等结构构件的重要部位。结构实体检验采用有关各方参与的见证抽样形式，以保证检验结果的公正性。受检测手段的制约，目前结构实体的检验还主要是对混凝土强度、重要结构构件的钢筋保护层厚度进行检验。

3.9.1 地基基础工程质量验收资料

1) 地基基础工程

(1) 施工图纸和设计变更记录。

(2) 原材料、半成品质量合格证和进场检验记录。

(3) 砂浆、混凝土配合比通知。

(4) 砂浆、混凝土试块强度试验报告。

(5) 隐蔽工程验收记录。

(6) 桩的检测记录。

(7) 各种检测试验钎探记录。

(8) 见证取样试验记录。

(9) 施工记录。

(10) 其他必须提供的文件或记录。

2）地下防水工程

（1）施工图及设计变更记录。

（2）材料出厂合格证和进场复验报告。

（3）材料代用核定记录。

（4）施工方案（施工方法、技术措施、质量保证措施）。

（5）中间检查记录。

（6）隐蔽工程验收记录。

（7）砂浆、混凝土配合比通知。

（8）砂浆、混凝土强度试验报告。

（9）抗渗试验报告。

（10）施工记录。

（11）各检验批质量验收记录。

（12）其他必要的文件和记录。

3.9.2 主体结构质量验收资料

1）混凝土子分部工程验收资料

（1）设计变更文件。

（2）原材料出厂合格证和进场复验报告。

（3）钢筋接头的试验报告。

（4）混凝土工程施工记录。

（5）混凝土试件的性能试验报告。

（6）装配式结构预制构件的合格证和安装验收记录。

（7）预应力筋用锚具、连接器的合格证和进场复验报告。

（8）预应力筋安装、张拉及灌注记录。

（9）隐蔽工程验收记录。

（10）检验批验收记录。

（11）混凝土结构实体检验记录。

（12）工程的重大质量问题和处理方案和验收记录。

（13）其他必要的文件和记录。

2）砌体子分部工程验收资料

（1）施工执行的技术标准、施工组织设计、施工方案。

（2）砌块及原材料的合格证书、产品性能检测报告。

（3）混凝土及砂浆配合比通知单。

（4）混凝土及砂浆试件抗压强度试验报告。

（5）施工质量控制资料。

（6）各检验批验收记录表。

（7）施工记录。

（8）重大技术问题处理或修改设计的技术文件。

（9）其他资料。

分部(子分部)工程验收记录表见表 3－11。

表 3－11　分部(子分部)工程验收记录表

工程名称		结构类型		层　数	
施工单位		技术部门 负责人		质量部门 负责人	
分包单位		分包单位 负责人		分包技术 负责人	
序　号	分 项 工 程 名 称	检验批数	施工单位检查评定		验收意见
1					
2					
3					
4					
5					
6					
7					
8					
9					
10					
11					
12					
13					
14					
15					
16					
质量控制材料					
结构实体检验报告					
安全和功能检验(检测)报告					
观感质量验收					
验收单位	分包单位(公章)	项目经理：			年　月　日
	施工单位(公章)	项目经理：			年　月　日
	勘察单位(公章)	项目负责人：			年　月　日
	设计单位(公章)	项目负责人：			年　月　日
	监理(建设)单位(公章)	总监理工程师： (建设单位项目专业负责人)			

附件：1. 质量控制资料核查记录表；2. 安全和功能检验(检测)报告记录表；3. 结构实体钢筋保护层厚度验收记录表。

附件 1

__________分部(子分部)工程

质量控制资料核查记录表

<table>
<tr><td>工程名称</td><td colspan="2"></td><td>施工单位</td><td colspan="2"></td></tr>
<tr><td>序号</td><td colspan="2">资 料 名 称</td><td>份数</td><td>核查意见</td><td>核查人</td></tr>
<tr><td>1</td><td colspan="2"></td><td></td><td></td><td></td></tr>
<tr><td>2</td><td colspan="2"></td><td></td><td></td><td></td></tr>
<tr><td>3</td><td colspan="2"></td><td></td><td></td><td></td></tr>
<tr><td>4</td><td colspan="2"></td><td></td><td></td><td></td></tr>
<tr><td>5</td><td colspan="2"></td><td></td><td></td><td></td></tr>
<tr><td>6</td><td colspan="2"></td><td></td><td></td><td></td></tr>
<tr><td>7</td><td colspan="2"></td><td></td><td></td><td></td></tr>
<tr><td>8</td><td colspan="2"></td><td></td><td></td><td></td></tr>
<tr><td>9</td><td colspan="2"></td><td></td><td></td><td></td></tr>
<tr><td>10</td><td colspan="2"></td><td></td><td></td><td></td></tr>
<tr><td>11</td><td colspan="2"></td><td></td><td></td><td></td></tr>
<tr><td>12</td><td colspan="2"></td><td></td><td></td><td></td></tr>
<tr><td>13</td><td colspan="2"></td><td></td><td></td><td></td></tr>
<tr><td>14</td><td colspan="2"></td><td></td><td></td><td></td></tr>
<tr><td>15</td><td colspan="2"></td><td></td><td></td><td></td></tr>
<tr><td>16</td><td colspan="2"></td><td></td><td></td><td></td></tr>
<tr><td>17</td><td colspan="2"></td><td></td><td></td><td></td></tr>
<tr><td>18</td><td colspan="2"></td><td></td><td></td><td></td></tr>
<tr><td colspan="6">核查结论：</td></tr>
<tr><td rowspan="3">核查
人员
签字</td><td>分包单位</td><td></td><td>设计单位</td><td colspan="2"></td></tr>
<tr><td>施工单位</td><td></td><td>勘察单位</td><td colspan="2"></td></tr>
<tr><td colspan="5">监理(建设)单位：</td></tr>
</table>

附件 2

____________分部(子分部)工程
结构实体混凝土强度验收记录表

<table>
<tr><td>工程名称</td><td colspan="6"></td><td colspan="2">结构类型</td><td colspan="2"></td><td>强度等级
数量</td><td></td></tr>
<tr><td>施工单位</td><td colspan="6"></td><td colspan="2">项目经理</td><td colspan="2"></td><td>项目技术
负责人</td><td></td></tr>
<tr><td>构件名称</td><td colspan="10">试件强度代表值/MPa</td><td>强度评定
结果</td><td>监理(建设)
单位验收结果</td></tr>
<tr><td rowspan="2"></td><td></td><td></td><td></td><td></td><td></td><td></td><td></td><td></td><td></td><td></td><td></td><td></td></tr>
<tr><td></td><td></td><td></td><td></td><td></td><td></td><td></td><td></td><td></td><td></td><td></td><td></td></tr>
<tr><td rowspan="2"></td><td></td><td></td><td></td><td></td><td></td><td></td><td></td><td></td><td></td><td></td><td></td><td></td></tr>
<tr><td></td><td></td><td></td><td></td><td></td><td></td><td></td><td></td><td></td><td></td><td></td><td></td></tr>
<tr><td rowspan="2"></td><td></td><td></td><td></td><td></td><td></td><td></td><td></td><td></td><td></td><td></td><td></td><td></td></tr>
<tr><td></td><td></td><td></td><td></td><td></td><td></td><td></td><td></td><td></td><td></td><td></td><td></td></tr>
<tr><td rowspan="2"></td><td></td><td></td><td></td><td></td><td></td><td></td><td></td><td></td><td></td><td></td><td></td><td></td></tr>
<tr><td></td><td></td><td></td><td></td><td></td><td></td><td></td><td></td><td></td><td></td><td></td><td></td></tr>
<tr><td rowspan="2"></td><td></td><td></td><td></td><td></td><td></td><td></td><td></td><td></td><td></td><td></td><td></td><td></td></tr>
<tr><td></td><td></td><td></td><td></td><td></td><td></td><td></td><td></td><td></td><td></td><td></td><td></td></tr>
<tr><td rowspan="2"></td><td></td><td></td><td></td><td></td><td></td><td></td><td></td><td></td><td></td><td></td><td></td><td></td></tr>
<tr><td></td><td></td><td></td><td></td><td></td><td></td><td></td><td></td><td></td><td></td><td></td><td></td></tr>
<tr><td rowspan="2"></td><td></td><td></td><td></td><td></td><td></td><td></td><td></td><td></td><td></td><td></td><td></td><td></td></tr>
<tr><td></td><td></td><td></td><td></td><td></td><td></td><td></td><td></td><td></td><td></td><td></td><td></td></tr>
<tr><td rowspan="2"></td><td></td><td></td><td></td><td></td><td></td><td></td><td></td><td></td><td></td><td></td><td></td><td></td></tr>
<tr><td></td><td></td><td></td><td></td><td></td><td></td><td></td><td></td><td></td><td></td><td></td><td></td></tr>
<tr><td>检查
结论</td><td colspan="6">项目专业技术
负责人：</td><td colspan="2">验收
结论</td><td colspan="4">监理工程师：
(建设单位项目专业技术负责人)</td></tr>
</table>

附件 3

__________分部(子分部)工程

结构实体钢筋保护层厚度验收记录表

工程名称						结构类型			检测钢筋数量		
施工单位						项目经理			项目技术负责人		
构件类型		钢筋保护层厚度/mm							合格点率/%	评定结果	监理(建设)单位验收结果
		设计值	实测值								
梁	1										
	2										
	3										
	4										
	5										
	6										
	7										
	8										
	9										
板	1										
	2										
	3										
	4										
	5										
	6										
	7										
	8										
	9										
检查结论		施工单位(公章) 项目专业技术负责人:					验收结论		监理工程师: (建设单位项目专业技术负责人)		

4 施工试验记录

4.1 回填土、灰土、砂和砂石

回填土一般包括柱基、槽基管沟、基坑、填方、场地平整、排水沟、地(路)面基层和地基局部处理回填的素土、灰土、砂和砂石等。

4.1.1 取样

(1) 分层分段取样

回填土必须分层、分段夯压密实,并分层、分段取样做干密度试验。

(2) 取样方法(环刀法、灌砂法)

① 环刀法:每段每层进行检验,应在夯实层下半部(至每层表面以下 2/3 处)用环刀取样。

② 灌砂法:用于级配砂石回填或不宜用环刀法取样的土质。采用灌砂法取样时,取样数量可较环刀法适当减少,取样部位应为每层压实后的全部深度。

(3) 取样数量

① 柱基:抽取柱基的 100 %,但不少于 5 点。

② 基槽管沟:每层按长度 20 ~50 m 取 1 点,但不小于 1 点。

③ 基坑:每层 100 ~ 500 m^2 取 1 点,但不少于 1 点。

④ 挖方、填方:每层 100 ~ 500 m^2 取 1 点,但不少于 1 点。

⑤ 场地平整:每层 400 ~ 900 m^2,取 1 点,但不少于 1 点。

⑥ 排水沟:每层长度 20 ~50 m 取 1 点,但不少于 1 点。

⑦ 地(路)面基层,每层按 100 ~ 500 m^2 取 1 点,但不少于 1 点。各层取样点应错开,并应绘制取样平面位置图。

4.1.2 试验报告

(1) 回填土必试项目为干密度。

(2) 试验结果判定

① 应按设计图纸要求进行判定:填土压实后的干密度,应有 90 % 以上符合设计要求,其余 10%的最低值与设计值的差,不得大于 0.08 g/cm^3,且应分散,不得集中。

② 要求最小干密度:设计图纸有要求的,填写设计要求值;设计无要求的,应符合下列

标准：

素土夯实后的干密度一般情况下应大于等于 1.65 g/cm^3（粘土可降低 10%）。

灰土（土料）：

轻亚粘土要求最小干密度 1.55 g/cm^3；

亚粘土要求最小干密度 1.50 g/cm^3；

粘土要求最小干密度 1.45 g/cm^3。

砂和砂石（级配砂石）：

砂、中砂要求最小干密度 1.55 ～ 1.60 g/cm^3；

级配砂石：按设计规定干密度的要求。当设计无要求时，最小干密度 2.1 ～ 2.2 g/cm^3。

（3）试验结果不合格，应立即上报领导及时处理。试验结果不得抽撤，应注明如何处理，并附处理合格证明签字，盖章存档。

4.1.3 资料要求

（1）素土、灰土及级配砂石、砂石地基的干密度试验，应有取样位置图，取点分布应符合标准规定。

（2）土壤试验记录填写齐全。

（3）土体试验报告单的子目应齐全，计算数据准确，签证手续完备，鉴定结论明确。

（4）单位工程的素土、砂、砂石等回填必须按每层取样，检验的数量、部位、范围和测试结果是否符合设计要求及规范规定。如干密度低于质量标准时，必须有补夯措施和重新进行测定的报告。

（5）大型和重要的填方工程，其填料的最大干土密度、最佳含水量等技术参数必须通过击实试验确定。

（6）试验项目齐全，有取样位置图。试验结果符合规范规定为符合要求。

（7）没有试验为不符合要求；虽经试验，但没有取样位置图或无结论，且试验结果不符合规范规定应为不符合要求。当试验结果符合要求时，可视具体情况定为基本符合要求或不符合要求。

（8）评定时，如出现下列情况之一者，该项目应定为不符合要求：

大型土方或重要的填方工程以及素土、灰土、砂石等地基处理，无干土密度试验报告单或报告单中的实测数据不符合质量标准；土壤试验有“缺、翻、无”现象及不符合有关规定的内容和要求。

4.2 砌筑砂浆

砌筑砂浆是指砖石砌体所用的水泥砂浆和水泥混合砂浆。组合材料为水泥、掺和料和骨料。

4.2.1 试配申请和砂浆试配报告单

砌筑砂浆的配合比都应经试配确定。施工单位应从现场抽取原材料试样，根据设计要求向有资质的试验室提出试配申请，由试验室通过试配来确定砂浆配合比（见表 4-1）。砂浆配合比采用重量比。

表 4－1　砂浆试配报告单

委托单位：　　　　　　　　　　　　　　　　　　　　　　　试验编号：

工程名称				委托日期	
使用部位				报告日期	
砂浆种类		设计等级		要求稠度	
水泥品种 强度等级		生产厂家		试验编号	
砂规格				试验编号	
掺和料种类				试验编号	
外加剂种类				试验编号	
配　合　比					
材料名称	水　泥	砂　子	掺和料	水	外加剂
用量/($kg \cdot m^{-3}$)					
质量配合比					
实测稠度		分层度		养护条件	
依据标准：					
检验结论：					
试验单位：	技术负责人：		审核：	试验：	

砂浆试配报告单是以经施工企业技术负责人审查签章后的本表格式形式或当地建设行政部门授权部门下发的表式归存。资料内容应予满足。

砌筑砂浆原材料应符合下面要求。

(1) 水泥：应具有出厂合格证及复试试验报告单。

(2) 砂：宜采用中砂，并应过筛，不得含有草根等杂物。

(3) 石灰膏：要防止石灰膏干燥、冻结和污染，脱水硬化的石灰膏严禁使用。

(4) 水：宜用不含有害物质的纯净水。

4.2.2　抗压试验报告

1) 砌筑砂浆试验的取样方法和试块留置规定

(1) 用于承重墙体的砌筑砂浆须进行见证取样和送检，送检量由 10% 增至 30%。

(2) 取样方法：以同一强度等级、同一配合比、同种原材料，分层分段或 250 m^3 砌体为 1 取样单位。

(3) 每一取样单位留置标准养护 28 d 试块不少于 1 组(每组 6 块)。如砂浆强度或配合比变更时，还应制作试块。

(4) 每一取样单位还应制作同条件养护试块不少于1组。

(5) 试块要有代表性,每组试块的试样必须取自同一次拌制的砌筑砂浆拌和物。

施工中取样应在使用地点的砂浆槽、砂浆运送车或搅拌机出料口,至少从三个不同部位集取,数量应多于试验用料量1～2倍。

2) 砌筑砂浆必试项目

必试项目:稠度、抗压强度。

(1) 稠度:取两次试验结果的算术平均值,计算值精确至1 mm。取两次试验值之差,如大于20 mm,则应另取砂浆搅拌后重新测定。

(2) 抗压强度:以6个试件测值的算术平均值,作为该组试件的抗压强度值。当6个试件的最大值或最小值与平均值的差超过20%时,以中间4个试件的平均值作为该组试件的抗压强度值。

3) 砂浆试块抗压强度汇总及验收

《砌体工程施工质量验收规范》(GB 50203—2002)规定砌筑砂浆试块强度验收时其强度合格标准必须符合以下规定:

同一验收批砂浆试块抗压强度平均值必须大于或等于设计强度等级所对应的立方体抗压强度,同一验收批砂浆试块抗压强度的最小一组平均值必须大于或等于设计强度等级所对应的立方体抗压强度的0.75倍。这里要注意两点:①砌筑砂浆的验收批。同一类型、强度等级的砂浆试块应不少于三组。当同一验收批只有一组试块时,该组试块抗压强度的平均值必须大于或等于设计强度等级所对应的立方体抗压强度。②砂浆强度应以标准养护、龄期为28 d的试块抗压试验结果为准。

凡强度未达到设计要求的砂浆,要有处理措施。涉及承重结构砌体强度需要检测的,应经法定检测单位检测鉴定,并经设计签认。

4) 资料要求

(1) 砂浆强度以标准养护龄期28 d的试块抗压试验结果为准,在冬施条件下养护时应增加同条件养护的试块,并有测温记录。

(2) 非标准养护试块应有测温记录,超龄期试块按有关规定换算为28 d强度进行评定。

(3) 砌筑砂浆试块强度验收时其强度合格标准必须符合规定。

(4) 每一检验批且不超过250 m^3 砌体的各种类型及强度等级的砌筑砂浆,每台搅拌机应至少抽检一次;在砂浆搅拌机出料口随机取样制作砂浆试块(同盘砂浆只应制作一组试块),最后检查试块强度试验报告单。

(5) 当施工中或验收时出现下列情况,可采用现场检验方法对砂浆和砌体强度进行原位检测或取样检测,并判定其强度:

① 砂浆试块缺乏代表性或试块数量不足;

② 对砂浆试块的试验结果有怀疑或有争议;

③ 砂浆试块的试验结果,不能满足设计要求;

④ 有特殊性能要求的砂浆,应符合相应标准并满足施工规范要求。

(6) 砂浆试块留置数量不符合要求,代表性不足,为不符合要求。但经设计部门认定合格者,可按基本符合要求验收。

(7) 部位不清、子项填写不全,应为不符合要求。

(8) 砂浆试块用料与设计不符的，如设计为混合砂浆，而实际用水泥砂浆，虽强度达到设计强度等级仍应为不符合要求。

砌筑砂浆试块抗压强度汇总及验收表见表 4－2。

表 4－2　__________砌筑砂浆试块抗压强度汇总及验收表

<table>
<tr><td colspan="12" align="right">技 1－18</td></tr>
<tr><td colspan="12" align="center">砌筑砂浆试块抗压强度汇总及验收表</td></tr>
<tr><td>工程名称</td><td colspan="8"></td><td>日期</td><td colspan="2"></td></tr>
<tr><td rowspan="2">序号</td><td rowspan="2">试块代表部位</td><td rowspan="2">设计强度等级</td><td rowspan="2">试验报告编号</td><td rowspan="2">龄期/d</td><td rowspan="2">试块抗压强度值/(N·m^{-2})</td><td colspan="5">砌筑砂浆强度验收合格标准</td><td rowspan="2">验收结果</td></tr>
<tr><td colspan="5" rowspan="4">$f_{2,m} \geqslant f_2$　　$f_{2,min} \geqslant 0.75 f_2$
式中　f_2：砂浆设计强度等级所对应的立方体抗压强度(MPa)；
$f_{2,m}$：同一验收批砂浆试块抗压强度平均值(MPa)
$f_{2,min}$：同一验收批砂浆试块抗压强度的最小一组平均值(MPa)；
n：试块组数</td></tr>
<tr><td></td><td></td><td></td><td></td><td></td><td></td><td rowspan="12"></td></tr>
<tr><td></td><td></td><td></td><td></td><td></td><td></td></tr>
<tr><td></td><td></td><td></td><td></td><td></td><td></td></tr>
<tr><td></td><td></td><td></td><td></td><td></td><td></td><td rowspan="3">计算数据</td><td>f_2＝</td><td></td><td>$f_{2,m}$＝</td><td></td></tr>
<tr><td></td><td></td><td></td><td></td><td></td><td></td><td colspan="4"></td></tr>
<tr><td></td><td></td><td></td><td></td><td></td><td></td><td>$f_{2,min}$＝</td><td></td><td>n＝</td><td></td></tr>
<tr><td></td><td></td><td></td><td></td><td></td><td></td><td rowspan="6">计算结果</td><td colspan="4" rowspan="6"></td></tr>
<tr><td></td><td></td><td></td><td></td><td></td><td></td></tr>
<tr><td></td><td></td><td></td><td></td><td></td><td></td></tr>
<tr><td></td><td></td><td></td><td></td><td></td><td></td></tr>
<tr><td></td><td></td><td></td><td></td><td></td><td></td></tr>
<tr><td></td><td></td><td></td><td></td><td></td><td></td></tr>
<tr><td>施工项目技术负责人</td><td colspan="5"></td><td>审核</td><td colspan="3"></td><td>计算</td><td></td></tr>
<tr><td colspan="12"></td></tr>
</table>

4.3　混凝土

4.3.1　结构工程普通混凝土

以水泥为胶结料与水、细骨料，粗骨料以及必要时掺入外加剂和混合材料配制而成的混凝土。

1）材料组成

（1）水泥：拌制混凝土所用的水泥。应符合其相应种类的国家标准，包括《硅酸盐水泥、普通硅酸盐水泥》（GB175—1999），矿渣硅酸盐水泥、火山灰硅酸盐水泥、粉煤灰硅酸盐水泥（GB1344—1999），《复合硅酸盐水泥》（GB12958—1999）等六种。

（2）骨料：应按《普通混凝土用砂质量及检验方法》（GJ 52—92），《普通混凝土用碎石或卵石质量及检验方法》（JGJ 53—92）规定执行。

（3）水：一般指饮用水，即浑浊度不超过3度，特殊情况不超过5度的水。

但是，近几年来，我国饮用水资源相当紧张。为了扩大混凝土拌和的取水范围，还应符合《混凝土拌和用水标准》（JGJ 63—89）的规定。此外，应注意以下几点：

① 地表水和地下水首次使用前，必须进行检验。

② 海水可拌制素混凝土，不可拌制钢筋混凝土和预应力混凝土及有饰面要求的混凝土。

③ 工业废水经检验合格后可用于拌制混凝土，否则必须予以处理，合格后方可使用。

④ 混凝土外加剂：外加剂在拌制混凝土时掺入，用以改善混凝土性能，掺量一般不大于水泥重量的5%（特殊情况除外）。

⑤ 混合材料：一般掺用的混合材料有粉煤灰，其掺量不宜超过基准混凝土水泥用量的35%。用粉煤灰取代水泥率不宜超过20%。

2）混凝土配合比申请单和配合比通知单

（1）试配申请

工程结构的混凝土配合比，必须经有资质的试验室通过计算和试配来确定。配合比要用重量比。

应根据混凝土设计强度等级，由施工单位现场取样（包括水泥、砂、石、外加剂等）送试验室。

取样：水泥12 kg，砂、石各20～30 kg。填写混凝土配合比申请单，并向试验室提出试配申请。对抗冻、抗渗、高强、大体积混凝土，应提出设计抗冻、抗渗及有关要求。

（2）混凝土配合比申请单的填写要求

配合比申请单中项目应填写齐全，至少一式三份。其中工程名称要具体，施工部位要注明（某层、某段）。

进场日期：指水泥运到现场的时间。

试验编号一栏必须填写，水泥、砂、石填写好复试单试验编号。其他材料、掺和料和外加剂等有则按名称、复试单编号填写，没有则划斜杠，不应空缺。

（3）混凝土强度试配报告单

混凝土强度试配报告单是由试验室经试配、调整选取最佳配合比填写签发的（见表4-3）。施工中要严格按此配合比计量施工，不得随意修改。施工单位领取配合比通知单后，要验看是否与申请要求吻合，要无涂改、签章齐全、字迹清晰，并注意备注说明。

混凝土配合比申请单与通知单是混凝土施工试验的重要依据，要按时间先后填写目录表、归档，不得遗失、损坏。

混凝土强度试配报告单是以经施工企业技术负责人审查签章后的本表格式形式或当地

建设行政部门授权部门下发的表式归存。资料内容应予满足。

表 4-3 混凝土强度试配报告单

委托单位： 试验编号：

工程名称					委托日期	
使用部位					报告日期	
混凝土种类		设计等级			要求坍落度	
水泥品种强度等级		生产厂家			试验编号	
砂规格						
石子规格						
外加剂种类及掺量						
掺和料种类及掺量						
配合比						
材料名称	水泥	砂子	石子	水	外加剂	掺和料
用量/($kg \cdot m^{-3}$)						
质量配合比						
搅拌方法		振捣方法			养护条件	
砂率/%		水灰比			实测坍落度	
依据标准：						
备注：						
试验单位：	技术负责人：		审核：		试(检)验：	

(4) 水泥用量限值

无筋混凝土最小水泥用量 225 kg/m^3；配筋混凝土最小水泥用量 280 kg/m^3；最大水泥用量 550 kg/m^3。

3) 普通混凝土强度试验取样批量、取样方法规定

(1) 每拌制 100 盘且不超过 100 m^3 的同一配合比的混凝土，其取样不得少于 1 次。

(2) 每工作班拌制的同一配合比的混凝土不足 100 盘时，取样不得少于 1 次。

(3) 当一次连续浇筑超过 1 000 m^3 时，同一配合比的混凝土，每 200 m^3 取样不得少于 1 次。

(4) 每一楼层，同一配合比的混凝土，取样不得少于 1 次。

(5) 每一次取样至少制作 1 组标准养护试块。

(6) 同条件养护试件的留置组数，可根据实际需要确定。

(7) 冬期施工应增设不少于 2 组与结构同条件养护的试件，分别用于检验受冻前的混凝土强度和转入常温养护 28 d 的混凝土强度。

4）混凝土试件的制作及养护

（1）混凝土试件的制作

混凝土抗压试块的留置数量：以同一龄期者为1组，每组至少有3个属于同盘混凝土、在浇筑地点同时制作的混凝土试块。抗压强度试验用的试块为立方体。应注意，混凝土中粗骨料的最大粒径选择试件尺寸，立方体试件边长应不小于骨料最大粒径的3倍。如大型构件的混凝土中骨料直径很大而使用边长为100 mm的立方体试块，试验结果很难有代表性。

在混凝土拌和前，应将试模擦拭干净，并在模内涂一薄层机油。

用振动法捣实混凝土时，将混凝土拌和物一次装满试模并用捣棒初步捣实，使混凝土拌和物略高出试模，放在振动台上，一手扶住试模，一手用铁抹子在混凝土表面施压。并不断来回擦抹。按混凝土稠度（工作度或坍落度）的大小确定振动时间，所确定的振动时间必须保证混凝土能振捣密实，待振捣时间即将结束时，用铁抹子刮去表面多余的混凝土，并将表面抹平。同一组的试块，每块振动时间必须完全相同，以免密度不均匀影响强度的均匀性。

在施工现场制作试块时，也可用平板式振捣器，振动至混凝土表面水泥浆呈现光亮状态时止。

用插捣法人工捣实试块时，按下述方法进行：

① 对于100 mm×100 mm×100 mm，150 mm×150 mm×150 mm或200 mm×200 mm×200 mm的立方体试块，混凝土拌和物分两层装入，其厚度约相等。

② 插捣时应在混凝土全面积上均匀地进行，由边缘逐渐向中心。

③ 插捣底层时，捣棒应达到试模底面。捣上层时捣棒应插入该层底面以下2～3 cm处。

④ 面层插捣完毕后，再用抹子沿四边模壁插捣数下，以消除混凝土与试模接触面的气泡，并可避免蜂窝、麻面现象，然后用抹子刮去表面多余的混凝土，将表面抹光，使混凝土稍高于试模。

⑤ 静置半小时后，对试块进行第二次抹面，将试块仔细抹光抹平，以使试块与标准尺寸的误差不超过±1 mm。

（2）试块的养护

① 试块成型后，用湿布覆盖表面，在室温为16～20℃下至少静放一昼夜，但不得超过两昼夜，然后进行编号及拆模工作；混凝土拆模后，要在试块上写清混凝土强度等级代表的工程部位和制作日期。

② 拆去试模后，随即将试块放在标准养护室（温度20℃±3℃，相对湿度大于90%，应避免直接浇水）养护至试压龄期为止。

注：① 现场施工作为检验拆模强度或吊装强度的试块，其养护条件应与构件的养护条件相同。

② 现场作为检验依据的标准强度试块，允许埋在湿砂内进行养护，但养护温度应控制在16～20℃范围内。

③ 在标准养护室内，试块宜放在铁架或木架上养护，彼此之间的距离至少为3～5 cm。

④ 试块从标准养护室内取出，经擦干后即进行抗压试验。

⑤ 无标准养护室时可以养护池代替，池中水温20℃±3℃，水的pH不小于7，养护时间自成型时算起28 d。

5）混凝土强度统计评定

检验评定混凝土强度有两种统计方法：标准差已知的方法、标准差未知的方法和非统计方法两种（见表 4－4）。

表 4－4　混凝土试块抗压强度评定表

<table>
<tr><td colspan="7"></td><td>技 1—17</td></tr>
<tr><td colspan="8">混凝土试块抗压强度评定表</td></tr>
<tr><td colspan="3">工程名称</td><td colspan="3"></td><td>日期</td><td></td></tr>
<tr><td colspan="5">数理统计</td><td rowspan="7">计算结果</td><td colspan="2" rowspan="2">评定结果</td></tr>
<tr><td colspan="4">(1) $mf_{cu}-\lambda_1 Sf_{cu}\geqslant 0.9f_{cu,k}$</td><td></td></tr>
<tr><td colspan="4">(2) $f_{cu,min}\geqslant\lambda_2 f_{cu,k}$</td><td></td><td colspan="2" rowspan="3"></td></tr>
<tr><td colspan="4">当 $Sf_{cu}<0.06f_{cu,k}$ 时，$Sf_{cu}=0.06f_{cu,k}$</td><td></td></tr>
<tr><td colspan="5">非数理统计</td></tr>
<tr><td colspan="5">(1) $mf_{cu}\geqslant 1.15f_{cu,k}$</td><td colspan="2" rowspan="2"></td></tr>
<tr><td colspan="5">(2) $f_{cu,min}\geqslant 0.95f_{cu,k}$</td></tr>
<tr><td rowspan="6">计算数据</td><td>(1) $mf_{cu}=$</td><td>(4) $\lambda_1=$</td><td></td><td></td><td rowspan="6"></td><td colspan="2" rowspan="3"></td></tr>
<tr><td>(2) $Sf_{cu}=$</td><td></td><td>(5) $\lambda_2=$</td><td></td></tr>
<tr><td>(3) $f_{cu,min}=$</td><td></td><td>(6) $n=$</td><td></td></tr>
<tr><td>试件组数</td><td>10～14</td><td>15～24</td><td>≥25</td><td colspan="2" rowspan="3"></td></tr>
<tr><td>λ_1</td><td>1.7</td><td>1.65</td><td>1.6</td></tr>
<tr><td>λ_2</td><td>0.9</td><td colspan="2">0.85</td></tr>
<tr><td colspan="8"></td></tr>
</table>

一个验收的混凝土应有强度等级相同、龄期相同以及生产工艺条件和配合比基本相同的混凝土组成。

(1) 首先确定单位工程中需统计评定的混凝土验收批，找出所有符合条件的各组试件强度值。

(2) 填写所有已知项目。

(3) 分别计算出该批混凝土试件强度平均值、标准值，查找出合格判断系数和批内混凝土试件强度最小值填入表内。

(4) 计算出各评定数据并对混凝土试件强度进行判定，得出结论填入表中，然后签字、上报、存档。

(5) 凡强度统计不合格的，应有结论处理措施。需要检测的，应经法定检测单位检测并征得设计人认可，检测处理资料要归档。

4.3.2　预拌混凝土

1）预拌混凝土

预拌混凝土(包括商品混凝土)是由预拌厂根据用户的订货要求,生产出所需品种和强度等级的混凝土,然后用特定的运输工具,在约定的时间内,把混凝土运往施工现场。

2) 预拌混凝土分为通用品和特制品两类

(1) 通用品:应在合同中指定混凝土强度等级、坍落度及粗集料最大粒径,其值可按下面所列范围选取。

强度等级:C7.5、C10、C15、C20、C25、C30、C35、C40。

坍落度(mm):25、50、80、100、120、150。

粗集料最大粒径(mm):不大于 40 mm 的连续粒径或单粒级。

(2) 特制品:应在合同中指定混凝土的强度等级、坍落度及粗集料最大粒径,对混凝土强度等级和坍落度除按通用品规定的范围外,尚可按下面所列范围选取。

强度等级:C45、C50、C55、C60。

坍落度(mm):180、200。

3) 资料要求

(1) 预拌(商品)混凝土出厂合格证是指预拌(商品)混凝土生产厂家提供的质量合格证明文件。

(2) 当采用预拌混凝土时,预拌厂应提供下列资料:

① 水泥品种、强度等级及每立方米混凝土中的水泥用量;

② 骨料的种类和最大粒径;

③ 外加剂、掺和料的品种及掺量;

④ 混凝土强度等级和坍落度;

⑤ 混凝土配合比和标准试件强度;

⑥ 对轻骨料混凝土尚应提供其密度等级。

(3) 施工现场使用商品混凝土前应有技术交底和具备混凝土工程的养护条件,并在运送到浇筑地点 15 min 内按规定制作试块,以现场取样试件的抗压试验强度作为评定混凝土强度的依据。取样批量同普通混凝土。采用预拌混凝土时,应在商定的交货地点进行坍落度的质量检查,将坍落度检查记录填表归档。

4.3.3 防水混凝土

防水混凝土是指本身具有一定防水功能的钢筋混凝土,它包括:普通混凝土和掺外加剂的防水混凝土。

1) 材料要求

(1) 水泥标号:不宜低于 42.5 号。

在不受侵蚀性介质和冻融作用时,宜采用普通硅酸盐水泥、火山硅酸盐水泥、粉煤灰硅酸盐水泥。

在掺外加剂时,宜采用矿渣硅酸盐水泥。

如受侵蚀性介质作用时,应按设计要求选用水泥。

在受冻融作用时,应优先选用普通硅酸盐水泥。

不宜采用火山灰硅酸盐水泥和粉煤灰硅酸盐水泥。

(2) 砂、石:同普通混凝土所用砂、石,另应符合下列规定:

石子最大粒径不宜大于 40 mm，所含泥块不得呈块状或包裹石子表面，吸水率不得大于 1.5 %。

(3) 水：不含有害物质的洁净水。

(4) 外加剂：应根据具体情况采用减水剂、加气剂、防水剂及膨胀剂等。

2) 配合比要求

(1) 应通过试验选定，选定配合比时，应按设计要求的抗渗标号提高 0.2 MPa；

(2) 普通防水混凝土强度不宜低于 30 MPa ；

(3) 每立方米混凝土的水泥用量(包括粉细料在内)不少于 320 kg；

(4) 含砂率以 35% ～ 40% 为宜，灰砂比应为 1∶2 ～1∶2.5；

(5) 水灰比不大于 0.6；

(6) 坍落度不大于 5 cm，如掺用外加剂或采用泵送混凝土时不受此限；

(7) 掺用引气型外加剂的防水混凝土，其含气量应控制在 3 % ～ 5% 。

3) 防水混凝土试配申请及配合比通知单

(1) 施工单位在申请试配时，将混凝土强度等级和抗渗标号注明。在填写“其他技术要求”一栏内填写“有防水要求，抗渗标号为 PX”，其余栏内填写同普通混凝土配比申请单。

(2) 防水混凝土配合比通知单。

试配应由试验室来做，试配不仅要做混凝土强度试验，而且还应通过抗渗试验，经过这两项试验后，方能选定防水混凝土的配合比。

4) 防水混凝土试验取样方法和试件留置规定

(1) 对于有抗渗要求的混凝土结构工程抗渗试件必须实行 100%的见证取样和送样，且应送到有资质和计量认证的检测单位进行检测，其中不少于 5%由工程质量监督机构进行监督抽检，并送至质量监督检测单位进行检测；检验报告备注栏中应分别注明见证人或监督员，并加盖“有见证检验”或“监督抽检”专用章。

(2) 同一工程、同一配合比的混凝土，取样与试件留置应符合下列规定(对预拌混凝土，除商品混凝土厂家在出厂前进行抽检外，现场也需对进场混凝土进行取样抽检)：

① 取样不应少于一次，留置组数可根据实际需要确定。

② 对于地下建筑防水工程：连续浇筑混凝土每 500 m^3 应留置一组抗渗试件(一组为 6 个抗渗试件)，且每项工程不得少于两组，采用预拌混凝土的抗渗试件，留置组数应视结构的规模和要求而定；地下连续墙混凝土应按每一个单元槽段留置一组抗压强度试件，每五个单元槽段留置一组抗渗试件。

③ 试件应在浇筑地点制作，试件养护期不得少于 28 d，不超过 90 d。

(3) 抗压强度试块的留置方法和数量均按普通混凝土规定。

5) 防水混凝土必试项目及评定。

(1) 必试项目：稠度、强度、抗渗性能试验。

(2) 评定：

① 稠度、抗压强度按普通混凝土的评定方法。

② 抗渗性能试验：

抗渗混凝土除按普通混凝土制作抗压强度试块外，还应按规范制作抗渗试件，其抗渗试件一组为六个，均应在同一盘混凝土中取样制作，试件为圆台体（顶面直径 175 mm，底面直径 185 mm，高度 150 mm）或圆柱体（直径与高度均为 150 mm），混凝土的抗渗等级以每组六个试件中四个试件未出现渗水时的最大水压力（MPa）计算，其试验指标为三个试件表面呈有渗水现象时的水压力值（MPa）。

4.3.4 特种混凝土

常用特种混凝土有：泡沫混凝土、耐火混凝土、抗油渗混凝土、防辐射混凝土、防腐蚀混凝土（砂浆）、轻集料混凝土等，其组成材料、配合比、检验项目、检验方法，应按照有关规定和设计要求执行。

资料要求：

（1）凡达不到要求或未按规定留置试块的，应有结果处理的有关资料，需要检测的，应出具法定检测单位检测报告，并应征得设计人的认可。

（2）混凝土抗压强度试验报告单，根据实际情况填写，子目齐全。尤其是工程名称及部位填写要具体。坍落度试验，要填写实测坍落度值。

（3）要认真逐项核对混凝土抗压强度报告单，试验数据是否符合规范要求，结论是否明确、签字盖章是否齐全等。验看合格后按分层分段顺序，填写目录归档。

（4）混凝土强度报告要与配合比、混凝土浇筑申请、开盘鉴定、隐蔽预检、分项验收对应一致、交圈吻合。

（5）防水混凝土既要有强度试验报告，又要有抗渗试验报告。

（6）商品混凝土不仅要有出厂合格证明，还要做坍落度检测记录，而且要在现场浇筑地点取样，作为强度评定依据。

（7）混凝土试验资料要与现场实物物证相符。

4.4 焊接试验资料

1）焊接钢筋试件的取样方法和数量

（1）钢筋焊接接头试件必须实行 100% 的见证取样和送样，且应送到有资质和计量认证的检测单位进行检测，其中不少于 5% 由工程质量监督机构进行监督抽检，并送至质量监督检测单位进行检测；检验报告备注栏中应分别注明见证人或监督员，并加盖“有见证检验”或“监督抽检”专用章。

（2）焊接骨架和焊接网：凡钢筋牌号、直径及尺寸相同的焊接骨架和焊接网应视为同一类型制品，且每 300 件作为一批，一周内不足 300 件的亦应按一批计算。

（3）闪光对焊接头：在同一台班内，由同一焊工完成的 300 个同牌号、同直径钢筋焊接接头应作为一批。当同一台班内焊接的接头数量较少，可在一周之内累计计算；累计仍不足 300 个接头时，应按一批计算。

（4）电弧焊接头：在现浇混凝土结构中，应以 300 个同牌号钢筋、同形式接头作为一批；在房屋结构中，应在不超过二楼层中 300 个同牌号钢筋、同形式接头作为一批。每批随机切取 3 个接头，做拉伸试验。

（5）电渣压力焊接头：在现浇钢筋混凝土结构中，应以 300 个同牌号钢筋接头作为一批；在房屋结构中，应在不超过二楼层中 300 个同牌号钢筋接头作为一批；当不足 300 个接头时，仍应作为一批。每批随机切取 3 个接头做拉伸试验。

(6) 气压焊接头：在现浇钢筋混凝土结构中，应以 300 个同牌号钢筋接头作为一批；在房屋结构中，应在不超过二楼层中 300 个同牌号钢筋接头作为一批；当不足 300 个接头时，仍应作为一批。

(7) 预埋件钢筋 T 形接头：应以 300 件同类型预埋件作为一批。一周内连续焊接时，可累计计算。当不足 300 件时，亦应按一批计算。

钢筋焊接试验报告见表 4－5。

表 4－5 钢筋焊接试验报告

委托单位：____________　　委托编号：____________　　送样日期：____________

工程名称：____________　　试验编号：____________　　报告日期：____________

试件代表部位：________　　代表批量：________　　焊工姓名：________　　考试合格证编号：________

试验单位(章) 技术负责人：　　审核：　　试验：　　报告：　　送样员：

见证员：

试件规格直径				试件种类			
试件编号	1	2	3	4	5	6	结　论
抗拉强度/N·mm^{-1}							
断口距焊口处距离/cm							
断口断开状体							
冷弯/90°							

2) 资料整理

(1) 钢筋焊接接头的各项性能指标均达到规范的要求。

(2) 检验报告内各项内容填写准确、结论明确且不得随意涂改，签名、盖章齐全。

(3) 产品使用的工程名称、使用部位及代表数量均填写齐全。

(4) 钢筋焊接接头必须从外观检查合格的成品中切取，其检验项目必须包括：抗拉强度、断裂特征及位置、闪光对焊和气压焊应加试冷弯检验等；钢筋焊接接头必须按规定的批量送检，并且经检验合格后，方可进入下一道工序施工。

(5) 钢筋焊接接头的规格、送检时间、使用部位及检验报告编号应与施工记录中的内容相符。

(6) 工程验收前必须填写钢筋焊接接头检验报告汇总表。

3) 钢筋焊接试验评定标准

(1) 3 个热轧钢筋接头试件的抗拉强度均不得小于该牌号钢筋规定的抗拉强度；RRB400 钢筋接头试件的抗拉强度均不得小于 570 N/mm^2。

(2) 至少应有 2 个试件断于焊缝之外，并应呈延性断裂。

当达到上述 2 项要求时，应评定该批接头为抗拉强度合格。

当试验结果有 2 个试件抗拉强度小于钢筋规定的抗拉强度，或 3 个试件均在焊缝或热影响区发生脆性断裂时，则一次判定该批接头为不合格品。

当试验结果有 1 个试件的抗拉强度小于规定值，或 2 个试件在焊缝或热影响区发生脆性断裂，其抗拉强度均小于钢筋规定抗拉强度的 1.10 倍时，应进行复验。

复验时，应再切取 6 个试件。复验结果，当仍有 1 个试件的抗拉强度小于规定值，或有 3 个试件断于焊缝或热影响区，呈脆性断裂，其抗拉强度小于钢筋规定抗拉强度的 1.10 倍时，应判定该批接头为不合格品(当接头试件虽断于焊缝或热影响区，呈脆性断裂，但其抗拉强度大于或等于钢筋规定抗拉强度的 1.10 倍时，可按断于焊缝或热影响区之外，呈延性断裂同等对待)。

(3) 闪光对焊接头、气压焊接头进行弯曲试验时，应将受压面的金属毛刺和激粗凸起部分消除，且应与钢筋的外表齐平。

弯曲试验可在万能试验机、手动或电动液压弯曲试验器上进行，焊缝应处于弯曲中心点，弯心直径和弯曲角应符合表 4-6 的规定。

表 4-6　接头弯曲试验指标

钢筋牌号	弯心直径/mm	弯曲角/°
HPB235	$2d$	90
HRB335	$4d$	90
HRB400、RRB400	$5d$	90
HRB500	$7d$	90

注：① d 为钢筋直径(mm)；　② 直径大于 25 mm 的钢筋焊接接头，弯心直径应增加 1 倍钢筋直径。

当试验结果(弯至 90°)有 2 个或 3 个试件外侧(含焊缝和热影响区)未发生破裂，应评定该批接头弯曲试验合格。

当 3 个试件均发生破裂，则一次判定该批接头为不合格品。

当有 2 个试件发生破裂，应进行复验。复验时，应再切取 6 个试件。复验结果，当有 3 个试件发生破裂时，应判定该批接头为不合格品。(当试件外侧横向裂纹宽度达到 0.5 mm 时，应认定已经破裂。)

4.5　现场预应力混凝土试验

1) 预应力筋锚具、夹具、连接器的出厂合格证及硬度、锚固能力检验要求

(1) 预应力筋锚具、夹具和连接器是锚固和连接预应力筋的一种装置，是关系到预应力结构的施工和使用安全的关键工具。必须有出厂质量合格证明。

(2) 进场锚具进行外观检验、硬度检验和锚固能力试验。以同一材料和同一生产工艺、不超过 200 套为 1 批。

① 外观检查：从每批中抽取 10%锚具。但不少于 10 套。检查锚具外观和尺寸。

如有 1 套表面有裂纹或超过允许偏差，则另取双倍数量的锚具重做检查；如仍有 1 套不符合要求则应逐套检查，合格后方可使用。

② 硬度检查从每批中抽取 5%的锚具，但不少于 5 套，作硬度试验。

锚具的每个零件测试 3 点，其硬度平均值应在设计要求的范围内。如有 1 个零件不合格，则取双倍数量的零件重做试验；如仍有 1 个零件不合格，则应逐个检验，合格者方可使用。

③ 锚固能力试验：经上述两项检验合格后，从同一批中抽取 6 套锚具，将锚具装在预应力筋的两端，组成 3 个预应力筋锚具组装体。锚具的锚固能力不得低于预应力筋标准抗压强度 90%，锚固时预应力筋的内缩量不得低于预应力筋的实际抗拉强度。如有 1 套不符合要求，应取双倍数量的锚具重做试验；如仍有 1 套不合格，则该批锚具为不合格品。

2）预应力钢筋的各项试验资料及预应力钢丝镦头强度试验

预应力钢筋的施工试验主要包括：钢筋冷拉试验、钢筋焊接试验、预应力钢丝镦头强度试验。

（1）钢筋冷拉试验

钢筋冷拉可采用控制应力或控制冷拉率的方法。对于用作预应力冷拉钢筋，宜采用控制应力的办法。

（2）用控制冷拉率的方法冷拉钢筋

① 冷拉应力必须由实验结果确定。试件不少于 4 个，取平均值作为该批钢筋的实际冷拉率。如因钢筋强度偏高，平均冷拉率低于 1%时，仍应按 1%冷拉。

② 根据试验确定冷拉率，先冷拉 3 根钢筋，并在 3 根钢筋上分别取 3 根试件作机械性能试验，合格后方可进行成批冷拉。

③ 混炉批次钢筋不宜采用控制冷拉率的方法进行冷拉。

（3）用控制应力的方法冷拉钢筋

① 控制应力及最大冷拉率应符合有关规定值。

② 钢筋冷拉时的控制应力值乘以钢筋冷拉前的公称截面面积。

③ 冷拉时，应测定钢筋的实际伸长值，以校核冷拉应力。

（4）预应力钢丝镦头强度检验

① 按批做 3 个镦头试验（长度 250～300 mm）进行检查和试验。

② 预应力钢丝镦头强度不得低于预应力筋实际抗拉强度的 90%。

③ 镦头外观检验：

a. 有效长度±1.5 mm；

b. 直径≥1.5 d；

c. 冷镦镦头厚度为 0.7～0.9 d；

d. 冷镦头中心偏移不得大于 1 mm；

e. 热镦头中心偏移不得大于 2 mm。

3）资料整理要求

（1）预应力筋锚具、夹具及连接器出厂合格证齐全。

（2）预应力筋锚具、夹具及连接器出厂外观检查记录齐全。

（3）预应力筋钢筋强度检验报告各项指标应符合规范要求。

（4）锚固能力检验报告齐全。

（5）钢筋冷拉试验报告齐全。

（6）钢筋焊接试验报告齐全。

(7) 预应力钢丝镦头抽检记录：

① 全墩头外观检查记录。

② 全镦头强度检验报告。

以上七条试验单据要字迹清楚、无涂改、签章齐全、结论明确，按时间顺序填写目录归档。

5 单位工程竣工验收

5.1 分项、分部、单位工程质量验收

5.1.1 检验批质量验收

(1) 检验批是工程质量验收最基本的单元，分项工程划分成检验批有助及时纠正施工中出现的质量问题，确保工程质量。检验批可根据施工及质量控制和专业验收需要，按楼层、施工段、变形缝等划分。

(2) 检验批质量验收由监理工程师组织项目专业技术负责人等进行验收。

(3) 检验批质量验收应符合下列规定：

① 主控项目和一般项目的质量经抽样检验合格。

② 主控项目是确定检验批主要性能，必须全部达到要求。

③ 一般项目是基本达到，对不影响工程安全和使用功能的适当放宽。

④ 一般项目的允许偏差项目都必须有80%(混凝土保护层为90%)以上检测点的实测数值达到规范规定；其余20%检测点的实测数值通常不得大于规范规定的150%(钢结构为120%)。

(4) 检验批质量验收记录

① 由施工单位项目专业质量检查员组织专业工长、班组长等有关人员，按施工规程(企业标准)进行检查、评定并签字，交监理单位或建设单位验收。

② 监理单位监理人员逐项验收，同意项在验收记录栏填写“合格或符合要求”；不同意项暂不填写，待处理后再验收并作标记。

③ 监理单位的专业监理工程师(或建设单位的专业负责人)审查后，同意项在验收结论栏填写“同意验收”并签字。

④ 施工执行标准名称及编号栏，应填写企业标准，企业必须按照不低于国家质量验收规范自制定企业标准，才能保证国家验收规范的实施。

⑤ 对定性的项目，符合规范规定的打“√”，不符合规范规定的打“×”。

⑥ 对定量的项目，直接填写实测数值。

(5) 工程质量不符合要求时，应按下列规定进行处理：

① 经返工重做或更换器具、设备的检验批，应重新进行验收。

② 经有资质的检测单位检测鉴定能够达到设计要求的检验批，应予以验收。

③ 经有资质的检测单位检测鉴定达不到设计要求的，但经原设计单位核算认可满足结构安全和使用功能的检验批，可予以验收。

④ 经返修或加固处理的分项、分部工程，虽然改变外形尺寸但仍能满足安全使用要求，可按技术处理方案和协商文件验收。

⑤ 通过返修或加固处理仍不能满足安全使用要求的，严禁验收。

检验批质量验收记录见表 5－1。

表 5－1　检验批质量验收记录表

<table>
<tr><td colspan="2">工程名称</td><td colspan="4"></td><td colspan="4">分项工程名称</td><td colspan="3"></td><td>验收部位</td><td></td></tr>
<tr><td colspan="2">施工单位</td><td colspan="8"></td><td colspan="2">专业工长</td><td></td><td>项目经理</td><td></td></tr>
<tr><td colspan="2">施工执行标准名称及标号</td><td colspan="13"></td></tr>
<tr><td colspan="2">分包单位</td><td colspan="4"></td><td colspan="4">分包项目经理</td><td colspan="2"></td><td>施工班组长</td><td colspan="2"></td></tr>
<tr><td rowspan="11">主控项目</td><td>序号</td><td>质量验收规范的规定</td><td colspan="10">施工单位检查评定记录</td><td colspan="2">监理（建设）单位验收记录</td></tr>
<tr><td>1</td><td></td><td colspan="10"></td><td colspan="2" rowspan="7"></td></tr>
<tr><td>2</td><td></td><td colspan="10"></td></tr>
<tr><td>3</td><td></td><td colspan="10"></td></tr>
<tr><td>4</td><td></td><td colspan="10"></td></tr>
<tr><td>5</td><td></td><td colspan="10"></td></tr>
<tr><td>6</td><td></td><td colspan="10"></td></tr>
<tr><td></td><td></td><td colspan="10"></td></tr>
<tr><td>7</td><td></td><td></td><td></td><td></td><td></td><td></td><td></td><td></td><td></td><td></td><td></td><td colspan="2" rowspan="3"></td></tr>
<tr><td>8</td><td></td><td></td><td></td><td></td><td></td><td></td><td></td><td></td><td></td><td></td><td></td></tr>
<tr><td>9</td><td></td><td></td><td></td><td></td><td></td><td></td><td></td><td></td><td></td><td></td><td></td></tr>
<tr><td rowspan="4">一般项目</td><td>1</td><td></td><td colspan="10"></td><td colspan="2" rowspan="4"></td></tr>
<tr><td>2</td><td></td><td colspan="10"></td></tr>
<tr><td>3</td><td></td><td></td><td></td><td></td><td></td><td></td><td></td><td></td><td></td><td></td><td></td></tr>
<tr><td>4</td><td></td><td></td><td></td><td></td><td></td><td></td><td></td><td></td><td></td><td></td><td></td></tr>
<tr><td colspan="2">施工单位检查结果评定</td><td colspan="13">项目专业质量检查员：　　年　　月　　日</td></tr>
<tr><td colspan="2">监理（建设）单位验收结论</td><td colspan="13">监理工程师：　　年　　月　　日
（建设单位项目专业技术负责人）</td></tr>
</table>

5.1.2　分项工程质量验收

分项工程质量验收是在检验批验收合格的基础上进行，是归纳整理的作用，是一个统计表。

（1）分项工程质量验收由监理工程师组织项目专业技术负责人等进行验收。

① 分项工程质量验收记录由施工单位项目专业质量检查员填写，由施工单位的项目专业技术负责人检查后作出评价并签字，交监理单位或建设单位验收。

② 监理单位的专业监理工程师（或建设单位的专业负责人）审查后，同意项在验收结论栏填写“合格”或“符合要求”并签字；不同意项暂不填写，待处理后再验收并做标记。

（2）分项工程质量验收记录填写注意事项：

① 检查检验批是否将整个工程覆盖。

② 检查有混凝土、砂浆强度要求的检验批，到龄期后是否达到规范规定。

表 5－2　＿＿＿＿＿＿分项工程质量验收记录

工程名称		结构类型		检验批数	
施工单位		项目经理		项目技术负责人	
分包单位		分包单位负责人		分包项目经理	
序号	检验批 部位、区段	施工单位检查 评定结果	监理（建设）单位验收结论		
1					
2					
3					
4					
5					
6					
7					
8					
9					
10					
11					
12					
13					
14					
15					
16					
17					
检查 结论	项目专业 技术负责人： 年　　月　　日	验收 结论	监理工程师 （建设单位项目专业技术负责人）： 年　　月　　日		

5.1.3 分部(子分部)工程质量验收

分部、子分部工程的验收内容、程序都是一样的，在一个分部工程中只有一个子分部工程时，子分部就是分部工程。当不是一个子分部工程时，可以一个子分部、一个子分部地进行质量验收。下面是其具体验收内容。

(1) 分部(子分部)工程含分项工程的质量均应验收合格，实际验收中，这项内容也是分项工程统计工作。

① 检查每个分项工程验收是否正确。

② 查对所含分项工程，有没有漏、缺的分项工程没有归纳进来，或是没有进行验收。

③ 注意检查分项工程的资料完整不完整，每个验收资料的内容是否有缺漏项以及分项验收人员的签字是否齐全及符合规定。

(2) 质量控制资料应完整的核查，这项验收内容，主要包括下面三个方面的资料：

① 核查和归纳各检验批的验收记录资料，查对其是否完整。

② 检验批验收时，应具备的资料应准确完整才能验收。在分部、子分部工程的验收时，主要是核查和归纳各检验批的施工操作依据、质量检查记录，查对其是否配套完整。

③ 注意核对各种资料的内容、数据及验收人员的签字是否规范。

(3) 地基与基础、主体结构设备安装分部工程有关安全及功能的检测和抽样检测结果应符合有关规定的检查。这项验收内容，包括安全及功能两个方面的检测资料。抽样检测项目在各专业质量验收规范中已有明确规定，在检查时应注意下面三个方面的工作：

① 检查各规范中规定的检测的项目是否都进行了验收，不能进行检测的项目应该说明原因。

② 检查各项检测记录(报告)的内容、数据是否符合要求，包括检测项目的内容，所遵循的检测方法标准、检测结果的数据是否达到规定的标准。

③ 检查资料的检测程序和有关取样人、检测人、审核人、试验负责人以及公章、签字是否齐全等。

(4) 观感质量验收应符合要求，分部(子部分)工程观感质量检查，是经过现场工程的检查，由检查人员共同确定评价的好、一般、差，在检查和评价时应注意以下几点：

① 在进行检查时，注意一定要在现场将工程的各个部位全部看到，能操作的应操作，观察其方便性、灵活性或有效性等；能打开观看的应打开观看，不能只看“外观”，应全面了解分部(子部分)的事物质量。

② 检查评价人员宏观掌握，如果没有较明显达不到要求的，就可以评一般；如果某些部位质量较好，细部处理到位，就可评好；如果有的部位达不到要求，或有明显的缺陷，但不影响安全或使用功能的，则评为差。评为差的项目能进行返修的进行返修，不能返修的只要不影响结构安全和使用功能的可通过验收。有影响安全或使用功能的项目，不能评价，应修理后再评价。

评价时，施工企业应先自行检查合格后，由监理单位来验收，参加评价的人员应具有相应的资格，有总监理工程师组织，不少于三位监理工程师来检查，再听取其他参加人员的意见后，共同做出评价，但总监理工程师的意见应为主导意见。在做出评价时，可分项目逐点评价，也可按项目进行大的方面综合评价，最后对分部工程做出评价。

一个分部工程中有几个子分部工程时，每个子分部工程验收完，分部工程就验收完了。除了单位工程观感质量检查时，再宏观认可一下外，不必要再进行分部工程质量验收了。

5.1.4 单位(子单位)工程质量竣工验收

单位(子单位)工程质量验收，总体上讲还是一个统计性的审核和综合性的评价，是通过检查分部(子分部)工程验收质量控制资料和有关安全、功能检测资料进行必要的主要功能项目的复合及抽测，以及总体工程观感质量的现场实物质量验收。(见表 5－3)

表 5－3　单位(子单位)工程质量竣工验收记录表

<table>
<tr><td colspan="2">工程名称</td><td colspan="2"></td><td colspan="2">结构类型</td><td colspan="2"></td><td colspan="2">层数/建筑面积</td><td colspan="2"></td></tr>
<tr><td colspan="2">施工单位</td><td colspan="2"></td><td colspan="2">技术负责人</td><td colspan="2"></td><td colspan="2">开工日期</td><td colspan="2"></td></tr>
<tr><td colspan="2">项目经理</td><td colspan="2"></td><td colspan="2">项目技术负责人</td><td colspan="2"></td><td colspan="2">竣工日期</td><td colspan="2"></td></tr>
<tr><td>序号</td><td colspan="3">项　　目</td><td colspan="5">验　收　记　录</td><td colspan="3">验　收　结　论</td></tr>
<tr><td>1</td><td colspan="3">分部工程</td><td colspan="5">共　　分部，经查　　分部
符合标准及设计要求　　分部</td><td colspan="3"></td></tr>
<tr><td>2</td><td colspan="3">质量控制
资料核查</td><td colspan="5">共　　项，经审查符合要求　　项，
经核定符合规定要求　　项</td><td colspan="3"></td></tr>
<tr><td>3</td><td colspan="3">安全和主要使
用功能核查及
抽查结果</td><td colspan="5">共核查　　项，符合要求　　项，
共抽查　　项，符合要求　　项，
经返工处理符合要求　　项</td><td colspan="3"></td></tr>
<tr><td>4</td><td colspan="3">观感质量验收</td><td colspan="5">共抽查　　项，符合要求　　项，
不符合要求　　项</td><td colspan="3"></td></tr>
<tr><td>5</td><td colspan="3">综合验收结论</td><td colspan="8"></td></tr>
<tr><td></td><td colspan="3"></td><td colspan="5"></td><td colspan="3"></td></tr>
<tr><td rowspan="2">参加验收单位</td><td colspan="3">建设单位</td><td colspan="3">监理单位</td><td colspan="3">施工单位</td><td colspan="2">设计单位</td></tr>
<tr><td colspan="3">(公章)

单位(项目)负责人
年　月　日</td><td colspan="3">(公章)

总监理工程师
年　月　日</td><td colspan="3">(公章)

单位负责人
年　月　日</td><td colspan="2">(公章)

单位(项目)负责人
年　月　日</td></tr>
</table>

单位(子单位)工程质量验收合格应符合下列规定：

(1) 单位(子单位)工程所含分部(子分部)工程的质量均应验收合格。

(2) 质量控制资料应完整。

(3) 单位(子单位)工程所含分部工程有关安全和功能的检测资料应完整。

(4) 主观功能项目的抽查结果应符合相关专业质量验收规范的规定。

(5) 观感质量验收应符合要求。

5.2 单位工程竣工验收资料

工程的验收，是全面考核基本建设成果，检验设计和工程施工的重要环节，所有建设项目和单位工程，应按照设计文件所定的内容全部建完，并根据国家有关验收标准，全面检查承建工程质量并及时整理工程技术资料，方可进行竣工验收。

5.2.1 工程质量验收申请表

工程施工质量验收前，施工单位应按照国家有关标准全面检查承建工程质量并及时整理工程技术资料，经监理单位审核后，送监督机构抽查。监督机构对工程技术资料及实物质量抽查后，将抽查意见书面通知监理和施工单位。

施工单位在收到质监机构抽查意见书面通知后，对符合质量验收条件的，填写《工程质量验收申请表》，经项目经理、企业技术负责人及企业法定代表人签名并加盖章后，提交给监理单位。总监理工程师签署意见并加盖公章后，向建设单位申请办理工程验收手续。

5.2.2 单位(子单位)工程质量控制资料核查记录

(1) 质量控制资料核查记录必须先经施工单位自检，再送至监理单位核查，核查结果达到基本完整的要求后，经总监理工程师签名及签署意见，最后，由施工单位报质量监督机构。

(2) 质量控制资料要求：

① 项目齐全。

② 试验数据准确。

③ 不合格数据处理完善无误。

④ 使用部位、时间清楚。

⑤ 文字清晰、填写齐全、装订整齐、章戳俱全。

(3) 单位工程质量控制资料核查评定内容及标准：

① 图纸会审、变更设计洽商记录，要求有关参加工作人员签字、单位公章和日期俱全，资料形成应在施工之前。

② 工程定位测量、放线记录清晰准确。

③ 原材料出厂合格证及进场检(试)验报告完整无误。

a. 建筑工程所用材料按规格、批量应有产品合格证，产品合格证应项目齐全，内容完整，合格证日期应在施工前或用材前出示，各项批量应与实际数量基本吻合。

b. 材料进场应按规格、批量进行送检，检(试)验报告的试验编号、公章、审核人、经办人签字盖章及见证取样记录齐全，结论明确，监督抽检数量满足要求。

c. 对不符合要求的材料，应有处理结论。

④ 施工试验报告及见证检测报告要合格有效，其中“施工试验报告”包括混凝土、砂浆配合比设计报告、抗压强度报告，混凝土抗渗等级试验报告及钢筋焊接接头试验报告等内容(该部分资料放入工程质量控制资料——试验报告)；“见证检测报告”包括结构硅酮密封胶与接触材料相容性能检测报告、建筑用塑料外窗角强度检测报告、外墙饰面砖粘结强度检测报告等。

⑤ 隐蔽工程验收记录内容齐全、完整、真实，图示准确：

a. 隐蔽验收及时，内容齐全、完整、真实，图示准确，验收日期与施工进展日期相符。

b. 隐蔽工程检查验收记录表中项目应填写齐全，参加检查验收的单位、人员符合规定要求，参加验收人员的签字、隐蔽验收日期和负责单位盖章齐全。

⑥ 地基、基础、主体结构检验及抽测资料包括地基承载力、桩基检测报告和混凝土检测报告、钢结构焊缝探伤检测报告及砌体检测报告等。

⑦ 分部(子分部)工程质量验收后，必须填写《分部(子分部)工程质量验收记录》，对于桩基础、天然地基、地基处理子分部，地下结构(含防水工程)子分部，幕墙子分部，低压配电(含发电机组)安装等重要分部工程，还应办理建设工程中间验收监督登记手续。

⑧ 竣工图要求图纸齐全、完备，设计变更在图纸上有明显更改或说明，有竣工图章、签字齐全，且经建设、设计、监理及施工单位盖章。

5.2.3 单位(子单位)工程安全和功能检验资料核查及主要功能抽查记录

(1) 工程安全和功能检验资料检查的目的是强调建筑结构、设备性能、使用功能、环境质量等方面的主要技术性能的检验。按验收组协商确定的项目分别进行核查和抽查，对在分部、子分部已检查的项目，核查其结论是否符合设计要求；对在单位工程(子单位)抽查的项目，应进行全面检查，并核实其结论是否符合设计要求。抽查结果用"√"表示。

(2) 总监理工程师组织有关监理工程师核查、抽查，施工单位项目经理、技术负责人参加；由施工(总包)单位项目经理和总监理工程师签字。

(3) 工程安全和功能检验资料检查的目的是强调建筑结构、设备性能、使用功能、环境质量等方面的主要技术性能的检验。该检查记录有些必须先经施工单位自检，再送至监理单位审查，审查结果达到基本完整的要求后，经总监理工程师签名及签署意见。

5.2.4 单位(子单位)工程观感质量检查记录

(1) 单位(子单位)工程观感质量抽查时，施工单位应先行自行检查合格后，由总监理工程师组织有关监理工程师，会同参加验收人员共同进行。通过现场全面检查，在听取有关人员的意见后，由总监理工程师为主共同确定质量评价，评价分为"好"、"一般"、"差"。

(2) 观感质量检查记录的填写、统计和评价方法的原则：

① "抽查质量状态"栏对抽查点的评定，填"好"或"一般"或"差"。

② "质量评价"栏对抽查项的评定，在"好"、"一般"、"差"对应下方打"√"。

③ "观感质量综合评价"栏对整个单位(子单位)工程总体观感质量评价，在通栏填写统计数据：共检评 N 项，其中"好"N 项，占检评总项数的 $N\%$；其中"一般"N 项，占检评总项数的 $N\%$；其中"差"N 项，占检评总项数的 $N\%$。在右栏填写总体观感质量评价在"好"、"一般"、"差"对应下方打"√"；当总体评价为"好"或"一般"的，可填写"符合要求"，当总体评价为"差"的，可填写"不符合要求"。

④ 评价程序为：抽查点评价→抽查项评价→综合评价→总体观感评价评语→检查结论。

⑤ 从抽查项到总体观感评语填写的统计原则：

a. 抽查点或抽查项中，评为"好"的占检评总数85%及以上，且其余为"一般"以上(即不出现“差”)，可评定为“好”。

b. 抽查点或抽查项中，评为“好”的占检评总数85%以下，且其余为“一般”以上(即不出现“差”)，可评定为“一般”。

c. 任一抽查栏中出现“差”，则整个单位(子单位)工程观感质量评价为“差”。

(3) 观感质量检查过程中出现“差”的，一般不应通过验收，应作返修整改。但确实不能整改的，只要不影响安全和使用功能，可协议通过验收。有影响安全或使用功能的项目，不能评价，应按下列规定进行处理：

① 经返工重做或更换器具、设备的检验批，应重新进行验收。

② 经有资质的检测单位检测鉴定能够达到设计要求的检验批，应予以验收。

③ 经有资质的检测单位检测鉴定达不到设计要求、但经原设计单位核算认可能够满足结构安全和使用功能的检验批，可予以验收。

④ 经返修或加固处理的分项、分部工程，虽然改变外形尺寸但仍能满足安全使用要求，可按技术处理方案和协商文件进行验收。

5.2.5 工程质量评估报告

监理单位应在工程质量验收前，对所监理工程的质量进行评估，编写《工程质量评估报告》一式四份，监理单位、建设单位、监督站及备案机关各存一份，经项目总监理工程师、单位法定代表人签名及加盖公章后；提交给建设单位。

工程质量评估报告内容包括工程概况、土建工程质量情况、建筑设备安装工程质量情况、工程质量验收意见及有关补充说明和资料。填写要求内容真实、语言简练、字迹清楚。凡需签名处，需先打印姓名后再亲笔签名。

5.2.6 勘察文件质量检查报告

勘察单位应在工程质量验收前，对勘察文件进行检查，编写《勘察文件质量检查报告》一式四份，勘察单位、建设单位、监督站及备案机关各存一份，经项目负责人、单位技术负责人签名及加盖单位公章后，提交给建设单位。

勘察文件质量检查报告内容包括工程规模、工程主要勘察范围及内容、实际地质情况与勘察报告的差异、工程施工对持力层是否满足要求及勘察文件的检查结论。填写要求内容真实、语言简练、字迹清楚。凡需签名处，需先打印姓名后再亲笔签名。

5.2.7 设计文件质量检查报告

设计单位应在工程质量验收前，对设计文件及施工过程中由设计单位签署的设计变更通知书进行检查，编写《设计文件质量检查报告》一式四份，设计单位、建设单位、监督站及备案机关各存一份，经项目负责人、单位技术负责人签名并加盖章后，提交给建设单位。设计文件质量检查报告内容包括工程规模、各专业设计人员名单、结构设计的特点、图纸会审情况、主要设计变更及执行情况与工程按图施工及完成情况。填写要求内容真实、语言简练、字迹清楚。凡需签名处，需先打印姓名后再亲笔签名。

5.2.8 单位工程施工安全评价书

(1) 施工安全评价是对参与建设工程的各方单位在执行法规、标准、规范规程及履行责任方面,安全管理资料和落实安全技术措施方面以及有否发生安全事故等方面的评价。

(2) 工程竣工验收前,监督站要对该工程的安全生产和中间安全评价等情况作出的综合评价,最后定出等级,等级分为优良、合格、不合格。

5.2.9 消防验收文件或准许使用文件

(1) 根据《中华人民共和国消防法》及中华人民共和国公安部令第30号《建筑工程消防监督审核管理规定》,建筑工程、消防工程、装修工程完工后投入使用前,必须报当地公安消防部门审核和验收,未经验收或者验收不合格的,不得组织工程竣工验收、不得投入使用。

(2) 建筑工程竣工消防验收审核程序和规定如下。

① 申请工程竣工验收应提供以下材料:

a. 建设单位申请建筑工程消防验收书面报告。

b. 递交《建筑消防设施技术测试报告》,该测试报告由建筑消防设施测试部门测试后取得。

c. 填报《建筑工程消防验收申请表》,要有建设单位、设计单位、施工单位三方加是否同意使用意见并盖章。

d. 提交消防产品的相关证书、检测报告、出厂合格证、消防工程竣工图、工程施工调试开通记录、隐蔽工程记录和设计、施工变更内容记录。

e. 提交《建筑工程消防设计审核意见书》及有关批复文。

f. 重点工程项目提供本工程的各项防火安全管理制度和防火安全管理组织机构以及消防系统操作人员名单。

② 验收不合格的工程,由建设单位组织有关单位对存在问题进行整改,整改完毕向公安消防机构提交整改情况报告申请复验。

③ 验收(包含复验)合格,由公安消防机构填写《建筑工程消防验收意见书》,建筑工程可交付使用。建设单位或使用单位落实消防设施的管理值班人员,并与具备建筑消防设施维护保养资格的企业签订建筑消防设施定期维护保养合同,保证消防设施的正常运行。

(3) 建设单位在备案机关办理竣工验收备案时,必须持消防验收文件或准许使用文件原件及复印件各一份,备案后退回原件。

(4) 竣工验收资料中必须存放消防验收文件原件。

5.2.10 房屋建筑工程质量保修书

根据建设部令第80号《房屋建筑工程质量保修办法》的规定:房屋建筑工程质量保修,是指对房屋建筑工程(包括装修工程)的质量缺陷,予以修复;房屋建筑工程在保修范围和保修期限内出现质量缺陷,施工单位应当履行保修义务。

建设单位和施工单位应当在工程质量保修书中约定保修范围、保修期限及保修责任,在正常使用条件下,房屋建筑工程的最低保修期限为:

(1) 地基基础工程和主体结构工程,为设计文件规定的该工程的合理使用年限。

(2) 屋面防水工程、有防水要求的卫生间、房间和外墙面的防渗漏为 5 年。

(3) 供热与供冷系统，为 2 个采暖期、供冷期。

(4) 电气管线、给排水管道、设备安装为 2 年。

(5) 装修工程为 2 年。

(6) 其他项目的保修期限由建设单位和施工单位约定。

房屋建筑工程保修期从工程竣工验收合格之日起计算。

竣工验收资料中应附《房屋建筑工程质量保修书》，若为复印件应加盖公章及经手人签名；在竣工验收备案时，建设单位应向备案机关提交《房屋建筑工程质量保修书》。

5.2.11 商品住宅《住宅质量保证书》、《住宅使用说明书》

(1)《住宅质量保证书》是房地产开发企业对销售的商品住宅承担质量责任的法律文件，房地产开发企业应按《住宅质量保证书》的约定，承担保修责任。

(2)《住宅质量保证书》应当包括以下内容：

① 房屋建筑的地基基础工程和主体结构工程，为设计文件规定的该工程的合理使用年限。

② 正常使用情况下各部位、部件保修内容：

屋面防水。

墙、厨房和卫生间地面、地下室、管道渗漏。

墙面、顶棚抹灰层脱落。

地面空鼓开裂、大面积起砂。

门窗翘裂、五金件损坏。

管道堵塞。

供冷系统和设备。

卫生洁具。

灯具、电器开关。

③ 用户报修的单位、答复和处理的时限。

④ 住宅保修期应从开发企业办理交工验收手续后的住宅交付用户使用之日起计算，保修期限不应低于第 3 条规定的期限。房地产开发企业可以延长保修期。

(3)《住宅使用说明书》应当对住宅的结构、性能和各部位(部件)的类型、性能、标准等作出说明，并提出使用注意事项；房地产开发企业在《住宅使用说明书》中对住户合理使用住宅应有提示，因用户使用不当或擅自改动结构、设备位置和不当装修等造成的质量问题，开发企业不承担保修责任；因住户使用不当或擅自改动结构，造成房屋质量受损或其他用户损失，由责任人承担相应责任。

(4) 在工程竣工验收备案时，商品住宅的建设单位应当向备案机关提交《住宅质量保证书》和《住宅使用说明书》。

(5) 竣工验收资料中必须存放《住宅质量保证书》和《住宅使用说明书》原件。

5.2.12 单位(子单位)工程质量验收记录、纪要

(1) 工程施工质量验收由建设单位负责组织实施。建设行政主管部门委托的监督站负

责对工程质量验收(包括对组织形式、程序及标准执行等情况)实施监督。

(2) 工程必须具备下列条件及文件方可组织质量验收:

① 完成设计要求和合同约定的各项内容,工程所含分部(子分部)工程的质量均已验收合格。

② 工程质量验收申请表。

③ 工程质量评估报告。

④ 工程勘察、设计文件质量检查报告。

⑤ 经质量监督机构抽查的完整的质量控制和工程管理资料。

⑥ 建设单位已按合同约定支付工程款。

⑦ 施工单位签署的《房屋建筑工程质量保修书》。

⑧ 消防、燃气、电梯的准许使用文件。

⑨ 市政基础设施的有关质量检测和功能性试验资料。

⑩ 商品住宅的《住宅质量保证书》、《住宅使用说明书》。

⑪ 单位工程施工安全评价书。

⑫ 建设行政主管部门及其委托的工程质量监督机构等部门责令整改的问题已全部整改完成。

(3) 单位(子单位)工程质量验收记录及其附件(单位(子单位)工程质量验收纪要)由建设单位负责填写并加盖单位公章和单位(项目)负责人签名一式五份,其中建设单位、施工单位、监理单位、监督站、备案机关各持一份,其主要内容包括工程概况,建设单位执行基本建设程序情况,对勘察、设计、施工、监理等方面作出全面评价,工程质量验收时间、程序、内容和组织形式,工程质量验收意见等。

5.2.13 建设工程质量监督验收意见书

建设工程质量监管机构在收到《单位(子单位)工程质量验收记录》之后根据验收监督情况向建设单位发出《建设工程质量监督验收意见书》。发现工程质量验收违反国家法律、法规和强制性标准的或工程存在影响结构安全和严重影响使用功能隐患的,发出责令整改通知书,并将对工程质量验收的监督情况作为《建设工程质量监督验收意见书》的重要内容。

5.2.14 建设工程竣工验收档案认可书

根据《建设工程文件归档整理规范》(GB/T 50328—2001)及城市建设工程档案部门的有关规定,建设单位在组织竣工验收前,应当提请城建档案管理机构对工程档案进行预验收。预验收合格后,由城建档案管理机构出具工程档案认可文件。

工程档案预验收由建设单位汇总本单位、监理单位、施工单位的各项资料齐全后,向城建档案管理部门填报《建设工程档案预验收申请表》,城建档案管理部门接到申请7个工作日内进行预验收,验收合格后3个工作日内发出认可书。

5.2.15 建设工程规划验收认可文件

(1) 建设工程规划验收合格证是在工程竣工验收前,由建设单位在城市规划管理部门办理的验收手续,并且经城市规划部门验收合格后颁发的证明文件,未取得规划验收合格证明文件，该工程不予办理竣工验收备案手续。

（2）建筑工程规划验收程序和规定如下。

① 建设工程规划验收的申报条件：

a. 已按所审批的《建设工程规划许可证》、《建设工程报建审核书》和报建图纸的要求完成土建工程和外墙装修，施工排栅已拆除。

b. 建设用地红线范围内各类临时施工用房、围墙和其他需要拆除的建（构）筑物已全部拆除，施工场地已清理完毕。

c. 市政或生活服务等各类配套工程（包括附属用房）、绿化建设工程、建设用地红线范围内的道路以及其与外部市政道路连接的道路已建设完毕。

d. 建设用地红线范围内没有违法建筑，申请单位也自觉执行其他违法建设行政处罚决定。成片开发或其他分期进行建设的工程，可以分期申请规划验收。申请分期规划验收的建筑工程与其配套的设施工程应同步实施建设或同步申请规划验收。单体建筑在全部建成前申请分期规划验收的，必须符合分期投入使用的要求。

② 申报建设工程规划验收应提供的资料：

详细如实填写由城市规划部门提供的《建设工程规划验收申报表》。

a. 提供《建设用地规划许可证》、《建设工程规划许可证》和《建设用地批准书》及其附图的复印件；提供建设工程测量记录册（建设单位和施工单位及其负责人签字和加盖公章）。

b. 如申报过违法用地和违法建设处理，应提交执行《行政处罚决定书》的情况报告；提供所交纳罚款的收据复印件；提供盖有规划局行政处罚章的违法建设的竣工图（平、立、剖面）复印件。

c. 申请分期规划验收的建筑工程，应提交配套设施工程的报建和实施建设的情况报告或单体建筑分期投入使用的情况报告。

③ 建设工程规划验收的有关规定：

a. 建设工程在办理专业管理其他验收和全面验收之前，应报原审批城市规划部门进行规划验收。

b. 城市规划部门受理申请后，应在法定工作日 15 日内予以验收。

c. 城市规划部门对建筑工程进行规划验收时，应对照原审批文件和图纸，对建设用地范围内的各项建设工程建设情况，建筑物的使用性质、位置、间距、层数、标高、平面、立面、外墙装饰材料和色彩、各类配套服务设施、临时施工用房、施工场地等进行全面核查，并作出验收记录。

d. 符合所要求的建设工程规划验收申报条件的建筑工程，应核发建设工程规划验收合格证；不符合的，视为验收不合格，由城市规划部门发出建设工程规划验收不合格通知书，并责令建设单位限期改正，经改正后符合所要求的建设工程规划验收申报条件的，由建设单位重新申请规划验收。

（3）未取得建设工程规划验收合格证，不得投入使用和办理房地产权登记。

（4）建设单位在备案机关办理竣工验收备案时，必须持建设工程规划验收合格证原件及复印件各一份，备案后退回原件。

（5）竣工验收资料中必须存放规划验收文件的原件。

5.2.16　环保验收文件或准许使用文件

（1）根据中华人民共和国国务院令第 253 号《建设项目环境保护设施竣工验收管理规定》第六条，建设项目在正式投入生产或者使用之前，建设单位必须向环保部门提出环境保护设施竣工验收申请，建设工程竣工环保验收的要求如下：

① 除建筑面积在 3 000 m^2 以下的用于居住和办公功能的建筑物外，其他所有建设工程均须到环保局办理工程竣工环保验收手续。

② 申请的条件：项目防治污染设施全部按要求建成，污染物排放浓度达到国家或地方的排放标准。

③ 向环保部门申报时，须提交以下资料：建设项目环境保护设施竣工验收申报表、申请验收文字报告、环保部门批准项目建设文件或《准建证》的复印件、工程总结报告、工程决算报告、竣工图纸（主体工程图及环保工程图）、监测报告、环保设施管理岗位责任制度及维修保养制度等资料；各申报文件、图纸均须加盖公章。

（2）根据国家《建设项目环境保护管理条例》的要求，建设项目应当执行环境影响评价报审制度，未编制环境影响评价报告的建设工程项目，应按程序向环境保护行政主管部门补办环保手续（包括环评、报建等）。

（3）《验收申请报告》未经批准的建设项目，不得组织竣工验收，不得投入生产或者使用。

（4）竣工验收资料中必须存放环保验收文件或准许使用文件原件。

5.2.17　建设工程竣工验收报告

建设单位在取得工程质量、消防、规划、环保、档案等有关专业管理部门（或其委托机构）出具认可文件或者准许使用文件后，应当及时组织有关各方办理工程竣工验收手续，编制《建设工程竣工验收报告》一式五份，建设单位、施工单位、监督机构、备案机关及城建档案部门各持一份。

5.2.18　房屋建筑工程和市政基础设施工程竣工验收备案表

（1）根据建设部令第 78 号《房屋建筑工程和市政基础设施工程竣工验收备案管理暂行办法》建设部建〔2000〕142 号《关于印发（房屋建筑工程和市政基础设施工程竣工验收备案暂行规定）的通知》，工程竣工后由建设单位按照国家有关规定，在建设行政主管部门办理竣工验收备案手续。

（2）工程竣工验收备案按照下列程序进行：

① 建设单位向备案机关领取《房屋建筑工程和市政基础设施工程竣工验收备案表》。

② 建设单位持有建设、勘察、设计、施工、监理等单位负责人、项目负责人签名并加盖单位公章的（备案表）一式五份及下列文件，在工程竣工验收合格之日起 15 日内，向备案机关申报备案：

a. 施工许可证。

b. 施工图设计文件审查意见。

c. 建设工程竣工验收报告。

d. 工程质量验收申请表。

e. 工程质量评估报告。

f. 勘察文件质量检查报告。

g. 设计文件质量检查报告。

h. 单位(子单位)工程质量验收记录。

i. 市政基础设施的有关质量检测和功能性试验资料。

j. 规划验收认可文件。

5.3 竣工图

竣工图是真实记录各种地下、地上建筑物、构筑物等情况的技术文件，是对工程进行交工验收、维护、改造、扩建的依据，是重要的技术档案。

竣工图(结构、建筑、安装)需完整无缺地真实反映施工过程中的变更情况，内容清晰，竣工图必须和该工程设计变更洽商记录相一致，在竣工验收时归入技术档案。

5.3.1 编制竣工图的形式和深度

(1) 凡按图施工没有变动的则由施工单位(包括总包和分包施工单位)在原施工图上加盖“竣工图”标志后，即作为竣工图。

(2) 凡在施工中，虽有一般性设计变更，但可将原施工图加以修改补充作为竣工图的，可不重新绘制，由施工单位负责在原施工图(必须是新蓝图)上注明修改部分，并附以设计变更通知单和施工说明，加盖“竣工图”标志后，即作为竣工图。

(3) 凡结构形式改变、工艺改变、平面布置改变、项目改变以及其他重大改变，不宜再在原施工图上修改、补充者，应重新绘制改变后的竣工图。由于设计原因造成的，由设计单位负责绘制；由于施工原因造成的，由施工单位负责绘制；由于其他原因造成的，由建设单位自行绘制或委托设计单位绘制。施工单位负责在新图上加盖“竣工图”标志，并附以有关记录和说明，作为竣工图。

重大的改造、扩建工程涉及原有工程项目变更时，应将相关项目竣工图资料统一整理归类，并在原图卷内增补必要的说明。

5.3.2 编制竣工图的职责与分工

(1) 建设项目实行总包制的各分包单位应负责编制分包范围内的竣工图，总包单位除应编制自行施工的竣工图外，还应负责审查、整理和汇总各分包单位编制的竣工图。在交工时向建设单位提交总包范围内的各项完整、准确的竣工图。

(2) 建设项目由建设单位分别包给几个施工单位承担的，各施工单位应负责编制所承包工程的竣工图，建设单位负责汇总整理。

(3) 建设项目在签订承发包合同时，应明确规定竣工图的编制、检验和交接等问题。

(4) 竣工图是工程交工验收的条件之一，凡竣工图不准确、不完整、不符合归档要求的，一般不能办理交工验收手续。在特殊情况下，也可按接交工验收时双方议定的期限补交竣工图。

(5) 因编制竣工图需要增加的施工图，由建设单位负责及时提供给施工单位，并在签订合同时，明确需要增加的份数。

(6) 大型工程竣工后，可根据需要重新绘制竣工图。由建设单位负责组织力量绘制，设计、施工单位负责提供工程变更资料。

5.3.3 编制竣工图的技术要求

(1) 作为竣工图用的施工图纸必须是新蓝图，而且盖有设计单位、建设单位、监理单位、施工单位(包括总包和分包单位)的公章。

(2) 竣工图一定要与实际情况相符，要保证图纸质量，做到规格统一、图面整洁、字迹清楚。编制竣工图必须采用不褪色的纯黑墨水或有"DA"标志的档案圆珠笔不得使用普通圆珠笔、各色铅笔、红色和纯蓝墨水。竣工图要承担施工的技术负责人审核签认。

(3) 施工中，如有加固补强或发生质量事故经处理者，除应绘制竣工图外，还必须注明相应的质量鉴定证书等技术资料。

(4) 图纸折叠成 A4 尺寸，横向按手风琴式折叠，竖向按顺时针方向向内折叠，折叠后图标露在右下角(按国家制图标准《房屋建筑制图统一标准》(GBJ 1—86)附录一："复制图纸的折叠方法"所示)。

(5) 竣工图按不同专业分别整理成卷(组卷厚度不得超过 140 mm)，每卷均应填写单位工程竣工图登记表，并附有关文件和必要的说明。

5.3.4 竣工图的种类

(1) 建施竣工图。

(2) 结施竣工图。

(3) 钢结构竣工图。

(4) 幕墙竣工图。

(5) 二次装修竣工图。

(6) 水施竣工图。

(7) 电施竣工图。

(8) 消施竣工图。

(9) 通风与空调竣工图。

(10) 电梯安装竣工图(含相关技术文件、资料)：

① "土建"(含机房、井道等)安装布置条件图(电梯制造厂家发出)。

② 部件安装图。

③ 电气线路原理图和敷设、接线图。

④ 液压系统(如果有)原理图及其符号说明。

⑤ 安装(调试)、使用维护说明书。

(11) 室内燃气竣工图。

5.4 房屋建筑工程质量保修书

根据建设部令第 80 号《房屋建筑工程质量保修办法》的规定：房屋建筑工程质量保修，是指对房屋建筑工程（包括装修工程）的质量缺陷，予以复修；房屋建筑工程在保修范围和保修期限内出现质量缺陷，施工单位应当履行保修义务。

建设单位和施工单位应当在工程质量保修书中约定保修范围、保修期限及保修责任，在正常使用条件下，房屋建筑工程的最低保修期限为：

地基基础工程和主体结构工程，为设计文件规定的该工程的合理使用年限。

屋面防水工程、有房水要求的卫生间、房间和外墙面的防渗漏，为 5 年。

供热与供冷系统，为 2 个采暖期、供冷期。

电器管线、给排水管道、设备安装为 2 年。

装修工程为两年。

其他项目的保修期限由建设单位和施工单位约定。

房屋建筑工程保修期限从工程竣工验收合格之日起计算。

竣工验收资料中应附《房屋建筑工程质量保修书》，若为复印件应加盖公章及经手人签名；再竣工验收备案时，建设单位应向备案机关提交《房屋建筑工程质量保修书》。

附：

房屋建筑工程质量保修书

发包人（全称）：______________________________

承包人（全称）：______________________________

发包人、承包人根据《中华人民共和国建筑法》、《建设工程质量管理条例》和《房屋建筑工程质量保修办法》，经协商一致，对______________（工程全称）签订工程质量保修书。

一、工程质量保修范围和内容

承包人在质量保修期内，按照有关法律、法规、规章的管理规定和双方约定，承担本工程质量保修责任。

质量保修范围包括地基基础工程、主体结构工程、屋面防水工程、有房水要求的卫生间、房间和外墙面的防渗漏、供热与供冷系统、电器管线、给排水管道、设备安装和装修工程，以及双方约定的其他项目。具体保修内容，双方约定如下：

____

____

______________________________。

二、质量保修期

双方根据《建设工程质量管理条例》、《房屋建筑工程质量保修办法》（建设部第 80 号令）及有关规定，约定本工程的质量保修期如下：

1. 地基基础工程和主体结构工程，为设计文件规定的该工程的合理使用年限；

2. 屋面防水工程、有房水要求的卫生间、房间和外墙面的防渗漏，为________年；

3. 装修工程为________年；

4. 电器管线、给排水管道、设备安装为________年；

5. 供热与供冷系统，为________个采暖期、供冷期；

6. 住宅小区内的给排水设施、道路等配套工程为________年；

7. 其他项目保修期限约定如下：

____

____

____。

质量保修期自工程竣工验收合格之日起计算。

三、质量保修责任

1. 属于保修范围、内容项目，承包人应当在接到保修通知之日起 7 天内派人保修。承包人不在约定期限内派人保修的，发包人可以委托他人修理。

2. 发生紧急抢修事故的，承包人在接到事故通知后，应当立即到达事故现场抢修。

3. 对于涉及结构安全的质量问题，应当按照《房屋建筑工程质量保修办法》的规定，立即向当地建设行政主管部门报告，采取安全防范措施；由原设计单位或者具有相应资质等级的设计单位提出保修方案，承包人实施保修。

4. 质量保修完成后，由发包人组织验收。

四、保修费用

保修费用由造成质量缺陷的责任方承担。

五、其他

双方约定的其他工程质量保修事项：____

____

____。

本工程质量保修书，由施工合同发包人、承包人双方在竣工验收前共同签署，作为施工合同附件；其有效期限至保修期满。

发包人（公章）：	承包人（公章）
法定代表人（签字）：	法定代表人（签字）：
年　　月　　日	年　　月　　日

参考文献

1　李建坤主编．2005年新版建筑施工现场十大员技术操作标准规范．北京：当代中国音像出版社，2005

2　朱晓斌，李慧英编．建筑工程项目施工六大员实用手册・质量员．北京：机械工业出版社，2003

3　中国建设监理协会组织编写．建筑工程质量控制．北京：中国建筑工业出版社，2005

4　中国建筑工业出版社编写．新版建筑工程施工质量验收规范汇编．北京：中国建筑工业出版社，北京：中国计划出版社，2003

5　王立信主编．建筑工程技术资料应用指南．北京：中国建筑工业出版社，2003

6　方怡海主编．单位工程内业资料编制手册．北京：中国建材工业出版社，1998

7　秦春芳主编.安全生产技术与管理. 北京：中国环境科学出版社，1995

8　李忠湧主编.施工现场安全生产标准管理. 上海：同济大学出版社，2001

9　筑龙网主编.建筑施工安全技术与管理. 北京：中国电力出版社，2005

10　杨丰科，孟广华主编.安全工程师基础教程——安全技术.北京：化学工业出版社，2004